普通高等学校人文社会科学重点研究基地
KEY RESEARCH INSTITUTE OF HUMANITIES AND SOCIAL SCIENCE IN UNIVERSITY

西南财经大学中国金融研究中心
宏观金融系列丛书

中国银行业危机救助的机制设计

——基于金融分权视角

China's Banking Crisis Rescue Mechanism Design
——Based on the Perspective of Financial Decentralization

刘锡良　刘　倩◎著

西南财经大学出版社
中国·成都

图书在版编目(CIP)数据

中国银行业危机救助的机制设计:基于金融分权视角/刘锡良,刘倩著.
—成都:西南财经大学出版社,2021.6
ISBN 978-7-5504-4890-2

Ⅰ.①中… Ⅱ.①刘…②刘… Ⅲ.①银行业—金融危机—研究—中国
Ⅳ.①F832

中国版本图书馆 CIP 数据核字(2021)第 093596 号

中国银行业危机救助的机制设计——基于金融分权视角

ZHONGGUO YINHANGYE WEIJI JIUZHU DE JIZHI SHEJI   JIYU JINRONG FENQUAN SHIJIAO

刘锡良   刘倩   著

责任编辑:刘佳庆
封面设计:墨创文化
责任印制:朱曼丽

出版发行	西南财经大学出版社(四川省成都市光华村街55号)
网　　址	http://cbs.swufe.edu.cn
电子邮件	bookcj@swufe.edu.cn
邮政编码	610074
电　　话	028-87353785
照　　排	四川胜翔数码印务设计有限公司
印　　刷	四川五洲彩印有限责任公司
成品尺寸	170mm×240mm
印　　张	13.25
字　　数	272 千字
版　　次	2021 年 6 月第 1 版
印　　次	2021 年 6 月第 1 次印刷
书　　号	ISBN 978-7-5504-4890-2
定　　价	75.00 元

前言

1348 年意大利巴尔迪银行和佩鲁齐银行相继倒闭，从此金融危机开始成为经济发展中挥之不去的梦魇。几百年来，大大小小的金融危机从未停息，危机救助理论也经历了自大萧条以后多个阶段的发展。大致来讲，危机救助理论的发展主要分为三个阶段：一是凯恩斯主义的政府干预主张，二是货币学派对政府失灵的集中批判，三是如今金融不断创新前提下的政府适度干预共识。在次贷危机引发的国际金融危机中，多个国家在危机救助工具和政策协调配合等方面取得了一系列突破。

从救助主体的视角来看，依靠中央统一救助的传统救助机制逐渐暴露弊端。以次贷危机为例，由于美国州政府受到联邦严格的财政纪律约束（财政支出与财政收入高度相关），导致危机爆发后美国州政府财政支出随财政收入的减少而减少，明显抵消了《美国复苏与再投资法案（ARRA）》等财政刺激政策的效力，使得美国扩张性财政政策受阻；在欧盟主权债务危机中也发生了类似的事情，统一的货币政策对边缘国家无效，涣散且决策分散的财政政策使得边缘国家的主权债务风险加大，最终导致欧盟陷入银行业危机与主权债务危机交叉传染的恶性循环。

对我国银行业进行危机救助时，显然需要考虑中央与地方的问题。一方面，我国财政分税制度赋予了地方政府一定的财权与事权；另一方面，地方政府土地出让金收入和隐性债务等因素，增大了地方财政的不可控性。在面对我国银行业危机救助问题时，若脱离了财政分权的基本经济运行框架，则极有可能在不良资产剥离和银行注资的怪圈之中陷入财政资源不断消耗的困境，甚至可能引发区域性金融风险，损害危机救助的有效性并危及金融稳定。可见，受大国体制影响，从金融分权角度研究我国银行业危机救助机制具有重要的现实意义。通过建立金融稳定事权由中央政府发挥主导作用，地方政府按照中央统一规则部署强化属地风险处置职责的金融分权危机救助机制，有利于从中央与地方的救助职责和救助成本分摊出发，强化多主体风险分担机制；有利于加强地方政府隐性金融发展权和金融控制权之下的金融监管，将地方政府的隐性分权显性化；有利于探讨救助主体的边界问题和被救助主体的套利问题，建立分层的金融安全网。

本书共6章，第1章引言，第2章文献综述，第3章金融分权下银行业危机救助的基本框架，第4章金融分权下银行业危机救助机制的对象识别，第5章金融分权下银行业危机救助的实施方案，第6章结论。

第1章简要论述了本书的研究背景和选题意义。商业银行是我国金融体系的核心，在建设和完善我国银行业体系的过程中，加强银行业危机应对机制的研究不仅需要救助工具的创新，还需要提升工具运用的有效性和灵活性，并注重中央与地方、事权与财权的匹配。西方国家在经历多次金融危机之后，在中央层面上形成了救助主体权力分配体系。例如，美国的危机救助体系是由美联储、联邦存款保险公司和财政部组成救助主体：美联储负责救助"缺乏流动性"的问题银行，并在贷款担保、还款期限、最高额度、贷款利率、改善经营管理等方面附加一系列条件，以遏制问题银行道德风险；联邦存款保险公司负责处置"缺乏清偿性"的问题银行，处置过程中兼顾成本最小化和不发生系统性风险两大原则；财政部在衡量系统性风险爆发概率的基础上灵活抉择，利用多样化的救助手段和广泛的资金来源，在成本可回收原则约束下开展救助。但是，救助政策的落实效果不仅与中央政府有关，还涉及地方政府的协调配合。特别是中小银行发生风险的类型和性质千差万别，地方政府的信息优势可以更好地推进救助行动有效开展。现阶段我国银行业危机救助的问题突出表现为：政府救助与市场自救边界模糊，救助政策协调性差，缺乏政策穿透性和救助主体权责对等性等。

第2章分别梳理了银行业风险承担、危机救助、机制设计和金融分权的相关文献。现有文献较少从金融分权的角度研究银行业危机救助，虽然危机救助的事权主要归属于中央，但是地方政府如何按照中央统一部署，强化属地风险处置责任值得深入研究。一方面，地方政府拥有危机类型、严重程度、可控性等方面的信息优势，能提升政策出台的针对性和危机应对的及时性；另一方面，地方政府与中央政府具有不同的目标函数，具有潜在的政府道德风险隐患。鉴于现有的金融危机模型难以处理金融分权下的银行业危机救助问题，本书将从政治经济学角度，以激励机制理论为基础，对上述两大问题展开研究。

第3章研究了金融分权下银行业危机救助的基本框架。本章首先利用政治经济学模型讨论了危机救助的基本框架，证明了政策目标偏差是导致救助成本收益失衡的关键，分析了在设立规则与自由裁量权时需考量的重要因素。其次，通过分析我国金融分权的内涵与外延，得出我国银行业危机救助机制与金融分权的矛盾在于如何将隐性分权显性化并使之权责对等的结论。从我国历史上对海南发展银行破产、鄂尔多斯房地产崩盘、温州企业资金链断裂和包商银行风险处置的救助来看，我国危机救助的表现形式已从行政干预为主的调控手段逐渐向市场化方式为主的调控手段转变，地方政府的参与意愿也在逐步强化。在现有金融发展与金融监管不协调基础之上，本书探寻了我国金融监管权演变趋势与适度分权演进途径。最后，落脚到顶层设计中，我国应由过去的中央集权救助，逐渐向中央主导、地方辅助的适度分权救助转变：国务院金融稳定发展委员会（以下简称"金融委"）将承担银行业危机救助中最重要的职责，统筹协调、监督问责；人民银行负责宏观审慎监管，并依据宏观经济运行情况及时调整货币政策，避免市场流动性枯竭；银行业监管机构发挥微观审慎监管职责，事前加强机构的合规性管理，事后提升监管的穿透性；存款保险机构在确保金融稳定的前提下，主要利用市场化手段稳定投资者情绪；地方监管机构听从中央统一调控，避免危机跨区域传染；尝试设立有序清算机制，对问题银行适时采取接管、破产清算等风险处置行动。

第4章研究了金融分权下银行业危机救助机制的道德风险防范。为了使政府救助能更好地与"市场之手"相结合，本书模拟了分权前提下问题银行对救助对象的俘获行为，发现增加救助合谋阻力有利于提升社会总福利水平。本书从三个方面论述了如何增强救助俘获阻力：一是提升被救助主体的自救能力。次贷危机以后提出的应急资本要求，旨在让私人部门先于政府部门承担救助成本，通过将减记和转股条款强制性加入合格资本中，使得原本因经营不善而导致的风险暴露不再能轻易转嫁给全体纳税人，而是先由问题银行股东和一般债权人承担，进而可以更好地避免救助俘获。二是存款保险制度应从集权角度建立统一的保险体系，尽量杜绝问题银行的俘获行为，稳定存款人信心。我国存款保险制度未来应逐步向差异化费率过渡，弥补高效率、低风险银行向高风险、低效率银行补贴的激励漏洞，营造更为健康稳健的金融体系。三是应建立由中央设定规则、地方出资设立银行的有序退出机制。缺乏有序清算的存款保险制度只是单纯的"付款箱"，问题银行有了退出通道才能更好地维护金融秩序稳定。由于有序退出机制主要针对地方中小银行，因此，由中央设定规则以统一问题银行的退出标准，而由地方政府源于其对区域金融稳定的诉求来进行出资。本书遵照不同地区的区域金融稳定对系统金融稳定的影响力差异，初步提出了地方政府在有序退出基金筹建的成本分摊方案。

第5章研究了金融分权下银行业危机救助的灵活性。本章在上一章的理论模型基础上，强化了传染风险假设，进一步探究了适度金融分权标准的灵活性。理论研究发现，救助资金成本越大、自救能力越强的机构占比越大、监督技术越好、问题银行自救能力提升空间越大，则分权越有利；当缺乏防止救助合谋的手段时，分权可以在增加监督者的同时利用囚徒困境增加合谋阻力。具体来讲，从金融发展权角度，适度分权救助能降低对银行的不完全保护，提升救助的时效性，充分利用地方政府信息优势，促进监管技术的持续优化，增强核心监管部门独立性；从金融控制权角度，适度分权救助能避免地方政府对市场机制的侵蚀，切断不规范的金融创新，增强资本的风险承担约束；从金融监管权角度，适度分权救助能拓展银行业危机救助的手段，有利于切断各类风险源头，有助于在"救市场"与"救机构"之间双向推进，进一步解决深层次的经济结构问题。在此基础上，本书实证研究了危机救助过程中地方政府的道德风险问题。然后，本章分别探讨了源于汇率风险、地方财政风险、房地产风险、僵尸国企风险和金融乱象等不同情况下，适度金融分权救助体制应对银行业危机的职责划分。需要指出的是，金融分权下的银行业危机救助机制在提升救助灵活性的同时，不能单纯强调属地监管、属地处置原则，地方监管机构的问责制度应当与传染风险是否得到有效遏制相关。

第6章为本书的结论。

本书的创新点在于：

一是在金融分权视角下，从理论上研究了政府危机救助的权利划分原则。通过假设中央政府与地方政府目标不一致，分析了危机救助中成本与收益的权衡，以及规则与自由裁量权的权衡。其中，成本与收益的权衡体现在，由于存在政策目标偏差，救助主体会对监管职责或范围以内的问题银行进行过度救助，会对监管职责或范围以外的问题银行依据其自救能力和效用放大倍数进行差别对待，并由此导致救助标准不一致和救助标准过于宽松。规则与自由裁量权的权衡体现在，当实际救助成本不确定且信息不对称性很大，而分权决策的负外部性较小时，救助主体灵活制定危机救助政策的机制优于中央层面事前颁布最优救助准则的机制。

二是在救助俘获和传染风险假设下研究了适度金融分权标准。为了研究适度金融分权，本书在集权救助的基本框架下，将监管机构和地方政府以监督者的身份放入模型。研究发现：当存在传染风险时，集权救助有利于控制合谋和传染风险两类成本，分权救助有利于利用地方政府在解决信息不对称方面的优势。其中，强调传染风险，有利于合理划分危机救助中政府与市场的边界。政府救助不应是全盘兜底式，而应从成本收益角度，权衡不救助决策下传染风险带来的社会负效用与救助决策下政府的资金成本，并在政府效用函数约束下与其他救助主体共同开展救助行动。地方的机构监管和风险处置都应由中央统一设立标准，地方的目标差异应服从中央的统一部署，地方的问责制度也应与传染风险是否得到有效遏制相关联。

三是构建了我国有序清算基金的筹建思路。首先，参照国际经验建立有序清算制度有助于完善我国金融安全网。由于银行业在我国金融业中处于核心关键地位，应尽快建立银行业有序清算基金，再逐步纳入具有系统重要性影响的非银行金融机构，建立完善的有序清算制度，强化存款保险制度的事前监管职能；其次，有序清算基金应遵从中央设定标准—地方出资筹建—公司化运营的思路。中央设定标准可以避免救助俘获，地方出资筹建源于地方政府的区域金融稳定诉求——保障中小银行有序退出市场，公司化运营可以将现有救助机制由完全的政府兜底逐步过渡到引入市场效率，基金费也将由政府出资逐步变为银行缴费。其中，地方政府出资设立有序清算基金，应根据不同地区的区域金融稳定对系统金融稳定的影响力大小进行成本分摊。本书参照系统重要性银行的测度方法，对31个省市自治区的区域系统重要性进行了排名，对有序清算基金中各地方政府的出资比例进行了初步探讨。

Preface

Since the collapse of Italy's bardi and peruzzi Banks in 1348, the financial crisis has become an economic nightmare. Financial crises, big and small, have not ceased for centuries, and the theory of crisis assistance has gone through many stages since the great depression. From Keynesian government intervention, to the monetary approach to the focus on criticism of the government failure, and now the financial innovation under the condition of moderate government intervention consensus and crisis relief theory is constantly being full. In 2007, the U. S. subprime crisis triggered the global financial crisis, and the United States took the lead in restoring its strength, and made a series of breakthroughs and innovations in crisis relief tools and policy coordination. For example, in the interest rate, open market operations and rediscount, and other traditional tools, the fed has also developed unconventionality liquidity assistance tool for financial institutions and financial market liquidity assistance tool directly.

However, the traditional mechanism of relying on unified rescue by the central government has gradually exposed the disadvantages. In the United States, as the state by federal strict fiscal discipline, its highly relevant fiscal expenditure and fiscal revenue, this leads to the crisis broke out, the state financial expenditure decrease with fiscal revenue, significantly offset the "American recovery and reinvestment act (ARRA)" such as fiscal stimulus policy effectiveness, frustrating the expansionary fiscal policy; Uniform monetary policy in the eu, the rescue invalid to the periphery, and fiscal discipline distractions and decentralized fiscal stimulus policy decisions, make the edge of the country's sovereign debt risks escalating, falling into a vicious cycle of cross infection and banking crisis. In China, on the one hand, fiscal decentralization ensures the basic interests of local governments and gives them certain financial power as the support., on the other hand, the local government land transfer income and implicit debt, increased local government fiscal discipline is not controllable factors, led to the crisis rescue when local government debt ballooned, damaging crisis aid effectiveness and threaten financial stability.

It can be seen that the study on the crisis relief mechanism from the perspective of financial decentralization not only expands the research perspective of the crisis relief theory, but also facilitates the construction of a crisis relief mechanism suitable for China's national conditions. This article mainly from the financial decentralization of the central and local relief and rescue responsibility cost allocation, to strengthen local government recessive financial development and financial of financial regulation and crisis relief obligations under control. By constructing a multi-level rescue mechanism including local governments, this paper discusses the rescue boundary of relevant parties and tries to avoid the rescue arbitrage.

At present, although financial regulation is developing towards a more stable and effective direction, the prevention of risks and crisis should not be relaxed. 2010 the Basel Ⅲ micro-prudential level outside the regulatory capital joined the leverage supervision and regulation of liquidity, macro-prudential regulation on capital buffers, shadow banking and pressure test and so on a series of reform Suggestions are given; The G20 summit, committed to strengthening global financial stability, has significantly strengthened the global dialogue and consultation on crisis and economic governance since the Washington summit in 2008. However, the problem of global economic structure is still not improved at all, low growth, low inflation, low interest rate environment, the developed economies to leverage progress is slow, many emerging economies enterprise which does not rise, and the monetary policy game, trade protectionism, such as the globalization trend of rise, further weaken the ability of the global economy against unexpected risks. Therefore, financial fragility still deserves long-term attention.

In addition, the domestic experience in dealing with the crisis is a little lacking, and it is urgent to establish a crisis response mechanism that is balanced and coordinated by relevant departments. Crash in 2015, for example, the Shanghai composite index fell 30% in just three weeks, the government's financial regulators did not inject confidence in time for the market, from mutual shuffle to rescue policy gradually missed the crisis of the optimal timing of rescue, the market not only failed to stop falling, it began to show signs of a liquidity crisis the market collapsed. After urgent consultation and decision - making at the top of the central government, the government began to mobilize all resources to rescue the market. It can be seen that there are still many problems in China's response to the crisis.

To sum up, based on the perspective of financial decentralization, the banking crisis rescue in our country, explore the different government departments crisis response mechanism of checks and balances, coordination, has very important theoretical and practical significance. Banking industry plays a central leading role in China's financial industry, and problems such as overcapacity, high debt and asset bubbles are easy to spread to Banks. Historically, banking crisis response policies have been limited to ongoing asset divestments and capital injections. If not will match the accrual of prevention and governance, banking marketization reform will fall through, the government would be in the circle of bad assets and Banks keep consumption financial resources, and gradually accumulated public financial risk. Over the past decade China's financial institutions, especially the local financial institutions, such as city commercial Banks, rural commercial Banks) to get fast development, making an important contribution to economic development, but the size is differ, also is a big problem in the regulation of management the good and bad are intermingled. Under the influence of the great power system, the crisis relief mechanism of China's banking sector cannot be separated from the basic economic operation framework of fiscal decentralization. Financial stability, the governance should be determined by the central government to play a leading role, but how local governments on financial management ownership under the premise of the central powers in accordance with the unified central dependency rules to strengthen risk management responsibility is worth in-depth study. In particular, the types and nature of risks vary widely among small and medium-sized financial institutions with different types of risks. The information advantages of local governments can better promote the effective implementation of rescue operations. So the financial decentralization under the perspective of China's banking crisis rescue, is advantageous to the main-body of risk sharing mechanism, more conducive to the local government's recessive decentralized be made explicit, is helpful to establish a layered financial safety net.

This article is divided into six chapters, chapter 1 as the background of selected topic significance and comb, chapter 2 is literature review, chapter 3 basic framework for the financial decentralization under the banking crisis rescue, chapter 4 for the financial decentralization under the banking crisis rescue mechanism of object recognition, chapter 5 for the financial decentralization under the banking crisis rescue mechanism and implementation plan, chapter 6 is the conclusion in this paper.

The first chapter briefly discusses the research background and significance of the topic selection. Commercial bank is the core of the financial system in our country, in the process of construction and perfect our country's banking system, strengthen the banking crisis response mechanism of the research not only needs the innovation of the rescue tools, still need to improve the effectiveness of the tools used and flexibility, pay attention to the central and local powers, responsibilities and matching of the purse strings. Western countries after the financial crisis for many times, gradually formed the central level between different subjects relief power crisis rescue system of division of labor cooperation, for example, America's system of crisis rescue by the fed, the federal deposit insurance corporation and the Treasury as the main body in the rescue, the federal reserve in charge of relief "lack of liquidity" problem Banks, and loan guarantees, reimbursement deadline, the highest amount, loan interest rate, improve the management of additional series of conditions, to curb the moral hazard problem Banks, The federal deposit insurance corporation (fdic) is responsible for dealing with "unliquidated" problem Banks, taking into account the two principles of cost minimization and no systemic risk. The ministry of finance on the basis of the probability measure of systemic risk outbreak of flexible choice, using a variety of relief means and a wide range of sources, with the combined effect of the whole society as the ultimate goal, and to carry out the rescue under cost constraints recycling principle. However, the implementation effect of the policy is not only related to the central government, but also involves the coordination and cooperation of local governments. At the present stage of our country's banking crisis relief problem is outstanding performance is: the government support and market self-help fuzzy boundaries, poor relief policy coordination, lack of policy penetrability and salvage equivalence principal power and responsibility, etc.

In the second chapter, the relevant literature on risk taking, crisis rescue, mechanism design and financial decentralization of the banking industry is sorted out respectively. Existing literature research from the perspective of financial decentralization less banking crisis rescue, although the crisis rescue the governance mainly belonging to the central, but how local governments in accordance with the unified the central deployment, strengthen risk management responsibility is worth in-depth study of possession. On the one hand, local governments have information advantages in crisis types, severity and controllability, which can improve the pertinence of policies and the timeliness of crisis response. On the other hand, the local government and the central government have different objective functions and have potential hidden moral hazard of the government. In view of the existing financial crisis model is difficult to deal with the separation of powers under the banking crisis relief problems, this article from the perspective of political economics, based on the theory of incentive mechanism, the above two problems.

Chapter three studies the basic framework of banking crisis relief under financial decentralization. First use of political economics model are discussed in this chapter the basic framework of crisis rescue, proved that the policy goal deviation caused by the relief cost−benefit tradeoffs, analyzed the discretion in setting up rules and important factor. Secondly, by analyzing the connotation and denotation of financial decentralization in our country, our country banking crisis rescue mechanism and the decentralization of the paradox is that how the recessive decentralized be innovated, and make the accrual of equivalence. From the bankruptcy of hainan development bank in the history of our country enterprise capital chain rupture, ordos property crash and wenzhou aid case, crisis rescue form in our country has mainly from administrative intervention control way gradually to the market as the main control shift, the participation of local governments will also gradually strengthened even possible. On the basis of the uncoordinated development of finance and financial supervision, this paper explores the evolution trend of financial supervision right and the way of appropriate decentralization. Finally, specific to the crisis rescue, should by the past centralized rescue in our country, gradually to the central leading modest decentralization, local auxiliary rescue shift: gold steady committee will take on the most important thing in a banking crisis rescue responsibility, overall coordination, supervision and accountability; The people's bank of China is responsible for macro−prudential supervision and adjustment of monetary policy in a timely manner in accordance with the macro−economic operation to avoid the depletion of market liquidity. The banking regulatory authorities should play the role of micro−prudential supervision, strengthen the compliance management of institutions in advance, and improve the penetration of supervision afterwards. Deposit insurance institutions, on the premise of ensuring financial stability, mainly use market−oriented means to stabilize investor sentiment. We will try to establish an orderly liquidation mechanism and take timely risk management actions such as takeover and bankruptcy liquidation of the problem Banks. Local regulators have complied with the central government's unified control to avoid cross−regional contagion from the crisis.

Chapter four studies the object identification of banking crisis relief mechanism under financial decentralization. This paper simulates the capture behavior of the problem bank to the target under the premise of decentralization. In order to combine government aid with the hands of the market, this paper discusses how to strengthen the resistance of rescue capture from three aspects: first, to improve the self-rescue ability of the rescued subject. Emergency capital requirements in the wake of the sub-prime crisis are aimed at putting the private sector ahead of the government in the cost of bail-outs. Transfer write-downs and stock provision mandatory to join the qualified in the capital, make the risk exposure as a result of mismanagement and can no longer easily pass on to all the taxpayers, but by the first problem Banks' shareholders and creditors commonly, which can better avoid capture. Second, the deposit insurance system should establish a unified insurance system from the perspective of centralization, eliminate the capture of problem Banks as far as possible, and stabilize the confidence of depositors. Deposit insurance system in China in the future should gradually to excessive differentiation rate, improve the high efficiency and low to high risk and low efficiency of bank risk positive incentive subsidies, can build a more healthy and stable financial system. Third, rules should be set by the central government and local governments should set up an orderly exit mechanism for Banks. The deposit insurance system without orderly liquidation is just a simple "payment box". Only when the problem Banks have exit channels can they better maintain the financial order and stability. Rules set by the central government can unify the exit criteria of the problem Banks, and local governments contribute money from local governments' demands for regional financial stability. According to the difference of influence of regional financial stability in different regions on the financial stability of the system, this paper puts forward the cost sharing scheme of local government in the preparation of orderly exit fund.

The fifth chapter studies the implementation of the banking crisis rescue mechanism under financial decentralization. On the basis of the theoretical model in the previous chapter, this chapter strengthens the assumption of contagion risk and further explores the criteria of appropriate financial decentralization. Theoretical research finds that the higher the cost of rescue funds, the higher the probability of the bank with strong self-rescue capability, the better the supervision technology, and the greater the room for improvement of self-rescue capability of the problem bank, the more advantageous the decentralization. When there is no means to prevent collusion, decentralization can increase collusion resistance while increasing supervisors and utilizing prisoner's dilemma. Specifically, from the perspective of financial development, moderate decentralization can help to reduce the bank's incomplete protection, improve the efficiency of the rescue, and make full use of local government information advantage, promote the continuous optimization of regulation technology, enhance core regulatory independence; From the perspective of financial control right, the moderate decentralization of power relief can avoid the erosion of market mechanism by local governments, cut off the irregular financial innovation, and enhance the risk bearing constraints of capital. From the perspective of financial supervision, moderate decentralization can help expand the banking crisis relief means, to cut off all kinds of risk source, can help in between "save the market" and "save" two-way forward, further to solve the problem of the economic structure of the deep. At the same time, this paper studies the moral risk of local governments in the process of crisis relief. Finally, this chapter discusses respectively from exchange rate risk, local finance risk, property risk, zombie state-owned enterprises and financial risk under different conditions such as chaos, moderate financial decentralization relief system to cope with the duties of a banking crisis. It should be pointed out that, under the financial decentralization of banking crisis rescue mechanism in raising aid flexibility at the same time, cannot emphasize possession regulation, disposal of simple principle, local regulators accountability should be associated with infection risk is to effectively curb.

Chapter 6 is the conclusion of this paper.

The innovation of this paper is:

First, from the perspective of financial decentralization, the power division principle of government crisis assistance is studied theoretically. By assuming that the central government and the local government are inconsistent in their goals, this paper analyzes the cost and benefit tradeoffs in crisis relief, and the tradeoffs between rules and discretion. Among them, the costs and benefits embodied in the balance, because of policy goal deviation, salvage subject to regulatory responsibilities or within the scope of the problem Banks, excessive compensation, your regulatory responsibilities or outside the scope of the problem Banks, is on the basis of its ability to save strength and size, magnification utility for different treatments, and the resulting rescue inconsistent and salvage standard too loose. Rules and discretion in balance, when actual rescue cost uncertainty and information asymmetry is large, and decentralized decision making negative externality is lesser, assistance subject flexible crisis rescue policy mechanism is better than that of the optimal rescue standards promulgated by the central level advance mechanism.

Second, the moderate financial decentralization standard was studied under the hypothesis of rescue capture and contagion risk. In order to study the appropriate financial decentralization, based on the centralized relief under the basic framework of the regulators and the local government by the identity of the supervisors in the model, the study found that when infection risk, centralized aid helps control conspiracy and infection risk cost, decentralized rescue is advantageous to the use of local government in solving the asymmetric information advantage. Among them, the emphasis on contagion risk is conducive to the reasonable division of the boundary between the government and the market in crisis assistance. Government aid should not is come out, but should from the cost benefit point of view, weigh the no bail-out decision the infection risk brought by social negative utility and aid decision making under the government's cost of capital, and in the government utility function under the constraints and other assistance subject to carry out the rescue. Local institutions supervision and risk management should be established by the central unified standards and goals of the local differences should obey the unified deployment, system of accountability in place should also be associated with infection risk is to effectively curb.

Third, the establishment of China's orderly liquidation fund ideas. First of all, with reference to international experience and the international standard, orderly liquidation fund in China should be established as soon as possible the banking sector, and will gradually systemically significant influence of non-bank financial institutions into, set up perfect orderly liquidation system, to strengthen the regulatory functions in advance the deposit insurance system; Second, orderly liquidation fund should follow the central set standard and the local investment planning, corporate operations, the central set standards can avoid capture, financial stability in areas where the local investment planning from the local government demands, ensure orderly exit the market, and small and medium-sized Banks corporate operations can be completely by the government relief mechanism, existing gradually transition to the market mechanism, fund fees will also gradually into banking payment paid for by the government. Among them, local governments should contribute to the establishment of an orderly liquidation fund and make cost allocation according to the influence of regional financial stability in different regions on the financial stability of the system. In this paper, based on measure of systemically important bank, importance to regional system of 31 provinces, cities and autonomous regions, local governments in the orderly liquidation fund investment proportion has carried on the preliminary discussion.

目录

1 引言

1.1 选题背景及选题意义

银行的脆弱性特征决定了对银行风险和危机的防范不能松懈。国际方面，2010 年出台的《巴塞尔协议Ⅲ》中，微观审慎监管在资本监管之外加入了杠杆率监管和流动性监管，宏观审慎监管针对资本缓冲、影子银行和压力测试等给出了一系列改革建议；致力于加强全球金融稳定的 G20 峰会，从 2008 年华盛顿峰会至今，显著强化了全球共同应对危机和治理经济的对话与磋商。但是，全球经济结构问题仍未得到根本改善，特别是在新冠疫情的冲击下各国经济面临严峻挑战，加上各国货币政策博弈、贸易保护主义、极端民族主义等反全球化思潮抬头，进一步削弱了全球经济抵御意外风险的能力。国内方面，银行业作为我国金融体系的核心，其救助机制设计应该是系统性金融风险防线建设的基础，是主动防范和化解系统性金融风险的关键。改革开放以来，从传统计划经济体制到市场经济体制转轨以及从专业银行到国有独资商业银行转轨过程中，银行承担了很多发展和改革的任务，同时，外部监管和内部治理体系建设不健全，难免积累各种不良贷款。历史上，我国国有银行在经历 1998 年东南亚金融危机和局部房地产泡沫破裂之后，一度进入技术性破产的境地，但经过国有资产管理公司剥离不良资产、财政注资、股份制改革上市等一系列救助措施之后，国有银行又逐步回归商业化经营轨道。客观上讲，我国银行业危机救助机制仍需不断完善，特别在逐步引入市场效率方面仍需不断深化改革。此外，过去十多年间我国金融机构尤其是地方性金融机构（如城市商业银行、农村商业银行）得到快速发展，为经济发展做出了重要贡献，但规模大小不

一、管理良莠不齐等也是监管的一大难题。可见，我国亟待加强相关部门相互制衡、协调配合的危机救助机制建设。

从金融分权视角来看，依靠中央统一救助的传统救助机制逐渐暴露弊端，基于金融分权视角更有利于建立适合于我国国情的银行业危机应对机制。各国中央层面的救助机制涉及政府、银行、企业、存款人以及纳税人等相关利益主体之间的权责利分配，关键在于要根据实际情况平衡道德风险和救助成本等问题。美国在先后经历了自大萧条以来的多次大危机以后，形成了美联储、联邦存款保险体系、财政部和金融稳定监督委员会等中央层面的金融救助体系。例如在次贷危机中，美联储从货币政策、市场操作工具、最后贷款人职能以及国际合作方面进行了一系列突破，有效制止了危机在其国内蔓延。但值得注意的是，美国州政府消减财政支出也导致联邦财政刺激政策并不能发挥较好的救助作用。在欧洲，受制于货币政策约束，且各国财政纪律涣散，导致欧盟不仅缺乏行之有效的救助安排，还不断爆发边缘国家的主权债务危机，并对整个银行体系造成冲击，拖累了经济复苏步伐。与其他大国经济体相比，我国历史上的银行业危机应对策略多限于资产剥离和注资，若不将防范与治理的权责在财政分权的基本框架下进行匹配，政府将会在不良资产剥离和银行注资的怪圈之中不停消耗财政资源，甚至逐渐累积出巨大的公共财政风险。

综上所述，基于金融分权视角研究我国银行业危机救助，探讨中央与地方相互制衡、协调配合的危机应对机制，具有非常重要的理论和现实意义。本书致力于将金融分权引入救助责任分担，为银行业危机提供一个更稳定的多级救助框架，以求达到三个主要目标：首先，逐步将地方政府的隐性分权显性化，通过危机救助责任分担的反向机制加强对地方政府财政纪律的事前约束；其次，将政府事后追责更多地和危机传染风险相关联，逐步规范市场对政府隐性担保的预期；最后，加强救助政策的协调性，避免目标不一致、标准不统一导致的救助套利，增强危机救助的有效性。

1.2　研究的视角、方法与框架

1.2.1　研究视角

本书拟建立一套银行业危机救助的金融分权机制，激励各救助主体修正其潜在行为偏差、扩宽救助方式，约束地方政府道德风险和过度干预市场的冲动，促进政府正确掌握救助时机和利用市场适时进行政策退出。基于金融分权的银行业危机救助机制，有利于发挥各利益相关方的救助积极性、降低救助的直接成本和隐性成本、理顺政府与市场以及中央与地方的关系和成本分摊问题，提高危机救助的有效性，用相互制衡、统筹兼顾的制度安排建立多手段、多层次的救助体系，以此维护金融体系稳定。

1.2.2　研究方法

本书将采用以下研究方法：

（1）理论建模分析：本书将从政治经济学角度刻画经济主体行为，构建金融分权的危机救助分析框架。首先，本书以理论模型研究了政府危机救助的权利划分原则；其次，通过将监管机构和地方政府作为监督者引入集权救助的分析框架，建立了问题银行俘获监督者的基本研究模型；最后，在上一步模型的基础上，加入传染风险假设，探讨了适度金融分权原则。

（2）案例分析和实证研究：本书收集了海南房地产泡沫、鄂尔多斯房地产崩盘、温州企业资金链断裂和包商银行风险处置等历次危机救助案例，研究了不同时期、不同区域金融危机爆发的原因、处置方式以及后续影响；建立系统重要性区域的指标体系，收集不同地区的经济金融数据，测算区域金融稳定对系统金融稳定的不同影响，对地方政府参与救助成本分摊进行了初步探讨；收集84家城市商业银行年报数据，实证分析了地方政府在参与危机救助的过程中，其道德风险对银行风险承担产生的影响。

1.2.3 本书框架结构图

本书框架结构如图 1-1 所示。

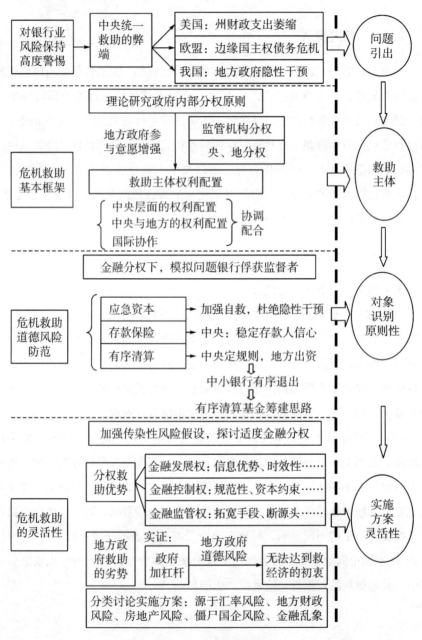

图 1-1　本书框架结构

1.3 本书的创新点与进一步研究方向

1.3.1 本书的创新点

一是在金融分权视角下，理论研究了政府危机救助的权利划分原则。通过假设中央政府与地方政府目标不一致，分析了危机救助中成本与收益的权衡，以及规则与自由裁量权的权衡。其中，成本与收益的权衡体现在，由于存在政策目标偏差，救助主体对监管职责或范围以内的问题银行会进行过度救助，对监管职责或范围以外的问题银行会依据其自救能力强弱和效用放大倍数大小进行差别对待，并由此导致救助标准不一致和救助标准过于宽松。规则与自由裁量权的权衡体现在，当实际救助成本不确定且信息不对称性很大，而分权决策的负外部性较小时，救助主体灵活制定危机救助政策的机制优于中央层面事前颁布最优救助准则的机制。

二是在救助俘获和传染风险假设下研究了适度金融分权标准。为了研究适度金融分权，本书在集权救助的基本框架下，将监管机构和地方政府通过监督者的身份放入模型，研究发现当存在传染风险时，集权救助有利于控制合谋和传染风险两类成本，分权救助有利于利用地方政府在解决信息不对称方面的优势。其中，强调传染风险，有利于合理划分危机救助中政府与市场的边界。政府救助不应是全盘兜底式，而应从成本收益角度，权衡不救助决策下传染风险带来的社会负效用与救助决策下政府的资金成本，并在政府效用函数约束下与其他救助主体共同开展救助行动。地方的机构监管和风险处置都应由中央统一设立标准，地方的目标差异应服从中央的统一部署，地方的问责制度也应与传染风险是否得到有效遏制相关联。

三是构建了我国有序清算基金的筹建思路。首先，参照国际经验建立有序清算制度有助于完善我国金融安全网。由于银行业在我国金融业中处于核心关键地位，应尽快建立银行业有序清算基金，再逐步纳入具有系统重要性影响的非银行金融机构，建立完善的有序清算制度，强化存款保险制度的事前监管职能；其次，有序清算基金应遵从中央设定标准、地方出资筹建、公司化运营的思路。中央设定标准可以避免救助俘获，地方出资筹建源于地方政府的区域金融稳定诉求——保障中小银行有序退出市场，公司化运营可以将现有救助机制由完全的政府兜底逐步过渡到引入市场效率，基金费也将由政府出资逐步变为银行缴费。其中，地方政府出资设立有序清算基金，应根据不同地区的区域金融稳定对系统金融稳定的影响力大小进行成本分摊。本书参照系统重要性银行的测度方法，对31个省（自治区、直辖市）的区域系统重要性进行了排名，对有序清算基金中各地方政府的出资比例进行了初步探讨。

1.3.2 进一步的研究方向

第一，在规则与自由裁量权的权衡中，利用实证方法更多地探究金融分权救助机制的设定原则，提高应对危机的有效性。当前，金融监管与救助在工具数量、机制的复杂程度和不同监管之间的制衡手段上均较过去有了极大的发展，但是，分权救助在执行时是否更有效，在哪些层面会导致效率损失，具体的改进方案应如何制定，这些都有赖于进一步的研究和分析。通过实证研究可凸显理论分析无法识别的核心关键因素。

第二，本书研究的重点在于银行业危机救助，除政治经济学层面的研究以外，宏观压力测试技术的发展将为具体的政策实施提供更好的政策效果预测。如何建立我国的宏观经济模型，并将日益壮大的非银行金融机构纳入分析体系，也是本书下一步的研究方向之一，这能为应对危机的宏观审慎监管提供有力的工具和手段。

2 文献综述

广义的危机管理，是对危机产生、发展以及应对进行系统的研究，建立相应的预警与处置机制以尽量减少危机所带来的损失。狭义的危机管理仅涉及危机发生后政府的应对措施。本书倾向于在狭义的危机管理定义下展开研究。本书的"政府"可以指代多个政策性救助主体，既包括传统意义上负责制定银行业救助应急方案的中央银行、存款保险公司、财政部门和国际组织（欧洲央行、国际货币基金组织等），也包括大国框架意义下的地方政府、成员国政府或州政府等。本章将从银行业风险承担、危机救助、机制设计、金融分权四个角度进行相关文献梳理，归纳总结如何提高银行业危机应对措施的有效性，以及提防各类救助主体的道德风险。

2.1 银行业风险承担

影响银行风险承担的因素大致有四类：货币政策、公司治理、金融创新和政治关联。若对这些因素不加以重视，则将显著影响银行业在危机期间的自身修复能力，加大危机救助难度。下文将对这四类因素分别进行综述。

2.1.1 货币政策与银行风险承担

货币政策的风险承担传导渠道大致包含银行内部的收入和估值效应、财务杠杆效应，以及银行外部的收益追逐效应、竞争效应与保险效应。Borio 和 Zhu（2008）首先提出货币政策风险承担传导渠道的概念，认为金融体系和审慎监管的变化增加了风险承担传导渠道的重要性，而盛行的宏观经济范式与模型不善于捕捉该类风险。

首先，货币政策可能通过银行风险定价（如收入、估值和现金流等因素）

影响银行业风险承担。Delis 和 Kouretas（2011）研究了 2001—2008 年欧元区银行数据，证明长期低利率会大幅增加银行风险承担，其中，对资本金较高的银行，利率对风险资产的影响较低；对表外资产较多的银行，利率对风险资产的影响会被放大。Ioannidou 等（2015）对美元国家玻利维亚的研究也表明，低利率政策刺激了信贷，使得信用记录更差的借款人获得贷款，而这部分贷款在利率上升后表现更弱。金鹏辉等（2014）研究了货币政策和银行风险承担行为之间的关系，发现我国宽松货币政策对银行风险承担的鼓励体现在银行的资产选择行为上，而不在银行的负债选择行为上，贷款标准随货币政策放松而降低。

其次，由于名义收益率黏性的存在，货币政策可能通过收益追逐等效应影响银行业风险承担。Borio 和 Zhu（2012）认为由于银行负债一般都是固定名义利率的长期合同，利率的减少会与黏性的回报率目标形成交互作用，增加银行风险承担。沈沛龙和王晓婷（2015）通过理论模型发现，在信贷扩张期，杠杆率、贷款损失准备金率的上升会使银行的当期风险承担水平增加；滞后六个月后，资本充足率、杠杆率、贷款损失准备金率的上升可以显著降低当期风险承担水平。

2.1.2 公司治理与银行风险承担

银行公司治理会从银行内部权力安排角度对银行风险承担产生影响。反映银行公司治理特征的要素包含：股权结构、董事会治理、薪酬结构等。

股权结构方面，Iannotta 等（2007）比较了 1999—2004 年欧洲 15 个国家 181 家大型银行的样本，发现：

（1）国有银行和互助银行相对于私人银行，成本更低，但盈利能力也更低；

（2）国有银行贷款质量最差，资不抵债风险最高；互助银行贷款质量最好，资产风险最低；

（3）股权集中与资产风险和破产风险负相关。

曹艳华（2009）利用 2000—2007 年的数据，发现我国上市银行第一大股东持股比例与银行风险承担正相关，而前五大股东持股比例与银行风险承担负相关。庄宇等（2013）采用我国 13 家上市商业银行 2001—2012 年半年度的非平衡面板数据，发现股权集中度与银行风险承担呈显著的倒 U 型关系。潘敏和张依茹（2012）利用我国 45 家商业银行 2005—2010 年的非平衡面板数据，发现宏观经济波动下不同股权结构的银行风险承担存在差异，具体而言，银行国有股占比上升将显著增强宏观经济波动与银行风险承担之间的敏感性。宋清华等（2011）利用2000—2010年数据，发现我国上市银行规模与风险承担呈U型关系；公司治理与风险承担呈负向关系，其中，大型商业银行因治理不足而引发的风险承担高于股份制银行。

董事会治理方面，Pathan（2009）采用美国212家大型银行1997—2004年1 534个观测值，发现小且受限少的银行董事会显著影响银行风险承担，因为这类董事会更多地反映了银行股东的利益。吴成颂等（2014）利用2002—2011年上市银行数据，发现银行风险承担与高管学历呈正相关性，与高管年龄呈倒U型关系，"分水岭"为54岁。李维安等（2014）利用2008年15家上市银行和18家非上市银行数据，发现董事会教育和年龄的异质性与银行风险承担具有负相关关系，同时兼任董事长和行长对董事会教育异质性与银行风险承担之间的关系有反向调节作用；弱的董事会断裂带与银行风险承担具有负相关关系。曹艳华（2009）利用我国14家上市银行2000—2007年的年报数据，也发现非上市流通股比例、董事会规模和独立董事比例与银行风险承担均呈现负相关关系，同时董事长兼任行长将增加银行风险承担。

薪酬结构方面，Hagendorff和Vallascas（2011）证明了银行高管薪酬激励与金融稳定之间的因果关系，利用美国1993—1997年被兼并银行数据，他们发现薪酬风险敏感性较高的高管倾向于兼并风险承担较高的银行。曹艳华和牛筱颖（2009）利用我国14家上市银行2000—2007年的年报数据，发现薪酬最高的前三名高管的平均薪酬与银行风险承担负相关。宋清华和曲良波（2011）发现我国商业银行高管薪酬与银行绩效正相关，与银行风险承担呈现倒U型关系。位华（2012）采用92家城市商业银行2001—2010年的非平衡面板数据，发现行长的货币薪酬与银行风险承担负相关，股权薪酬与银行风险承担正相关；行长权力越大，持有股权高的行长和货币薪酬高的行长越可能通过增加商业银行的风险承担来最大化其价值。

2.1.3 金融创新与银行风险承担

应急资本工具、金融衍生品、金融科技等创新可能引发银行风险承担变动。

（1）应急资本工具方面，邱兆祥和许坤（2014）认为，信用风险缓释工具可提高我国银行风险承担能力，但考虑到外部经济影响因素时，其作用是不显著的。许友传和苏峻（2015）认为，应急资本债权人在适当的资本区间以内有市场约束激励，股东也有动机限制银行采取更大的风险承担/转移。

（2）金融衍生品方面，斯文（2013）通过研究我国16家上市银行2006—2012年的半年度非平衡面板数据，发现衍生品及其中的利率衍生品对银行事后风险的影响比事前大，而外汇衍生品则对事前与事后风险的作用趋同。

（3）金融科技方面，郭品和沈悦（2015）通过研究2003—2013年的数据，发现我国金融科技增加了银行风险承担，且该效应在不同类型商业银行的表现不同，系统重要性银行能更为稳健地应对冲击。

此外，类似市场结构、新制度引入（如存款保险制度建立和利率市场化等）的外部环境变化也能影响银行风险承担。

2.1.4 政治关联与银行风险承担

涉及政治关联的非市场因素，可以从直接和间接两个渠道影响银行风险承担。

直接渠道是从银行政治关联的角度分析。①理论研究方面，许友传和何佳（2008）通过区分政府隐性担保程度，在一个两期经济框架内比较了不完全隐性担保和完全隐性担保的政策效果与环境依赖，研究了不完全隐性担保对银行风险承担的影响，并给出了不同银行风险承担的激励条件和边界，认为不完全隐性担保对健康银行的风险承担具有"屏蔽效应"，在一定程度上能降低问题银行的风险承担激励（效果取决于受保险的消费者类型和实体经济微观基础）。②实证研究大多以银行股东性质来区分政治关联。Miccoa等（2007）利用1995—2002年179个国家的银行年报，发现政府控股银行在发展中国家成本偏高、盈利偏低，在发达国家无此现象。Brandao，Marques等（2014）利用国际评级银行的样本，发现政府通过提供明确或隐性担保来支持银行，会降低市场约束和增加特许权价值，直接影响银行风险承担意愿（特别是2008—2009年金融危机之前和其间）。潘敏和张依茹（2012）研究了2005—2010年我国45家商业银行的数据，发现宏观经济波动与银行风险承担负相关，即正向（负向）宏观经济冲击降低（提高）银行风险承担，其中，国有股占比显著增强两者之间的敏感性，即当经济处于上行（下行）周期时，国有股占比高银行的风险承担将大幅降低（提高）。

特别地，在危机时期，Mohsni和Otchere（2015）研究了政府流动性注入对加拿大银行风险承担的影响，发现虽然流动性注入使得银行更加安全，但似乎引发了对非利息业务更高的投资。周开国和邓月（2016）选取2005—2012年174个国家的3 047家商业银行的非平衡面板数据，发现发展中国家的政府控股会提升银行危机前的稳定性，但却加大了银行危机后的风险承担，发达国家的政府控股并未导致银行风险承担在危机前后发生显著差异。

间接渠道从企业政治关联的角度分析。政治关联除直接影响银行风险承担外，通过企业渠道还将间接影响银行风险承担。Faccio（2006）从跨国数据中发现，扣除行政干预影响，政府为企业提供隐性担保，也能让政治关联型企业获得更多银行贷款。罗党论等（2012）认为，国有企业过度投资与银行授信相关。这表明企业政治关联可能是金融机构风险承担上升的非市场因素之一。雷光勇和王文（2014）考虑了政府直接干预和政府公共环境治理两方面因素，利用我国74家上市与非上市商业银行2007—2010年年报数据，发现了政府治理与银行风险承担的负相关关系。同时，由于城商行与地方政府存在密切关系，一方面，城商行依赖地方政府资金充实银行资本，抑制了这种负相关关系；另一方面，城商行更易受到地方政府干预和地方金融环境的影响，又强化了这种负相关关系，但总体来看，后者效应更强。

在间接渠道中，政府关联使得非利息业务对银行风险承担的影响更加复杂化。如金融稳定当局FSB（2013）认为，影子银行过度的风险承担行为与缺乏监管相关。但顺周期性的结论在我国有所不同，胡利琴等（2016）利用2005—2014年月度数据，研究发现长期的扩张性低利率政策和紧缩性数量政策也会引发影子银行扩张，两者的配合更会强化影子银行风险承担。

2.2 危机救助

金融是经济运行的血液，一旦爆发危机将使得整个经济体系陷入严重的混乱与萧条，政府只有采取及时、有效的救助措施，才能保障经济秩序的稳定。当前，已有不少学者对危机救助展开了研究，本书将分别对相关文献进行回顾。

最后贷款人制度是危机救助的重要手段之一。1873年，沃尔特·巴杰特提出了著名的巴杰特原则①，为避免市场恐慌，最后贷款人应事先公开承诺在未来所有恐慌时期发挥作用，且通过惩罚性利率、确定接受抵押资产种类以及资产可接受性标准、仅向陷入流动性危机而并非破产银行提供贷款等手段降低

---

① 详见 Walter Bagehot 的《伦巴街——货币市场描述》（*Lombard Street：A Description of the Money Market*）。

道德风险危害。美联储在成立之初便被赋予了"最后贷款人"职责①，此后的一百多年，美联储一直在尝试利用货币政策和最后贷款人两项职责，维持经济和金融的平稳发展。

众多文献论证了流动性匮乏导致银行无效率挤兑的产生以及银行间市场在流动性调剂方面的失灵，是最后贷款人制度成为维护金融体系稳定基础的原因。①从银行无效率挤兑来看，Diamond 和 Dybig（1983）建立模型分析了银行间市场多重均衡的存在性，存款者与银行以及存款者之间的信息不对称使得银行业挤兑成为均衡之一。Morris 和 Shin（1999）在不完全信息模型的框架下，论证了银行稳健性的不确定使得存款者挤兑成为可能的机制。Chen（1999）建立了多银行模型，研究发现由于信息不对称，存款人恐慌可能使清偿力良好的银行也遭受挤兑。Calomiris 和 Kahn（1991）、Davis（1995）认为挤兑是信息不对称引发的存款人与银行之间的委托代理问题。由于最后贷款人对存款人信心具有稳定作用，使得信息不对称、存款人信心逆转等导致的无效率银行挤兑可通过最后贷款人制度加以缓解。②从银行间市场来看，银行间市场调剂银行流动性的市场失灵以及银行间市场的脆弱性使得最后贷款人制度成为维护银行系统稳定的重要砝码。Flannery（1996）从市场失灵角度展开，由于银行间的信息不对称使得逆向选择问题严重，特别在危机发生时，银行同业市场变得越来越谨慎，同业贷款萎缩，银行间市场流动性崩溃，此时即使清偿力良好的银行也很难通过银行间市场获取流动性援助。Freixas 等（2000）认为银行的共同行动会导致银行间同业市场的流动性瞬间枯竭。同时，Solow（1992）发现银行间市场是银行风险传染的天然渠道，此时一个很小的危机可能通过银行间市场放大成为银行系统性危机。

除最后贷款人制度外，审慎监管制度和存款保险制度都是金融安全网的重要组成部分。由于本书致力于研究银行业危机救助的机制设计，根据已有研究，本书主要从危机救助的责任分担和道德风险两个方面展开回顾。其中，责任分担包含分担的主体、救助机制进入的时机和救助政策退出的顺序；道德风

---

① 19世纪初，频繁爆发的金融危机让美国公众逐渐意识到，放任自流式的金融市场存在很大问题。成立一个机构对金融市场进行适当监管的呼声逐渐高起来。1907年的金融危机结束后，美国参议员尼尔森·奥尔德里奇（Nelson Aldrich）组织起草了《奥尔德里奇计划》，主张美国应该模仿欧洲国家成立一个统一的中央银行。今后再发生类似1907年的金融危机时，该中央银行可以向被挤兑的银行提供紧急贷款，以此稳定金融市场信心。1913年美国国会最终达成一致意见，通过了《联邦储备法案》。威尔逊总统签署了该法案，正式宣告美联储成立。

险除包含传统的机构道德风险（如大而不能倒）和相应的惩戒机制外，还包含政府的道德风险。

2.2.1 责任分担

2.2.1.1 救助主体

"谁来救"是危机救助的核心问题之一。虽然自救（bail in）比政府救助（bail out）成本更低，但在市场定价功能失效时，政府最后贷款人救助显得尤为重要。在历次金融危机中，扮演救助主体角色的并不只有中央银行，财政部门、外汇管理局、存款保险公司、国际组织等都曾承担过最后贷款人（Timberlake，1984；Fischer，1999）。Goodhart 和 Schoenmaker（1995）研究一个国际范围内的危机样本，认为多数危机都是共同救助，央行单独拯救困难银行的案例只出现了两次。Giannini（2001）阐述了中央银行在危机救助中的核心作用，他认为中央银行是货币市场和支付体系的核心，具有独特的号召力，因而在危机中往往成为危机救助的组织者而不是独自承担救助责任。Repullo（1999）讨论了中央银行和存款保险公司的危机救助责任分配，其研究认为，中央银行担任较小流动性冲击的最后贷款人是最优的，而存款保险公司担任较大流动性冲击的最后贷款人是最优的。Goodhart（1999）认为，中央银行向不具备清偿能力的银行提供援助可能遭受损失，进而影响其货币政策独立性，因此，央行通常会要求财政等部门来共同分担风险。

财政部门是危机救助的另一重要力量来源。由于货币政策应对危机的有效性弱于财政政策，Bernanke（2009）发现，次贷危机后美国各级官员四处宣扬国家信誉，以稳定市场信心，促进金融向更稳定的方向发展。Goodhart（1988）将危机损失分为由央行可自行消化的潜在损失和其他损失，前者由央行独立承担，后者由政府、监管部门和央行共同承担。大多危机的救助过程中财政部门都扮演了重要角色，典型的包括"大萧条"期间的复兴金融公司注资计划、美国储贷协会危机期间财政部直接支出 200 亿元以清理问题储贷协会、次贷危机期间美国财政部实施"问题资产救助计划"等。在实际救助过程中，通常是中央银行与财政部门的紧密配合。中国人民银行济南分行调查统计处课题组（2013）观察了美国次贷危机之后的救助方案，发现救助带来一定效果的同时也存在多方面的负面效应，比如巨额财政刺激计划导致财政赤字大幅提升进而引发债务危机担忧，非常规货币政策导致流动性陷阱。他们认为危机救助中财政部门与中央银行应该分工合作，央行发挥其流动性创造优势，可直接向问题金融机构实施股权投资；财政部门发挥其剥离和处置不良资产方面的优势，可对问题金融机构实施债权救助，二者的合作可以获取低成本、高效率等好处。

随着金融创新和金融全球化的发展，金融危机救助的国际合作变得更加重要，危机救助主体也得到扩展。亚洲金融危机期间，国际货币基金组织成了救助的主导力量，世界银行和亚洲开发银行等机构也参与了救援，国际金融机构充当了救助主体。Cohen（2004）提出的解决主权债务问题的一个政策干预机制，即 IMF 的第一贷款人职能。金融创新及全球化使得金融危机的救助不仅仅需要解决过去的金融机构期限错配问题，而且货币错配也成为常见的问题。在次贷危机发生之后，美国货币市场之外的海外金融市场中美元资金流动性匮乏，美联储与多国央行进行了货币互换以提供流动性。通过外汇掉期市场，货币互换在流动性支撑方面起到了重要作用。货币互换成为国家银行临时外汇短缺的永久性解决渠道（Titze，2016）。Steinbach（2016）讨论了欧洲最后的贷款人角色在欧洲央行和国家央行之间的分配，欧洲国家危机救助的成本分担等问题。

此外，私人部门也是危机救助主体的重要成员之一。典型的有希腊债务问题解决过程中的私人债权人计划、20 世纪解决南美洲国家债务问题的"布雷迪计划"以及美国对冲基金长期资本管理公司的处置方案等（周小川，2012）。

2.2.1.2　救助时机

"何时救"关系到危机的救助时机问题。Summers（2008），Spilimbergo 等（2009）重申了危机救助的及时性、暂时性和针对性，及时性涉及救助时机；暂时性涉及政策退出；针对性一方面涉及救助对象的选择，另一方面涉及救助计划的设计、实施和退出环节是否体现救助初衷。Chang 和 Velasco（2000）、Radelet 和 Saches（1998）等认为，政府及时的救助对防止严重的危机发生至关重要。Bernanke（1995）认为，及时救助有利于降低危机破坏性，但救助时效需兼顾考量道德风险。相对于对大萧条和储贷危机的救助，次贷危机中TARP（Troubled Asset Relief Programme）的及时性明显好很多。Laeven 和 Valencia（2010）认为，得益于迅速反应的监管干预和扩张性政策对金融部门的间接支持，次贷危机救助的直接财政成本占 GDP 比重约为 5%，显著低于历史危机相应水平。

国内学者也对救助时机有较多研究。姚枝仲（2008）将政府救助分为资产救助、负债救助和资本金救助，他认为金融危机在不同阶段对救助速度、效果和成本有不同要求，应结合三种救助方案的利弊针对具体情况加以匹配。中国人民银行济南分行调查统计处课题组（2013）认为最佳救助时机的丧失可能会增加救助成本和加大危机损失，美国储贷协会危机就是由于政府过度相信市场机制的作用，对形势误判导致错过最佳救助时机。毛菁和王玉（2012）认为投资者的逃离引发了金融危机，而投资者的逃离主要源于其对市场预期的不确定，因此他们认为中央银行的救助应该在大量投资者对未来不确定预期增加时实施。周小川（2012）认为，针对系统性危机，政府应及时参与救助，避免金融危机蔓延。

为了提高救助时机的准确性，在操作层面也有诸多探讨。Giovannini 和 Spaventa（2008）认为政府和被救助机构间存在明显的信息不对称，因此，政府对问题金融机构的救助也不会"一蹴而就"。Hoggarth 等（2004）指出，政府一般多次反复注资救助陷入困境的大型金融机构，直到其走出困境。Fukao（2009）发现无论是 20 世纪的日本金融危机，还是次贷危机，政府都对被救助机构进行了多次注资。刘锡良和周轶海（2011）认为危机救助应该分批次、分时间进行，这样可以提高整体救助时机的准确性。

2.2.1.3 救助政策退出

救助政策的退出问题非常关键。危机救助是为了帮助困境中的金融体系恢复正常秩序以继续发挥金融功能。危机救助不彻底可能导致金融体系运营不能恢复正常或再次陷入混乱，而救助过度一方面会产生更多救助成本，另一方面也可能导致更加严重的道德风险，甚至产生新的泡沫。不掌控好救助制度，将不利于市场机制的重建，也不利于金融体系恢复正常运行。危机救助政策的退出往往伴随着大量不良资产的处置及一系列改革政策的确立，重建和完善金融体系和监管框架是这个时期的重要任务。Hoshi 和 Kashyap（2008）认为，如何处理因救助而持有的不良资产，是美国不良资产救助计划未来面临的挑战。Eichengreen 等（2003）认为，政府在后危机时期应注重清理问题资产、恢复市场信心和重塑市场功能。Chang（2005）认为，政府实施改革措施，对金融重建将产生积极的促进作用。国内学者张远军和陈庆海（2013）强调了危机救助短期性和金融体系制度变革长期性的重要意义。陈华和赵俊燕（2009）总结了救助政策退出的指标：失业向好、通缩压力减轻、财政赤字率到达极限和持续性需求增长态势确立。王磊和彭兴韵（2010）通过对比几个主要国家的退出策略，对救助政策过晚退出的后果进行了分析，并结合我国实际情况展开了讨论。

2.2.2 道德风险

2.2.2.1 大而不能倒

"大而不能倒"是危机救助当中非常明显的道德风险问题。在银行遭遇流动性困境时，存款者担心存款安全可能引发挤兑，此时银行往往只能低价抛售资产以换取流动性，这可能进一步引发金融资产价格的整体下跌，金融体系因此而不稳定。来自最后贷款人的流动性供给大大降低了银行低价抛售的可能，稳定了存款者信心，降低了无效率挤兑。然而，来自最后贷款人在困难时候的"关爱"却使得银行萌发了道德风险行为的念头。Rochet 和 Tirole（1996）认为，最后贷款人提供援助的预期一方面激励银行更加冒险以获取更多救助资金；另一方面，原本担心自己资金安全的存款者有动机对银行经营进行监督，但由于最后贷款人援助降低了银行的破产概率，存款人监督银行的积极性大大降低，同理，同业间的监督积极性也大大降低。后续研究进一步证实了最后贷款人流动性救助带来的道德风险代价。Igan 等（2011）研究认为，次贷危机前游说支出更高的机构，在危机发生后更倾向于承担信贷风险。而且，对整个金融体系的稳定而言，大银行的倒闭对金融系统安全的威胁更加严重，其更容易得到最后贷款人的援助，因而，大银行的道德风险行为更加明显（Mishkin，2001）。此外，存款保险也面临"大而不能倒"的道德风险，如 Masami（2006）研究发现，日本政府降低存款保险覆盖程度的改革增强了银行业市场约束，但"大而不能倒"成为改革后资源配置的一个更为重要的因素，甚至部分抵消了改革对市场约束的正向效应。

危机救助过程中是否重点考虑"大而不能倒"存在争议。由于最后贷款人援助引发道德风险顾虑，早期理论认为陷入流动性困境的机构才能作为被救助对象，从救助时机与救助力度方面约束救助行为，以期减少问题性银行因道德风险造成的救助冗余。例如 Goodhart 和 Huang（1999）针对信心危机导致的传染风险与最后贷款人救助带来的银行道德风险之间的矛盾，认为需要基于对救助概率、银行破产概率和风险发生概率的判断而对道德风险和传染性风险进行权衡。尽管如此，Solow（1982）更看重"大而不倒"银行对金融稳定性的冲击，认为不论银行清偿能力如何，当危机出现时最后贷款人都应该进行救助以稳定信心。Goodhart 和 Huang（2005）认为，最后贷款人制度带来的道德风险只是经济学家们担心的事，在实践中，决策者们并不关心道德风险。周小川（2012）也认为，自雷曼兄弟破产引发全球性金融危机之后，人们似乎不敢再因防范道德风险而让问题机构自生自灭。

出于对流动援助产生道德风险的担忧，经济学家们致力于寻找解决方案。Corrigan（1990）最早提出"建设性模糊"的方案，也就是最后贷款人事先模糊其为陷入流动性困境的银行提供援助的可能性，通过改变银行预期迫使其谨慎经营。Crockett（1996）认为除了迫使银行谨慎经营之外，实施"建设性模糊"还可在为银行提供流动性援助时要求银行股东和经营者共同承担成本。Kindleberger（2000）认为，不确定的流动性援助可以调和道德风险和信心危机导致恐慌两者间的矛盾。但是也有学者对此发出了不同的声音。Enoch 等（1997）研究发现，建设性模糊会赋予救助主体过大的自由裁量权，因而需加强事后信息披露以约束最后贷款人的自由决定权。国内学者林欣（2012）阐述了"建设性模糊"面临的挑战，特别是市场压力、利益集团的力量使其规避道德风险行为的效力大打折扣。从国内实践来看，政府倾向于对问题银行进行大包大揽式的救助（谢平和易诚，2004；许友传和何佳，2008），甚至包括部分非法集资[①]，如蚁力神（周小川，2012）。

2.2.2.2　救市场还是救机构

紧急流动性救助是面向市场还是面向具体的机构成为危机决策的关键问题之一。危机的初期往往是金融机构和金融市场的流动性匮乏共存。流动性困境可能最初发生在某家银行，而流动性紧张的气氛也使得银行间市场的流动性收紧。

一部分学者认为应该"救市场"。Goodfriend 和 King（1988）倾向于救助金融市场，即最后贷款人向金融体系投放高能货币。Kaufman（1991）认为，最后贷款人救助金融机构应该以识别金融机构清偿能力为前提，由于金融机构普遍存在道德风险，流动性直接救助一定会引发或加重金融机构的道德风险，但间接的流动性补充救助则能够在一定程度上规避道德风险，并通过市场机制将流动性配置于各金融机构，既保护了市场规则，又使得清偿能力不足的金融机构受到相应惩戒。

一部分经济学家也有比较充分的理由认为应该救助金融机构。代表人物及观点有：Solow（1982）认为，金融危机爆发时，个别金融机构的倒闭会引起系统性信心的崩溃，导致整个金融体系的不稳定，因而最后贷款人应该及时向困难银行提供援助。Goodhart（1987）认为应该向金融机构提供援助，而且说明了向清偿能力不足的机构提供援助的理由：其一是对大银行而言，即所谓的"太大而不能倒闭"；其二是信息问题，危机救助的及时性要求使得最后贷款

---

① 也有没救的典型，如亚洲金融危机期间的广国投。

人在救助前难以区分银行的清偿能力；其三是银行破产的信息损失可能超过救助成本。

　　另外一些经济学家则不局限于救助市场或机构单方面，而是根据实际情况选择更加合适的救助方式。Fischer（1999）强调对金融机构和金融市场的救助都是必要的。Fecht 和 Tyrell（2004）认为最后贷款人对金融市场和金融机构的救助都是有益的，特别地，在银行主导的金融体系中直接干预要优于市场化的间接干预，当流动性严重短缺时直接向银行提供援助作用更直接，且最后贷款人所需的信息成本也更少。Cook 等（2004）研究表明，对内控机制完善的商业银行而言，政府干预负向影响银行绩效；对内控机制不够完善的储蓄银行而言，结果恰好相反。刘锡良和周轶海（2011）认为，危机中困难银行很难从市场上获取流动性，必要时需直接向机构提供援助；对市场的救助需要对其进行细分，向最需要流动性的市场有针对性地提供援助。

　　2.2.2.3　市场惩戒机制

　　市场惩戒机制的设立也与道德风险问题非常相关。Solow（1982）认为惩罚性利率是对银行稳健程度的一种测试，若银行能成功从市场获取所需资金，则表明这家机构是稳健的；若银行只能求助于中央银行，则表明这家银行的资产并不为市场所接受。但是，针对惩罚性利率存在一些争论，争论的焦点大致有：

　　（1）是否充分考虑了救助目的和被救助机构的承受能力；

　　（2）从信号传递角度，惩罚性利率可能向市场传送不利信号；

　　（3）若缺乏配套措施，惩罚性利率导致的被救助成本攀升，可能引发新一轮道德风险，如 Acharya 和 Yorulmazer（2007）认为，不完美契约和银行家激励阻碍了惩罚性利率的实施；

　　（4）小银行的羊群效应可能导致"too many to fail"。

　　实证方面，Giannini（1999）通过对银行危机时期最后贷款人的利率执行历程展开研究，发现惩罚性利率建议几乎没有被最后贷款人采纳，相反低于市场利率的优惠利率水平更为常见，且很少执行抵押贷款。次贷危机中尽管对个别机构的救助以较高利率为前提，但整个救助过程利率水平显著下降，这是对惩戒性利率原则的典型违背（林欣，2012）。

　　2.2.2.4　政府道德风险

　　危机救助中的政府行为特征同样值得关注，尤其是政府道德风险。Stiglitz（1993）发现，出于对经济金融稳定和社会福利的考虑，政府多倾向于救助资本相对充裕、风险小、收益高的银行。Duchin 和 Sosyura（2010）发现，TARP计划中救助对象的确定掺杂了政治因素作用，能否入选为被救助对象，与机构所在区域的国会议员和联邦储备银行决策层成员人数，以及政治人物竞选资金来源、金融从业人员占当地就业人口比重等因素相关。Faccio 等（2006）利用全球样本数据，认为政治联系能提升政府救助的概率。Dam 和 Koetter（2012）研究认为，政治关联导致的救助预期变化，显著影响德国银行的风险承担。Kostovetsky（2015）认为，在政府救助中寻租，可以激励问题银行承担额外风险。Kane（1990）通过分析美国储贷协会危机的处理过程，发现存在救助过度宽容的现象。Boot 和 Greenbaum（1993）建立理论模型，认为由于银行破产将损害监管人员声誉，因此，救助过程总会存在过度宽容。

我国存在隐性而非正式的最后贷款人制度，国内研究最后贷款人的政府道德风险大多与地方政府相关。许国平和陆磊（2001）认为，中央、地方和金融机构之间的不完全合同以及由此产生的道德风险，使得我国 20 世纪 90 年代金融改革陷于高成本、低效率的境地。慕刘伟等（2001）认为，我国政府道德风险主要表现为宽容监管，特别是地方金融监管当局受地方利益驱使，放松对金融机构的监管，甚至放任自由。我国不完全合同和道德风险问题源于权责不对称，袁赞礼（2014）认为委托代理关系的存在导致责权不对称情况并没有从根本上得到解决，导致了中央与地方机制的失衡。

2.3　机制设计

20 世纪的 20 至 30 年代西方经济学界兴起社会主义大论战，随着讨论深入，焦点集中在"什么样的经济机制才好？"这一问题上。深受启发的 Hurwicz 创新性开启了机制设计理论的研究框架。Hurwicz（1960）提出包含信息处理规则的信息交流系统。Hurwicz（1972）提出激励相容机制来解决信息不对称问题。Hurwicz（1977）总结归纳出了机制设计理论的两大基础，即参与约束和激励相容约束。70 年代又有两套重要理论丰富了现代机制设计理论的发展。其一是显示原理。Gibbard（1973）首次提出显示原理，随后的研究将其扩展到了更一般的情形（Dasgupta 等，1979；Myerson，1979；Harris 和 Townsend，1981）。其中，Myerson（1979）在 Gibbard（1973）直接显示机制基础上，运用贝叶斯纳什均衡对不包含虚报信息的显示原理进行拓展；Baron 和 Myerson（1982）进一步扩展到包含不完全信息的贝叶斯纳什均衡；Myerson（1981）还将显示原理运用于拍卖理论当中，他对显示原理拓展和推广可谓做出了极大的贡献。其二是实施理论。由于显示原理没有涉及多个均衡的问题，Maskin

（1977）用实施理论来解决多均衡难题。他的经典结论后来被扩展到纳什均衡、贝叶斯均衡等各类均衡当中。如：Moore 和 Repullo（1988）、Abreu 和 Sen（1991）关注子博弈完美均衡。Tomas（1994）考察了非劣纳什均衡（undominated Nash equilibrium）下的执行。

机制设计理论在信息效率、激励相容、显示原理以及实施理论的框架下日趋完善。机制设计理论综合运用博弈论和社会选择理论（假设人们按博弈论行事，为各种情形按社会选择理论设定目标），通过构造博弈形式使博弈解最接近社会目标。董志强（2008）认为人类制度的演化史大致经历了从无意识到有意识，从自然选择到社会选择的制度演化。机制设计的意义在于让制度演化更趋于完善社会秩序，使资源得到有效配置，信息得到有效利用，并满足激励相容条件。Tian（2000a，2000b，2000c）通过设计具体的机制证明了即使是公共品，也能通过适当的机制实现资源有效配置。

机制设计理论被大量应用在公共品配置、拍卖品机制、契约构建等方面，具体到危机救助中，文献集中在对中央银行、存款保险机构和财政部三者权利配置的研究。例如，Kahn 和 Santos（2005）研究了信息完全条件下，约束中央银行、存款保险公司和监管机构救助过度宽容的机制：为约束存款保险公司关闭银行时的过度宽容，需要让存款保险公司为央行对问题银行的再贷款进行承保；若存款保险公司不为再贷款承保，则应让救助机构在竞争关系下提供救助贷款。在不完全合同框架下，Repullo（1999）首先对最后贷款人最优配置展开研究，认为在不同环境下应由不同机构对银行关闭和救援进行决策。Ponce（2010）在 Repullo（1999）的基础上引入无条件支持原则（不论困境中的银行偿付能力怎样均向其提供紧急贷款），认为次优配置是仅在遭受大的冲击时才适用无条件支持原则，在小冲击时中央银行扮演最后贷款人。Ponce 和 Rennert（2015）在系统性和非系统性银行共存的框架内继续讨论最优最后贷款人配置，认为当流动性短缺足够大时，中央银行无条件提供流动性援助是社会最优的，系统性银行的存在为非系统性银行获取最后贷款人支持提供了理由。他们还考虑了其他可选方案（比如存款保险公司），发现其他方案并不能改进无条件支持和中央银行援助两种情况下所能达到的最后贷款人最优配置。

也有文献单独着眼于中央银行或存款保险机构内部的机制设计，前者如 Schinasi 和 Teixeira（2006）研究了最后贷款人功能的实施问题，他们发现有效的最后贷款人制度依赖于：①详细的事先安排；②联邦监管模式；③信息交换，即在现行运行制度结构下政策措施的协调。Freixas 等（2003）认为银行间拆借市场完全能自行解决由事后道德风险导致的银行流动性问题，但事前道德风险需要央行提高银行间拆借市场的效率。后者如 Kroszner 和 Strahan（2001）分析了美国联邦存款保险公司修正法案的改革，认为各利益集团的竞争有利于好的监管措施被采纳。

危机救助机制设计还包含巴塞尔三大支柱、国际间应对等视角，如：Rochet 和 Vives（2004）研究认为应更多关注巴塞尔三大支柱的执行和制度改革问题。国内学者赵静梅（2003）针对不同类型危机给出了不同救济方式。陈静（2013）讨论了欧洲债务危机救助机制，其经历了最初的临时性单项救助计划和欧洲金融稳定基金，及发展到现在的欧洲稳定机制，机制内容包含 EMS 资本金来源、主要救助方式等规定。焦莉莉等（2013）对欧盟危机救助机制安排进行了梳理和总结。

Diamond 和 Rajan（2002）认为，机制设计不当可能产生流动性冲击，进而导致银行业危机。在我国政府主导型的经济体制下，政府危机应对机制越来越受中央与地方间金融分权的影响，这将是一个崭新的课题。

2.4　金融分权

我国传统的分权视角主要集中在财政分权。田国强（2014）认为，政府间事权划分应遵循三个基本原则：

（1）外部经济性。公共品的外部经济性存在受益范围差异，进而存在事权的最优分布。全体受益的公共品由中央政府负责，特定区域受益的公共品由地方政府负责，跨区域的公共品由中央和地方政府共同负责。

（2）信息有效性。信息越不易对称的事项应由地方政府单独或与中央政府合作监管[①]。

（3）激励相容性。参与主体按照自身目标和利益动机运作时，能发挥中央和地方政府的积极性，并实现整体利益最大化。

林毅夫和刘志强（2000）、沈坤荣和付文林（2005）均实证证明了我国存在财政分权。周飞舟（2006）研究发现，地方政府为服务地方经济会争取更多的财政资源，分权引发的竞争机制有利于整个经济体系的运作效率与资源配置。周黎安（2004，2007）认为，政府的"真实激励周期"是地方官员间的

---

① George Stigler 和 Sharp 的最优分权论。

"晋升锦标赛"。Tsui 和 Wang（2004），Chen 和 Li（2005）通过实证研究，证实了"晋升锦标赛"式地方经济增长的激励机制有效性。实证结果并不完全支持财政激励与政治晋升的正相关关系，表明激励机制有效性还有待考证。徐现祥和王贤彬（2010）通过控制年龄、任期等变量，提出政治激励对经济增长的先决条件。王贤彬和徐现祥（2008）实证发现，省级官员晋升后与任期内经济绩效不存在显著相关性。陶然等（2010）运用逻辑推演和实证研究反驳了晋升锦标赛对政府官员的激励作用。不过，姚洋和张牧扬（2013）认为，省级官员晋升存在较多政治影响因素，他们利用地市级官员样本发现政治晋升激励与经济增长存在一定相关性。

近年来，金融分权是较为新的一个理论研究视角。Allen 等（2005）提出，按照西方标准，中国的法律制度和金融系统并不发达，却是经济增长最快的国家之一，这显然有悖于"法律、金融与增长关联"理论。丁骋骋和傅勇（2012）认为，中央与地方在财政金融体制上的设计，可以对改革开放以来的宏观绩效特别是 20 世纪 90 年代中期以来经济周期的平稳化趋势给出有力解释。李扬（2010）认为，地方政府融资渠道狭窄是金融分权的直接原因；马颖和陈波（2011）认为，中央政府隐含担保降低了地方争夺金融资源所承担的风险，是金融分权的潜在原因。殷剑峰（2013）针对我国财政金融体制改革"顶层设计"，提出金融隐性分权正在导致经济增长不可持续，且这种体制缺陷正在形成系统性金融风险隐患。刘海二和苗文龙（2014）从宏观（金融分权）、中观（金融市场）和微观（金融机构）三个维度来分析我国区域性、系统性风险的生成与演化机理。何德旭和苗文龙（2016）通过建立中央、地方两级政府的差异性目标函数，求解各级政府的最优选择与财政政策、金融政策取向，分析财政分权和金融分权的内在逻辑，得到金融显性集权隐形分权与财政分权的不匹配引发多种财政、金融风险的结论。王俊和洪正（2016）从中央与地方的金融监管权力及政府与市场在金融资源配置中的作用两个方面来界定了金融分权的内涵，并从地方金融发展权、地方金融监管权、市场金融参与权等方面进一步界定了金融分权的外延。

首先，从组织结构角度来看金融分权。Poitevin（2000）利用激励理论讨论了组织的分权安排，组织中的下级比上级更具备信息优势，决策权利的下放能够提高决策的准确性，但是这又会导致控制权分散，最优分权安排应权衡控制权分散和信息交流成本。Faure-Grimaud 等（2000）认为，监管者与代理人之间有可能存在剩余不对称信息，监管的有效性难以体现，且在不同组织形式

（集权或分权①）之间存在等价原理。Bardhan 和 Mookherjee（2006）认为，在信息交流成本、合谋和再谈判条件下，分权优于集权。Scott（1977）认为，美国多头监管模式中，州政府具有信息优势从而决策准确性更高，但监管协调和信息问题可能导致监管不一致和监管过度宽容。Agarwal 等（2014）对上述效应进行了实证检验，结论表明，联邦监管更加严厉，各州之间的监管严厉程度不一，且监管不一致妨碍了监管有效性。

其次，从国内实际情况来看金融分权。周振超和李安增（2009）认为，作为中央集权的国家，我国地方政府的所有权力都来自中央政府的让渡和授予。但现实中，地方政府有着与中央不相一致的自身利益。李金珊和叶托（2010）认为，地方政府虽然在台面上高举政策执行应遵循原则性与灵活性的有机结合，却在实际的政策执行过程中大幅倾向于灵活性。李军杰和钟君（2004）认为，中央政府为地方政府制定的激励和约束机制仅限于 GDP、就业率以及社会稳定等片面的考核指标，这给地方政府留下了采取短期行为和机会主义行为的广阔空间。目前，地方政府行为的积极性和主动性主要来源于政治集权下的财政激励和晋升激励，前者决定了地方政府的自主性空间有多大，而后者隐含的激励机制可以限制地方政府的行为选择。Blanchard 和 Shleifer（2001）对比俄罗斯和中国在财政分权背景下地方政府不同的经济表现，进而认为政治集权下的经济分权加强了地方政府的激励和约束，促进了竞争。但陶然等（2009）认为当前模式不具备可持续性，应该进一步发掘地方深层次激励与经济增长之间的关系。许友传（2009）发现我国隐性担保制度弱化了银行信息披露的约束功能，进而弱化了市场对银行风险承担的约束。

2.5　文献评述

纵观现有文献，本书的研究思路将从以下三方面展开：

首先，在研究视角上，现有文献过度侧重于中央集权的救助机制，缺乏从金融分权角度探究地方政府的辅助作用，未将地方政府纳入监管主体和救助主体范畴，就难以全面覆盖所有金融风险。特别地，在分业监管和综合经营的现

---

① 集权组织下，委托人同时与监管者与代理人签订合同并交流信息，监管者向代理人提供一个"要么同意、要么走人"的子合同，监管者相对委托人而言，拥有更多的代理人信息类型的信息；分权组织下，委托人仅与监管者签订合同并授权其与代理人签订合同，委托人不直接与代理人交流。

实矛盾下，按照中央统一规则加强地方政府的属地风险处置职能，能有效拓宽监管维度，打击监管套利。

其次，在研究内容上，金融分权的理论研究较多，实证和操作层面的研究较少，从金融分权角度进行危机救助机制的研究更少。在我国金融分权的历史演变背景下，在危机救助中如何适度进行金融分权值得研究。单纯的国际比较和对地方政府行为的关注，难以形成具有操作意义的政策建议，本书拟在理论模型的框架下，结合实证反馈结果，确定危机救助中各级政府的救助角色分配、救助权利划分和救助成本分摊等问题。

最后，在研究方法上，少有文献从政治经济学角度展开的研究，本书通过引入信息经济学、政治经济学的研究范式，将对分权的危机救助问题进行探讨。在危机救助中，政府的道德风险、问题银行的俘获行为都值得关注，将适度金融分权的理念引入危机救助中，有利于制衡与约束各类道德风险。

本书的研究内容涉及银行业风险承担、危机救助、机制设计和金融分权，相互的关系如下（如图2-1所示）：首先，银行的风险承担受诸多因素影响，其中，政治关联是本书关注的焦点；其次，危机救助着眼提升危机救助的有效性，而机制设计着力于救助制度的建设；最后，救助政策需注重协调与配合，适度的金融分权将从中起到制衡与约束作用。

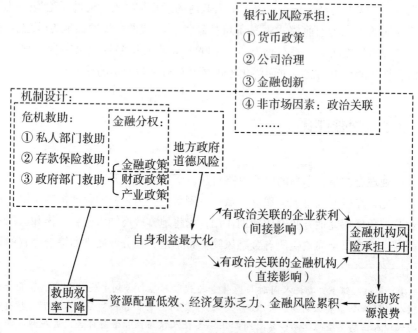

图2-1　本书研究内容

3 金融分权下银行业危机救助的基本框架

　　随着我国金融业态的复杂化和体量的持续扩大，将不受监管约束或仅受有限约束的金融业务和准金融机构纳入监管框架，缩小不同市场间的监管套利空间，提高各类监管标准的一致性等，是金融监管重要的改革方向之一。为防范系统性金融风险和金融动荡，针对具有突发性和偶然性的银行业危机制定有效的救助机制，将为减少危机不良后果、减轻风险损失提供帮助。

　　我国银行业危机救助机制离不开对其基本框架的探讨。首先，研究危机救助基本框架可以清晰地梳理政府救助主体。在危机时期，救助主体可以是多元化的，一般以金融监管当局为主。政府救助主体在危机救助基本框架中非常重要。由于危机可能对金融体系的稳定造成灾难性冲击，及时利用更高等级的政府信用替代市场信用，可以较快地稳定市场信心，减轻危机后果。其次，探讨危机救助基本框架能为危机应急方案的构建勾勒出初步轮廓。各个救助主体要组成有机整体才能发挥更好的效果，救助主体间的信息沟通、决策程序、执行效果、监督问责等，都极大地影响危机应急方案的救助效率。救助效率的提升不仅需要最高决策层的统筹，还需要改善各个执行层的信息沟通与行动协调。

　　总的来讲，基本框架在危机救助机制中起到了承上启下的作用。上可至宏观层面，救助基本框架是保障金融稳定发展的基本制度设计，能起到有效应对各类风险的作用；下可至微观层面，救助基本框架影响微观经济个体的具体行为模式，能起到正向激励经济个体积极防控风险的作用。本章将从分权救助模式的理论探讨入手，分析政府道德风险的现状与展望，再结合我国历史救助案例的经验教训，深入讨论金融分权视角下银行业危机救助主体的权利配置。

3.1　政府救助权利划分原则的理论研究

在金融分权视角下，政府救助应当如何划分权利值得研究。本书在 Laffont（1999）的政治经济学研究基础上，对危机救助情景下的政府权利划分原则进行了探讨。

3.1.1　问题银行与政府的效用函数

3.1.1.1　问题银行的效用函数

问题银行陷入流动性危机后，其自身的危机自救能力未公开，危机自救能力越高则救助成本越低。假设问题银行的自救能力分为两类，表示为 $\vartheta \in \{\underline{\vartheta}, \overline{\vartheta}\}$，其中 $\vartheta = \underline{\vartheta}$ 的概率为 v，$\vartheta = \overline{\vartheta}$ 的概率为 $1 - v$，概率分布是公共知识。记 $\Delta\vartheta = \overline{\vartheta} - \underline{\vartheta}$。

救助主体对问题银行的自救能力进行预判，救助行动使得问题金融机构获得流动性支持 t。假设一家问题银行需支付 q 单位的净债务，才能摆脱流动性困境，则问题银行的效用函数为

$$U_f \equiv t - \vartheta q \tag{3-1}$$

3.1.1.2　救助主体的效用函数

由于本书的研究视角为金融分权，本章以下将以救助主体（政府部门）的分权机制为研究起点。

假设救助主体仅对职责范围以内[①]或管辖范围以内（如地方政府）的危机展开救助。显然，救助主体对于该范围内问题银行摆脱危机具有更大的正效用。假设占比为 α 的范围外的政府部门获得效用 $S(q)$，占比为 $(1 - \alpha)$ 的范围内政府部门获得效用 $\beta S(q)$，其中 $\beta > 1$，$S' > 0$，$S'' < 0$。如果救助的资金成本为 $(1 + \lambda) > 1$，那么救助主体的效用函数为 $(1 - \alpha)[\beta S(q) - (1 + \lambda)t]$，而政府总的效用函数为

$$U_g \equiv \alpha S(q) + (1 - \alpha)\beta S(q) - (1 + \lambda)t \tag{3-2}$$

3.1.1.3　激励约束与参与约束

设计一组激励相容契约 $(\underline{q}, \underline{t})$ 和 $(\overline{q}, \overline{t})$ 满足显示原理，则激励相容条

---

①　如分业监管制度下，监管部门对被监管机构的救助职责。

件为

$$\underline{t} - \underline{\vartheta}\underline{q} \geqslant \overline{t} - \underline{\vartheta}\overline{q} \tag{3-3}$$

$$\overline{t} - \overline{\vartheta}\overline{q} \geqslant \underline{t} - \overline{\vartheta}\underline{q} \tag{3-4}$$

令 $\underline{U}_f = \underline{t} - \underline{\vartheta}\underline{q}$，$\overline{U}_f = \overline{t} - \overline{\vartheta}\overline{q}$，则上述激励相容条件变为

$$\underline{U}_f \geqslant \overline{U}_f + \Delta\vartheta\overline{q} \tag{3-5}$$

$$\overline{U}_f \geqslant \underline{U}_f - \Delta\vartheta\underline{q} \tag{3-6}$$

又，问题银行正常偿还债务的参与约束为

$$\underline{U}_f \geqslant 0 \tag{3-7}$$

$$\overline{U}_f \geqslant 0 \tag{3-8}$$

根据（3-5）式、（3-8）式可以得到最优解 $\overline{U}_f = 0$ 和 $\underline{U}_f = \Delta\vartheta\overline{q}$；根据（3-6）式、（3-7）式可以得到最优解 $\overline{U}_f = 0$ 和 $\underline{U}_f = \Delta\vartheta\underline{q}$。这表明给定自救能力为 $\overline{\vartheta}$ 的问题银行一个契约 $(\overline{q}, \overline{t})$，让其获得效用水平 $\overline{U}_f = 0$，那么，当问题银行自救能力为 $\underline{\vartheta}$ 时，可以伪装成自救能力为 $\overline{\vartheta}$，以获取额外效用 $\underline{U}_f = \Delta\vartheta\overline{q}$ 或 $\underline{U}_f = \Delta\vartheta\underline{q}$。假设最优决策时 $\underline{q} > \overline{q}$，则前者小于后者，应选择前者作为最优解。此时，在信息不对称条件下：$\underline{t} = \underline{\vartheta}\underline{q} + \Delta\vartheta\overline{q}$，$\overline{t} = \overline{\vartheta}\overline{q}$。

3.1.2 整体福利最大化时的情形

为了与后文进行对比分析，定义全社会福利函数为问题银行效用函数与政府总效用函数之和，则：

$$W \equiv U_f + U_g = U_f + [\alpha + (1-\alpha)\beta] S(q) - (1+\lambda) t \tag{3-9}$$

求解总福利函数最大化，得

$$\max_{\underline{q}, \overline{q}} \left\{ \begin{array}{l} v\{[\alpha + (1-\alpha)\beta] S(\underline{q}) - (1+\lambda) \underline{t} + \underline{U}_f\} \\ + (1-v) \{[\alpha + (1-\alpha)\beta] S(\overline{q}) - (1+\lambda) \overline{t} + \overline{U}_f\} \end{array} \right\} \tag{3-10}$$

将激励相容约束和参与约束 $\overline{U}_f = 0$、$\underline{U}_f = \Delta\vartheta\overline{q}$、$\underline{t} = \underline{\vartheta}\underline{q} + \Delta\vartheta\overline{q}$、$\overline{t} = \overline{\vartheta}\overline{q}$ 代入（3-10）式得

$$\max_{\underline{q}, \overline{q}} \left\{ \begin{array}{l} v\{[\alpha + (1-\alpha)\beta] S(\underline{q}) - (1+\lambda) \underline{\vartheta}\underline{q} - \lambda\Delta\vartheta\overline{q}\} \\ + (1-v) \{[\alpha + (1-\alpha)\beta] S(\overline{q}) - (1+\lambda) \overline{\vartheta}\overline{q}\} \end{array} \right\} \tag{3-11}$$

（3-11）式的一阶条件为

$$[\alpha + (1-\alpha)\beta] S'(\underline{q}^{no}) = (1+\lambda) \underline{\vartheta} \tag{3-12}$$

$$[\alpha + (1 - \alpha)\,\beta]\,S'(\overline{q}^{\,no}) = (1 + \lambda)\,\overline{\vartheta} + \frac{v}{1 - v}\lambda\Delta\vartheta \qquad (3\text{-}13)$$

3.1.3　对范围以内的危机展开救助

在分权机制下，当救助主体监管职责范围或管辖范围以内出现银行业危机时，该救助主体决策时的福利函数为：$U_f + (1 - \alpha)\,[\beta S(q) - (1 + \lambda)\,t]$，即，由于救助主体仅关心其监管职责范围内事务（或管辖范围内机构）和自身的效用函数，福利函数中将不包括区域外的政府部门效用函数。

因此，救助主体的效用函数为

$$\max_{\underline{q},\,\overline{q}}\left\{\begin{array}{l} v\{(1 - \alpha)\,[\beta S(\underline{q}) - (1 + \lambda)\,\underline{t}] + \underline{U}_f\} \\ + (1 - v)\,\{(1 - \alpha)\,[\beta S(\overline{q}) - (1 + \lambda)\,\overline{t}] + \overline{U}_f\} \end{array}\right\} \qquad (3\text{-}14)$$

将参与约束与激励相容约束 $\underline{t} = \underline{\vartheta q} + \Delta\vartheta\overline{q}$、$\overline{t} = \overline{\vartheta q}$、$\overline{U}_f = 0$、$\underline{U}_f = \Delta\vartheta\overline{q}$ 代入 (3-14) 式得

$$\max_{\underline{q},\,\overline{q}}\left\{\begin{array}{l} v\{(1 - \alpha)\,[\beta S(\underline{q}) - (1 + \lambda)\,\underline{\vartheta q} - (1 + \lambda)\,\Delta\vartheta\overline{q}] + \Delta\vartheta\overline{q}\} \\ + (1 - v)\,(1 - \alpha)\,[\beta S(\overline{q}) - (1 + \lambda)\,\overline{\vartheta q}] \end{array}\right\}$$

$$(3\text{-}15)$$

(3-15) 式的一阶条件为

$$\beta S'(\underline{q}^{\,cc}) = (1 + \lambda)\,\underline{\vartheta} \qquad (3\text{-}16)$$

$$\beta S'(\overline{q}^{\,cc}) = (1 + \lambda)\,\overline{\vartheta} + \frac{v(\lambda - \alpha - \alpha\lambda)}{(1 - v)\,(1 - \alpha)}\Delta\vartheta \qquad (3\text{-}17)$$

(3-16) 式与 (3-12) 式对比，由于 $\alpha + (1 - \alpha)\,\beta = \beta - (\beta - 1)\,\alpha < \beta$，因此 $S'(\underline{q}^{\,no}) > S'(\underline{q}^{\,cc})$，又 $S' > 0$，$S'' < 0$，于是 $\underline{q}^{\,no} < \underline{q}^{\,cc}$。即，救助主体倾向于对自救能力较强的问题银行进行过度救助。

(3-17) 式与 (3-13) 式对比，由于分母 $\beta > \alpha + (1 - \alpha)\,\beta$，分子中 $\frac{v(\lambda - \alpha - \alpha\lambda)}{(1 - v)\,(1 - \alpha)} = \frac{v\lambda}{1 - v} - \frac{v\alpha}{(1 - v)\,(1 - \alpha)} < \frac{v\lambda}{1 - v}$，因此 $S'(\overline{q}^{\,no}) > S'(\overline{q}^{\,cc})$，又 $S' > 0$，$S'' < 0$，于是 $\overline{q}^{\,no} < \overline{q}^{\,cc}$。即，救助主体也倾向于对自救能力较弱的问题银行进行过度救助。

可见，在救助主体效用函数存在放大倍数，且救助主体在意问题银行效用函数时，危机救助将产生明显的道德风险问题，具体表现为对各类问题银行都进行过度救助，无论问题银行的自救能力是强是弱。

3.1.4 对范围以外的危机展开救助

在分权假设下，救助主体还有可能参与职责范围外或管辖范围外的危机救助。由于该救助主体并不关心被救助机构的效用函数，也不关心其他政府部门的效用函数，而仅关心自身效用函数，这使得该救助主体的福利函数为 $(1 - \alpha)[\beta S(q) - (1 + \lambda) t]$ 。

于是，救助主体的目标函数是：

$$\max_{\underline{q}, \overline{q}} \left\{ \begin{array}{l} v(1 - \alpha)[\beta S(\underline{q}) - (1 + \lambda) \underline{t}] \\ + (1 - v)(1 - \alpha)[\beta S(\overline{q}) - (1 + \lambda) \overline{t}] \end{array} \right\} \tag{3-18}$$

将 $\underline{t} = \vartheta \underline{q} + \Delta \vartheta \overline{q}$、$\overline{t} = \overline{\vartheta} \overline{q}$ 代入（3-18）式得

$$\max_{\underline{q}, \overline{q}} \left\{ \begin{array}{l} v(1 - \alpha)[\beta S(\underline{q}) - (1 + \lambda) \vartheta \underline{q} - (1 + \lambda) \Delta \vartheta \overline{q}] \\ + (1 - v)(1 - \alpha)[\beta S(\overline{q}) - (1 + \lambda) \overline{\vartheta} \overline{q}] \end{array} \right\} \tag{3-19}$$

（3-19）式的一阶条件为

$$\beta S'(\underline{q}^{loc}) = (1 + \lambda) \underline{\vartheta} \tag{3-20}$$

$$\beta S'(\overline{q}^{loc}) = (1 + \lambda) \overline{\vartheta} + \frac{v(1 + \lambda)}{1 - v} \Delta \vartheta \tag{3-21}$$

当 $\beta = 1$ 时，（3-20）式与（3-12）式、（3-16）式相同，即面对自救能力较强的金融机构，不同政府部门的救助态度并没有差别，无论是行政职责间的分权还是中央与地方政府间的分权都不会改变对此类银行的救助行动；将（3-21）式与（3-13）式进行对比，由于 $\dfrac{v(1 + \lambda)}{1 - v} > \dfrac{v\lambda}{1 - v}$，因此 $S'(\overline{q}^{loc}) > S'(\overline{q}^{no})$，又 $S' > 0$，$S'' < 0$，于是 $\overline{q}^{loc} < \overline{q}^{no}$，即，救助主体对自救能力较弱的范围外银行业危机倾向于降低救助力度。可以发现，由于救助主体并不关心问题银行的效用函数，即使不存在救助主体效用放大倍数，也会产生救助偏差。因为救助主体可接受的低自救能力范围外问题银行的债务缺口，明显小于政府总体可接受的低自救能力问题银行债务缺口，这就造成分权机制下的危机救助标准更为苛刻，低自救能力范围外问题银行的被救助门槛更高。虽然银行业危机出现时，首先需要部门内部消化亏损，但是，合理的市场情绪稳定工作与促进债务再谈判也需要政府介入，以避免危机进一步传染影响整体金融稳定。因此，当救助主体以分权的形式介入，却又推卸救助责任时，自救能力更弱的问题银行面临破产的概率更大，隐含的传染风险和系统性风险隐患也更大。

可见，分业监管和跨领域、跨区域市场经营背景下，多主体危机救助存在着成本分担不合理的天然矛盾。危机救助的协调配合非常重要，统一的筹划部署可以避免单个救助主体导致的救助偏差与道德风险，特别是对于系统重要性金融机构，政府部门的信息租金低估与消极怠工可能引发严重后果。

当 $\beta > 1$ 时，救助主体效用函数存在放大倍数，对比（3-20）式和（3-12）式发现 $\underline{q}^{loc} > \underline{q}^{no}$，即救助主体倾向于对自救能力较强的范围外问题银行进行过度救助；对比（3-21）式和（3-13）式，发现 $\bar{q}^{loc}$ 与 $\bar{q}^{no}$ 的大小取决于 β 的取值：

（1）当 $1 < \beta < 1 + \dfrac{\dfrac{v}{1-v}\Delta\vartheta}{\alpha\left[(1+\lambda)\,\bar{\vartheta} + \dfrac{v(1+\lambda)}{1-v}\Delta\vartheta\right] - \dfrac{v}{1-v}\Delta\vartheta}$ 时，$\bar{q}^{loc} < \bar{q}^{no}$，

即对自救能力较弱的范围外问题银行，救助主体倾向于降低救助力度；

（2）当 $\beta = 1 + \dfrac{\dfrac{v}{1-v}\Delta\vartheta}{\alpha\left[(1+\lambda)\,\bar{\vartheta} + \dfrac{v(1+\lambda)}{1-v}\Delta\vartheta\right] - \dfrac{v}{1-v}\Delta\vartheta}$ 时，$\bar{q}^{loc} = \bar{q}^{no}$，即对

自救能力较弱的范围外问题银行，各类救助主体的救助态度没有差别；

（3）当 $\beta > 1 + \dfrac{\dfrac{v}{1-v}\Delta\vartheta}{\alpha\left[(1+\lambda)\,\bar{\vartheta} + \dfrac{v(1+\lambda)}{1-v}\Delta\vartheta\right] - \dfrac{v}{1-v}\Delta\vartheta}$ 时，$\bar{q}^{loc} > \bar{q}^{no}$，即

对自救能力较弱的范围外问题银行，救助主体倾向于过度救助。

因此，在考虑救助主体效用放大倍数时，租金价值偏见的产生依赖于放大倍数的取值：自救能力较强的范围外问题银行将始终被过度救助，而自救能力较弱的范围外问题银行，在救助主体对其效用放大倍数很小时，为救助不足；随着救助主体对其效用放大倍数增大，救助不足变为救助过度。所谓救助主体对范围外问题银行的效用放大倍数，从监管部门间金融分权的角度分析，与监管职责权限密切相关；从中央与地方金融分权的角度分析，与该银行对区域经济的影响力密切相关。特别地，当出现区域性银行危机，分权体制下的地方政府将把更多的救助资源配置在本地银行和对当地经济影响力更大的银行分支上，导致异地银行可能遭受更大的危机冲击。

从上述分析可见，若采用分权的银行业危机救助机制，救助主体对职责范围外或监管范围外问题银行的救助可能出现两个极端，最终导致救助过度宽松

与救助标准不一致。首先，对于自救能力较强的问题银行，和自救能力较弱但对救助主体效用放大倍数较大的问题银行，救助主体都倾向于过度救助；其次，对于自救能力较弱且对救助主体效用放大倍数较小的问题银行，救助主体倾向于降低救助力度（隐含较大传染风险）。从整体角度来看，对范围以外的危机展开救助时，政府道德风险表现得更为严重。

3.1.5 救助成本方差分析

之前的讨论假定救助的资金成本 λ 是一个确定的值，若放宽这一假设，将其变为未知，那么，银行业危机的救助机制在规则与自由裁量权中应如何权衡呢？

由于事前并不知道实际救助成本，救助资金成本 $(1 + \lambda)$ 变为方差 $var(\lambda)$ 的变量，因此，上文中的（3-12）、（3-13）式将变为

$$[\alpha + (1 - \alpha) \beta] \, S'(\underline{q}^{cen}) = (1 + E\lambda) \, \vartheta \tag{3-22}$$

$$[\alpha + (1 - \alpha) \beta] \, S'(\overline{q}^{cen}) = (1 + E\lambda) \, \overline{\vartheta} + \frac{\upsilon}{1 - \upsilon} E\lambda \Delta \vartheta \tag{3-23}$$

容易发现：

（1）当 $\beta > 1$，且 $var(\lambda)$ 足够小时，救助主体决策的负外部性很大，实际救助成本的信息不对称性很小，集权救助机制优于分权救助机制。即，相对于救助主体能更好地控制救助资金成本 λ 的优势而言，中央以最大化社会总福利水平为目标制定政策的优势更为明显[①]。集权救助机制下需削弱各部门参与危机救助的权限，通过颁布统一的制度化救助准则，减少政府道德风险发生的可能性。

（2）当 $\beta \to 1$，且 $var(\lambda) > 0$ 时，救助主体决策的负外部性很小，实际救助成本的信息不对称性很大，救助主体灵活制定危机救助政策的机制优于中央层面事前颁布最优救助准则的机制。当危机救助的资金成本不确定性很大时，中央无法很好地控制资金成本，而专业的监管执行部门和负责具体事权的地方政府在技术和信息方面更有优势。即便分权机制下救助主体在决策过程中有一定的效率浪费（前提是该效率浪费不会带来太大的利益冲突，这要求将救助主体的效用放大倍数控制在可接受范围以内），该机制也值得尝试。为了将救助主体的效用放大倍数控制在可接受范围以内，约束分权机制下政府道德风险

---

① $\alpha + (1-\alpha)\beta = (1-\beta)\alpha + \beta < \beta$，因此，中央作为最终决策者时，产生的租金价值偏见更小。

的方法有：明确各部门的职责权限、介入时机、处置方法、干预程度等，规范救助行动，加强政府内部的监督约束。

（3）当$\beta > 1$，且$\mathrm{var}(\lambda) > 0$时，救助主体决策的负外部性很大，实际救助成本的信息不对称也很大，此时分权制定危机救助政策的机制与集权颁布事前最优救助准则的机制各有优劣，需从金融适当分权的角度寻找各主体激励相容的救助方案。

3.2　金融分权与救助基本框架

从上文的理论分析中可以看到，由于存在政策目标偏差，救助主体对监管职责或范围以内的问题银行，会进行过度救助；而对监管职责或范围以外的问题银行，会依据其自救能力强弱和效用放大倍数大小，进行区别对待。但是当实际救助成本不确定且信息不对称性较大时，分权救助机制仍可利用救助主体在技术和信息等层面的优势，节约危机救助成本。良好的危机救助机制应在坚持集权救助的整体框架之下，积极推动具体实施部门发挥其优势作用。

从金融分权角度来看，若将金融权利划分为金融控制权、金融发展权、金融监管权[①]，容易发现，在金融监管权层面，中央政府的监管机构之间，中央与地方政府之间均存在相互博弈；在金融控制权和金融发展权层面，中央与地方政府两者间存在明显的相互博弈。危机救助基本框架需要在不同的金融权利之间找到适当的激励制衡工具，只有将权责相匹配才能更好地调动各类救助主体的积极性，提高危机救助效率。

3.2.1　金融发展权与救助基本框架

金融发展权主要涉及中央与地方的金融权利划分，包含金融机构、市场和基础设施的发展权利。地方政府享有隐性金融发展权，却不用承担与此相对应的危机救助义务（危机救助长期表现为集权救助），将导致权责不对称下的激励失衡。

---

① 何德旭、苗文龙（2016）认为，金融分权指中央与地方在金融资源控制和监管权上的划分，包括金融发展权（即发展金融机构、市场和基础设施的权利）、金融控制权（包括所有权控制、经营控制和人事控制）和金融监管权（包括市场准入、日常监管和救助）；王俊和洪正（2016）认为，金融分权的外延包括金融发展权、金融监管权以及金融参与权。

"政治锦标赛"压力迫使地方政府谋求区域金融发展。"政治锦标赛"源于对地方政府官员的经济绩效考核体制（周黎安，2004，2007；张军，2008；王贤彬 等，2009；Xu，2011），地方政府除了在税收（郭杰和李涛，2009）、财政支出（李涛和周业安，2009）、基础设施建设（尹恒和徐琰超，2011）、教育支出（周亚虹 等，2013）等方面展开竞争以外，还对金融资源进行激烈争夺。自2010年5月，国务院在《关于鼓励和引导民间投资健康发展的若干意见》中明确规定"鼓励和引导民间资本进入金融服务领域"之后，包括小额贷款公司、村镇银行、贷款公司和农村资金互助合作社在内的新型农村金融机构从2008年的291家增加到2016年的12 091家，年均增幅高达59.34%。同时，农村商业银行也由2008年的22家增加到2016年的1 114家，年均增幅高达75.18%。具体如图3-1所示。

图3-1　2008—2016年我国农村金融机构发展趋势

数据来源：中国人民银行《中国区域金融运行报告》

地方政府竞争金融发展权，导致地方性金融机构急剧膨胀和地方性金融市场不断形成，区域性金融风险逐渐显现。郭峰（2014）考察了设立村镇银行的内生条件，发现县市设立村镇银行存在攀比效应。钱先航（2012）认为银行政府股东的经济后果由"发展观"演进为"政治观"，即政治家会基于自身的政治动机而非社会福利控制银行信贷的配置。表3-1大致归纳了我国改革开放以来，中央与地方金融发展权的演变历程。

表 3-1　金融发展权演变历程

金融机构	金融市场	地方政府
1979—1993 年：中央逐步给地方让渡金融发展权		
逐渐建立的各类金融机构与地方政府关系密切，如信用合作社、证券公司、信托投资公司和金融租赁公司等	各省纷纷建立不同形式的同业拆借市场（除西藏）。地方性股票、债券和基金等通过地方性证券中心交易	地方政府积极介入地方性金融机构，地方性资金拆借中心和证券交易中心为地方政府支配金融资源提供便利
1994—2002 年：中央收回地方金融资源分配权		
民间金融逐步发展。1998年，城市信用社合并重组为城市商业银行	1996 年，建立同业拆借市场；1997 年，规范证券投资基金，关闭 41 家非法场外交易中心	地方政府从迅速发展的城商行获取金融资源。规范股票和债券发行，降低地方政府对资本市场的影响力
2003—2015 年：进入隐性分权		
银行、非银行金融机构监管套利引发金融乱象	丰富金融市场层次和产品，健全多层次资本市场体系，鼓励金融创新。地方政府兴办各类交易所	地方政府积极控股城市商业银行，替代补充国有银行资金；通过土地财政、融资平台公司等获取金融资源
2016 年至今：逐步规范金融发展权		
加强联合监管：如资管新规、公募基金新规等	对主办、中小板、创业板、新三板和区域股权市场进行统筹分工，大力推进多层次资本市场建设	剥离金融办的金融发展职能

从上表看出，我国金融发展权经历了逐步让渡、收回中央、地方隐性分权和逐步规范四个阶段。从危机救助基本框架的角度来讲，增加地方政府危机救助的成本分担，可以降低区域金融风险隐患，有效制衡"隐性"分权导致的区域金融过度发展。地方政府晋升压力通过地方政府金融竞争，体现为城市商业银行不良贷款增加（钱先航 等，2011）、地方性金融机构数量大幅攀升、各类地方金融市场出现和地方政府债务压力迅速增大等风险。发展与风险是同一事物的两面，优化金融结构本来需要通过丰富区域性金融机构、建立多层次金融市场、完善金融服务体系等途径实现，然而，缺乏风险防范意识的金融权利竞争却会导致过度发展与区域风险攀升。长期隐性分权下，金融发展权受地方政府发展区域经济的竞争压力与对金融资源的追逐冲动影响。只有督促地方政府承担与收益相匹配的风险，将地方政府危机救助责任显性化，才能促进地方政府理性追逐金融资源。

3.2.2 金融控制权与救助基本框架

金融控制权也主要涉及中央与地方之间的划分，包含所有权、经营权和人事控制。地方政府享有金融控制权将导致危机救助时救助主体效用放大倍数增加，极易产生救助过度宽松与救助标准不一致等问题。

金融控制权的发展历程与财政分权改革密切相关。陈抗等（2002）研究发现，分税制改革虽然加强了地方政府的财政独立性，但是消减了地方政府的财政收入比重，使得地方政府在财政预算约束下采取金融干预行为。在1994—1997年，地方政府通过辖区内银行的人事任命权，直接争夺国有银行信贷资金；1998年，银行的垂直化管理改革将国有银行地方分支机构的放款权和信贷审批权均上收至中央，巴曙松等（2005）认为，地方政府争夺金融资源的方式变为默许和协助辖区内企业逃废银行贷款；此后，地方政府通过积极参股或控股城商行、农村信用社等，开辟了金融资源争夺的新渠道，以替代或补充国有银行信贷资金。纪志宏等（2014）认为，地方政府掌握较多经济资源，也会增强地方政府控制金融资源的谈判和干预能力。我国中央政府与地方政府金融控制权的演变历程如表3-2所示。

表 3-2　金融控制权演变历程

中央政府	地方政府
1949—1978 年：金融控制权高度集中于中央	
中国人民银行信贷资金"统贷统存"	"大跃进"时期经济管理权限曾一度下放，人民银行实行"存贷下放，计划包干，差额管理，统一调度"的管理办法，划分了中央和地方两级信贷管理体制。差额包干意味着多存多贷，地方虚报存款，浮夸风严重，导致信贷失控。但总体上金融权力集中于中央
1979—1993 年：中央逐步让渡金融控制权给地方	
总行和地方政府双重领导各家银行。1981—1983 年："统一计划、分级管理、存贷挂钩、差额包干"；1984 年："统一计划、划分资金、实贷实存、相互融通"，进一步给地方放权；1984—1993年："条块结合"。1988 年，信贷失控导致经济过热，人民银行对各专业银行实行"贷款限额"	存款：当地人民银行有权安排使用地方财政和机关团体新增存款的一部分；贷款：实贷权下放至二级分行，地方人行还有一定的专项贷款权。地方政府利用分支行的资金权干预信贷

表3-2(续)

中央政府	地方政府
1994—2002 年：中央收回地方金融控制权	
1998 年，国有银行实施垂直化管理体系改革；设立股份制商业银行；城市信用社合并重组为城商行。 颁布《中国人民银行法》《商业银行法》；成立证监会、保监会和银监会，确立"分业经营，分业监管"格局	1994—1997 年，地方政府拥有辖区内银行人事任命权，可直接干预国有银行贷款；1998 年，国有银行垂直化管理改革后，地方政府默许并协助辖区内企业逃废银行贷款；城商行迅速发展，为地方政府提供了新的金融资源
2003—2015 年：地方进入隐性分权时代	
2015 年，银监会将有限的机构和人员编制向前台监管部门倾斜，强化监管主业	地方政府举债制度缺乏规范，金融机构监管套利猖獗：同业快速发展、理财多层嵌套、表外资产腾挪等
2016 年至今：逐步规范金融控制权	
综合整治金融乱象。 2017 年，成立国务院金融稳定发展委员会；2018 年，合并银监会、保监会	2018 年，明确地方政府对于"7+4"类机构的监管职责，具体为小贷、融资担保、区域股权市场、典当行、融资租赁、商业保理、地方资管和投资公司、农民专业合作社、社会众筹、地方交易所等

从上表可知，我国中央政府与地方政府在金融控制权之上，经历了中央高度集中、中央让渡权利、中央收回权利、地方隐性分权和逐步规范五个阶段。从危机救助基本框架的角度来讲，金融控制权分权容易引起危机救助主体产生政府道德风险。合理约束地方政府道德风险不能单方面强调地方政府的危机管理责任，而应从规范危机应对措施与步骤入手，通过加强政府部门间的信息沟通与相互监督，充分利用地方政府的前端优势。

3.2.3 金融监管权与救助基本框架

我国金融监管权一直处于集权状态，经历了混业经营与统一监管、分业经营与分业监管以及混业经营与创新监管等多个阶段。从最初的人民银行大一统监管模式到分业监管模式，金融监管实现了专业化转变，尤其对于银行业的监管，与其他金融业态相比其需要更为审慎的监管文化，分业监管能较好地保障该目标的实现。但是，随着金融行业自发的混业趋势，分业监管的弊端逐渐显现，特别是在危机救助方面，分业监管存在信息不对称、套利空间大、协调成本高、政策不一致等严重问题。相对而言，统一综合监管在信息传递与决策效率方面的优势更有利于危机的及时应对。鉴于此，我国于 2017 年 11 月 8 日成立国务院金融稳定发展委员会，负责金融稳定工作。成立金融稳定发展委员会，可以通过监管问责等手段落实金融监管机构的监管职责，并能在系统性风险隐患较大的特殊时期，加强人民银行的宏观审慎监管职能，防范系统性风险。在该创新监管模式之下，我国金融监管与危机管理能力将得到有效提升，除了加强对金融控股公司的有效监管以外，还能更好地防范金融风险跨行业、跨市场传染，更能在专业的金融监管分工之上建立高效的监管沟通协调，提高危机应对效率。

在金融监管权的演变历程中，目前我国逐渐呈现出由中央集权监管向中央主导、地方辅助的适度分权监管转变的趋势，中央与地方相关的危机救助权责也将随之变化。虽然金融危机救助长期表现出显著的集权特征，但在金融资源实际配置（金融发展权与金融控制权）隐性分权的前提条件下，并不意味着地方政府在危机救助基本框架中不承担任何职责。相应的，需要在坚持金融管理主要是中央事权的前提下建立多级监管框架，如要求地方政府按中央统一规则加强属地风险处置职责。

地方金融快速发展使得"一行三会"的监管维度已无法全面覆盖金融风险。回顾历史，2003年，农信社的管理权限交由省级地方政府；2004年，国务院进一步明确了省级地方政府对辖区内农信社的监管职能；2008年，小额贷款公司的监管权限交由省级地方政府；2010年，融资性担保公司的监管权限交由省级地方政府……目前，农信社、地方资产管理公司、小额贷款公司、融资性担保公司、融资租赁企业等地方性非银行金融机构，都主要由省级地方政府负责监管，地方金融活动的风险处置也基本在地方政府。但是，若没有基本框架的法律保障和政策指导，监管思路无法统一，实施细则也会形形色色。

既然地方政府已逐渐成为金融监管和风险处置中不可或缺的主体，那么，就应当有相应的执行部门与该职责相对接。其中，在危机救助中，地方金融办的监管功能日益凸显。金融办作为地方政府指定的监管负责部门，其设立初衷是促进地方金融发展和协调配合中央法律法规及监管措施的开展，然而金融办的职责正在发生转变。金融办服务、规划、引导和协调的职能源于地方政府的金融发展冲动，极易导致金融办"重审批、轻监管"的权责不匹配。在国务院金融稳定发展委员会成立以后，金融办将逐步剥离区域发展职能，加强区域监管职能，成为危机救助基本框架中重要的主体之一。具体操作中，地方金融办还可以结合地方具体情况，根据中央制定的总体监管思路，对各地的实施细则进行微调，以增强危机救助的灵活性。

综上所述，对于中央层面的金融分权，我国已逐步脱离分业监管模式，即在金融稳定发展委员会的统一协调统筹下，落实各金融监管执行部门的监管职责，并强化人民银行的系统性风险防范职责和宏观审慎监管。一方面，监管部门需在原有官员异地交流和任期制度之外加强垂直化管理；另一方面，在原有分片化监管框架下，要提升联合应对危机的能力，则监管部门应积极向功能监管、行为监管过渡。对于中央与地方的金融分权，地方政府金融发展权缺乏约束和制衡，需要强化地方政府危机风险分担以对其加以制衡；而地方政府金融控制权又存在不容忽视的道德风险隐患，无法直接赋予地方政府危机救助职责。综合考虑以上两种因素，地方政府参与危机救助的基本框架需要进行制度创新，而地方金融办就是制度主体创新之一。对于地方金融办，一是要加强区域金融监管职能，逐步剥离区域金融发展职能，实施对地方政府金融发展权的制衡机制，杜绝过度发展；二是将提升区域金融稳定职能，在金融稳定发展委员会的统一指示下，在风险处置层面防范由地方政府金融控制权产生的政府道德风险。

3.3　案例分析：地方政府参与危机救助经验

改革开放以来，我国从未发生过系统性银行业危机，区域性的银行业危机有少数几个案例，缺乏实操案例为我国银行业危机救助机制设计的研究带来一些困难，但仍然能发现一些趋势。在 20 世纪 90 年代，我国国有商业银行曾陷入技术性破产，但强有力的政府信用背书并未让危机显性化；区域性的银行业危机同样也掺杂着政府信用背书。通过整理海发行救助、鄂尔多斯房地产崩盘、温州企业资金链断裂和包商银行的地方政府救助行动案例，可以看到，救助方式正在从以中央政府为主的应对手段逐渐向以市场化方式为主的应对手段转变，地方政府在危机救助中也逐渐活跃，成为重要的救助主体之一。

3.3.1　海南发展银行的救助

1997 年，海南房地产业在经济特区政策推动下迅速扩张。海南省多数信用社采用高息揽存策略，而其资产也在快速膨胀。随着房地产泡沫破灭，多数机构陷入经营困境，不良资产大量涌现。

1997 年 12 月 16 日，中国人民银行决定关闭海南省 5 家已经实质性破产的信用社，并行政指派海南发展银行托管破产机构的债权债务。海南省境内的其余 29 家信用社，也在行政命令下将其中 28 家并入海南发展银行。

行政指派式的救助方案缺乏正向激励，"弱弱联合"让被救助金融机构丧失了稳健经营的信心。从宣布接管信用社到 1998 年 3 月 22 日，央行陆续给海南发展银行提供了 40 亿元再贷款。相对于海南发展银行的资产存量，40 亿元再贷款对平稳度过房地产危机就算不是绰绰有余，也能发挥很大作用。然而，由于道德风险逐渐显露，海南发展银行在自身经营不合规和外部市场环境恶化双重夹击下越陷越深，最终爆发市场挤兑风波。可见，在银行业危机救助中，若缺乏整体救助框架，即使中央政府花费大量成本，仍可能面临救助效率低下，从而引发救助失败。

该年 6 月，央行关停海南发展银行，宣布由中国工商银行托管海南发展银行全部债权债务。为停息挤兑风波，工商银行采取自然人存款立即兑付，法人债权先进行登记，待海发行全部资产负债清算完毕后再按折扣率进行兑付的方式。由于公众对工行的信任，大部分储户只是把存款转存工行，现金提取量不多，挤兑风险得以平息。

该案例表明，行政指派的救助方式可能起到良好的稳定市场信心作用（如工商银行接管海南发展银行），也可能引发严重的道德风险，导致市场化规则失效，最终造成救助失败（如海南发展银行接管 28 家濒临倒闭的农信社）。相对于行政指派的救助方式，趋于市场化的救助方式应该能取得更好的效果。首先，救助过程中政府不应全盘兜底。海南农信社的破产风险与其激进的经营策略相关，虽然农信社破产会带来社会稳定问题，但是相关利益主体应首先承担损失，而不应该由央行最先实施再贷款援助。其次，救助对象要有所区分。最能给政府带来负效用的群体是覆盖面大而广的自然人储户，若危机救助时不区分自然人和法人，则政府效用函数将始终遭受较大负面冲击的困扰。最后，行政指派也要按照一定的市场规则进行适当安排。被指派的接管机构如果面临较大的损失风险，可能挫伤其稳健经营积极性，导致道德风险滋生。在工商银行行政接管过程中，通过降低被指派机构在接管问题银行过程中的损失，将问题银行破产清算损失尽量施加在法人储户上，降低了机构道德风险的发生概率，并给予了事前不谨慎的投资人一定的警示和惩戒。可见，政府危机救助应在自身效用函数内与其他各个主体协同行动，对相关责任主体的惩戒应尽量避免导致市场信心下降，在稳定市场信心和控制传染风险的前提下，事后惩戒的效果最佳。

3.3.2 鄂尔多斯房地产崩盘与区域性银行风险

2008 年以前，鄂尔多斯的银行只有"工农中建交"，以及本地的城商行与农商行等几家商业银行，随着经济的起飞，其他商业银行逐渐开始在这里铺设网点。2008年10月9日，包商银行鄂尔多斯分行成立；2008年12月19日，招商银行鄂尔多斯分行成立；2009年12月16日，上海浦东发展银行鄂尔多斯分行成立；2010年5月15日，华夏银行鄂尔多斯分行成立；2010年06月18日，中信银行鄂尔多斯分行成立……

正规金融的铺设速度毕竟有限，鄂尔多斯经济的快速发展为杂乱的民间借贷带来机遇。一夜暴富并没有大幅增加实业投资的需求，相反，资金陆续流入了民间借贷与房地产的漩涡之中，其中，房地产开发贷多数来源于民间高利贷。一边由煤矿产生的财富被用来向开发商买房（30%首付加70%银行按揭），另一边买房人又将房子抵押（年息7%）再借给开发商收取高额利息（月息3%~6%）。鄂尔多斯房价在投机氛围中一再攀升。

投机游戏给银行带来了经营风险。为了跟民间信贷争夺客户，银行简化了审核流程、加快放款速度，甚至有的银行开始侧重委托贷款，将民间资金加收千分之几手续费之后，再融资给房地产企业。部分信托公司也深度参与了该地区一些房地产、矿产等的项目融资。

突然的煤炭市场低迷让鄂尔多斯陷入经济拐点，加之房地产紧缩政策，使脆弱的投机泡沫瞬间破灭。

鄂尔多斯地方政府通过多方努力，仍然无法支撑整个市场，救助手段的缺失也使众多努力最终宣告失败。地方政府与国家开发银行、鄂尔多斯银行、鄂尔多斯农村商业银行等沟通，希望达成房地产企业重组与政府收购的救市计划，但最终失败；地方政府召集鄂尔多斯市的金融机构，动员各级金融机构争取信贷规模、放缓抽资节奏、控制利率上浮、展期不良贷款等，帮助企业渡过难关，但效果甚微；地方政府还宣布贷款投放奖励等措施，仍然没有实质效果。

显然，市场化运作的商业银行不愿意也不可能为杂乱的民间借贷买单，不过，债务链条断裂也使得部分银行和当地经济遭受了惨重的损失。房地产市场崩盘后，银行不良贷款需要面对房地产商与其背后的民间信贷，由于民间信贷严重信息不对称，数量庞大的民间借贷人在清偿中更具优势，银行的不良贷款往往难以收回。此前，大型银行对于当地的融资态度较为冷淡，中信银行、华夏银行、包商银行损失有限，而当地最为活跃的鄂尔多斯商业银行和鄂尔多斯农村商业银行则给资源类企业和房地产企业发放了不少贷款。从鄂尔多斯农村商业银行的年报数据来看，2011年不良贷款率为0.04%，2012年为1.78%，2015年为4.85%，2016年回落至2.95%。鄂尔多斯当地的经济GDP增速由

15%以上的高速增长落至低位，2012 年当地的固定投资完成额一度降至冰点。具体如图 3-2、图 3-3 所示。

图 3-2　鄂尔多斯市 GDP 实际增速

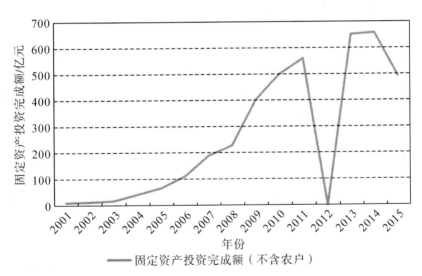

图 3-3　鄂尔多斯市固定资产投资完成额

　　2012 年 6 月 28 日，为进一步化解区域性银行业风险，鄂尔多斯银行业协会成立。鄂尔多斯银行业协会履行"自律、维权、协调、服务"四项职能，为维护各方权益、规范市场秩序、保障金融稳定、促进沟通交流建立了良好的机制。在与当地银监会的协同努力下，鄂尔多斯银行业协会先后颁布了《"偿债不守信机构"内部名单通报制管理和联合制裁实施细则》《多家银行授信客户帮扶解困会商工作办法》《银行业金融机构化解企业风险及处置不良贷款自律公约》等制度,并推进鄂尔多斯金融仲裁院组建,为促进鄂尔多斯市多元化的金融争议解决机制营造配套金融法制环境。

该案例表明,面对金融风险,鄂尔多斯地方政府虽欲有所作为,但苦于救助手段匮乏,难以通过市场化手段稳定投资者情绪。地方政府采取的一系列沟通、动员、奖励等措施无外乎是以政府行政手段向市场发动号令,然而,一是地方政府号召力有限,二是缺乏可持续的机制,市场参与主体未必配合行动。可见,地方政府参与危机救助不能只凭一腔热情,还需基本的制度化框架予以保证。

3.3.3 温州企业资金链断裂

与鄂尔多斯单一的产业结构不同的是,温州中小企业非常活跃。温州地区资产质量好、效益高,大量商业银行都在温州地区争相开展业务,可是,小企业融资难问题仍然非常突出。由于大量金融需求得不到满足,民间借贷在客观上弥补了正规金融服务的不足。

2011 年 9 月,温州部分企业资金链断裂,爆发了局部金融风波。温州地区相互担保、循环担保情况严重,加之民间信贷涉众广、金额大,任由危机蔓延极易造成较大的金融风险和社会风险。据温州法院统计,2012 年,温州民间借贷收案 19 604 件,收案标的 217.24 亿元,占全国收案规模的 10%,可见数量之多、规模之大;2013 年,金融借款合同收案标的继 2008 年以来首次超过民间借贷收案标的,且其差额呈扩大趋势,凸显了民间金融对正规金融的反噬作用。

在局部金融风波之下,国务院在 2012 年 3 月对温州进行了金融综合改革试点。在此过程中,温州政府对规范民间融资活动等领域进行了一系列改革。

首先,建立了民间资本管理公司和民间信贷服务中心。民间资本管理公司能在区域范围内开展资本管理、资本投资咨询、项目投资等业务,截止到 2014 年 11 月底,温州新成立的 12 家民间资本管理公司注册资本共计 12.5 亿元,为 985 个项目提供了 37.3 亿元资金,并定向集合募资 4.85 亿元,利用民营资本为紧张的市场环境缓解了一丝压力。而民间资本管理公司参与收购银行不良资产时,受交易环节过多、税费过高、抵押变更登记等问题影响,进展受阻。另一个建立的机构是民间信贷服务中心,它是温州的一大创新,民间信贷服务中心配合民间融资备案登记制度和信息系统,为打造良好的民间金融生态系统迈出了重要的一步。据中国人民银行研究局统计,截至 2014 年 6 月,全国共有 15 个省(自治区)设立了 77 家民间信贷服务中心,温州的开创性尝试有效地推广至全国。温州还利用民间信贷服务中心的基础数据从 2012 年 12 月 7 日起编制并发布"温州地区民间融资综合利率指数"。特别地,为推行大额强制备案制,2013 年 11 月 22 日《温州市民间融资管理条例》出台,规定单笔借款金额 300 万元以上、借款余额 1 000 万元以上、向 30 人以上特定对象借款的,需将合同副本报送地方金融管理部门或其委托的民间信贷服务中心备案。该条例的出台,一是推进了民间融资信息备案,为形成民间融资征信系统积累数据;二是明确了监管主体,确立了地方金融管理部门的监管事权;三是配套了正向激励,将备案材料依法视为可信度较高的证据和判断民间借贷合法性的重要依据。但民间借贷中心仍存在较多值得探讨的问题,一是中心性质(政府办还是企业办),二是税收政策(备案后强制征收利息所得税是否会打击信息备案的积极性),三是隐私保护(营利性机构如何保证信息安全)。

其次,探索民间资本以债权、股权方式进入中小微企业和公共服务领域。对于中小微企业,温州针对本地家族企业多,财务不透明的情况,进行了公司治理规范化改制行动。2012 年出台了《关于加快建立现代企业制度推进区域资本市场建设的指导意见》,2013 年又出台了《关于加快建立现代企业制度推进区域资本市场建设的补充意见》,从财税、土地、金融三个方面为企业股改提供支持,并为企业股改开辟了优化审批、优先发证的绿色通道。此外,温州鼓励和支持企业进入全国股权交易市场,对在"新三板"成功挂牌的企业给予 100 万元奖励,也鼓励企业在浙江股权交易中心(2012 年 10 月成立)挂牌。对于公共服务领域方面,温州发行了"幸福股份"和"蓝海股份",将民间资本引入市域铁路建设和围垦工程建设,为市政债和 PPP 模式探路。

最后,完善地方金融监管体制,促进"政银企法"多方协作化解风险。2011 年 6 月,温州设立了地方金融监管服务中心,伴随地方金融机构数据的不断扩大,2012 年 5 月地方金融监管服务中心更名为温州市地方金融监管局。其监管框架设定为:一处监管民间金融风险、处置非法集资;二处监管间接融资类新型地方金融机构;三处监管直接投融资类市场主体。按照权责对等原则,温州市强化了地方金融监管局对小额贷款公司、融资性担保公司、贷款公司等机构的监管权,并整合分散在地方发改委、经信委、商务局等部门对典当行、信托公司等的监管职能。为加快金融案件审判,温州设立了金融审判庭、金融犯罪侦查支(大)队、金融仲裁院等,引导 20 万以下金融债权案件选择小额诉讼速裁机制,倡导银行不良贷款转让,避免法院滥用保全和过度保全以保护借款展期，设立破产案件的专门合议庭，推进网络执行查控，并借助淘宝网建立司法拍卖房屋产权和抵押权预登记制度等。为建立地方金融监管长效机制，温州市政府出台了《关于加强地方金融监管的实施意见》系列文件，涵盖民间资本管理公司、民间借贷服务中心、融资性担保公司、投资（咨询、管理）企业、非融资性担保公司、寄售行、融资租赁、票据服务公司、商业保理公司、农村资金互助会等多类金融市场主体。为提高监管效率，温州市在2013年1月立项审批了非现场监管系统建设项目。2014年9月，温州市政府下发《关于建立健全温州市地方金融监管协调机制的通知》，明确了法院、检察院、政法委、宣传部、经信委、商务局、财政局、公安局、产权产籍管理部门（国土资源、住建、农林等）、市场监管局、地方金融管理局、驻温国家金融监督管理派出机构在温州市地方金融监管工作中的职责分工。

该案例表明，金融综合改革给予温州地方政府参与区域性危机救助的机遇，让地方政府在拥有救助意愿之外，获得了相应的救助手段。温州的局部试点积累了地方政府金融监管分权的宝贵经验，使得金融危机救助的基本框架在区域金融领域得以系统推进。

3.3.4 包商银行救助

2019年5月24日，央行、银保监会联合公告称：鉴于包商银行股份有限公司（以下简称"包商银行"）出现严重信用风险，拟对包商银行实施为期一年的接管。其中，建设银行在接管组指导下组建托管工作组。包商银行的主要问题源于其大股东明天集团（合计持有包商银行89%的股权）违法违规占用银行资金，形成逾期且长期难以归还。

接管前，包商银行已经出现严重的信用风险危机，同业客户中400多家中小金融机构的风险极易形成连锁反应，导致风险蔓延。接管后，包商银行完成了一系列风险处置工作：2019年6月完成了大额债权收购与转让；7月至9月完成了清产核资；10月起启动了改革重组事宜。此后，按照市场化、法治化原则，由存款保险基金管理有限责任公司联合内蒙古自治区、包头市两级财政及部分区属企业，并引入建设银行、徽商银行等优质机构，发起设立一家新银行（名称为"蒙商银行"），收购承接包商银行的相关业务、资产和负债。2020年4月9日，银保监会批准了蒙商银行的筹建申请；4月29日，中国银行保险监督管理委员会内蒙古监管局批准了蒙商银行的开业申请；2020年4月30日，蒙商银行完成工商登记，依法设立。

由表 3-3 可见，内蒙古自治区财政和国企出资持股约 50.42%，内蒙古自治区政府将成为蒙商银行的实际控制人。从人事关系来讲，蒙商银行的党委也将由内蒙古自治区政府管理。按照目前商业银行党的关系管理体制以及加强地方党委对商业银行的领导趋势，新的银行将完全纳入内蒙古自治区党委序列，成为与内蒙古银行一样的自治区管理的省内商业银行。原包商银行在北京、深圳、成都、宁波的省外业务，由蒙商银行的第三大股东徽商银行接手。

表 3-3　蒙商银行股权结构

股东名称	持股数量/股	持股比例
内蒙古自治区财政厅	3 333 333 333	16.67%
包头市财政局	416 666 666	2.08%
包头稀土高新技术产业开发区管理委员会	1 000 000 000	5.00%
内蒙古电力（集团）有限责任公司	1 666 666 666	8.33%
内蒙古高等级公路建设开发有限责任公司	1 666 666 666	8.33%
内蒙古金融资产管理有限公司	1 000 000 000	5.00%
内蒙古公路交通投资发展有限公司	1 000 000 000	5.00%
中国北方稀土（集团）高科技股份有限公司	416 666 666	2.08%
存款保险基金管理有限责任公司	5 500 000 003	27.50%
徽商银行股份有限公司	3 000 000 000	15.00%
建信金融资产投资有限公司	1 000 000 000	5.00%
合计	20 000 000 000	100.00%

此外，存款保险基金首次对商业银行重组进行出资（阶段性持股 3～5 年），将有利保证蒙商银行股东架构的稳定；建设银行子公司建信金融资产投资公司的出资，则是以 MIC 战略投资者的身份，保障蒙商银行稳健运营和健康发展。

该案例表明，中央政府应对区域银行危机的手段正逐步倾向制度化、市场化，地方政府在区域性银行业危机救助中也逐渐活跃，成为重要的救助主体之一。

3.3.5　趋势与困境

在资产泡沫、地方政府高负债率及经济结构转型调整的综合影响下，我国逐渐步入银行业危机高发期，特别是区域性中小银行，这对系统性金融稳定将造成一定负面影响。始于 2003 年的国有银行股份制改革，让大型国有银行通过注资剥离和引入战略投资者建立起了现代公司治理结构，并利用国际资本市场运作规则持续规范银行运营。随着改革进入深水区，银行业的发展倒逼金融监管体系做出相应调整。危机救助作为维护市场基本秩序、熨平经济大幅波动的手段，不应是行政权力的代表，而要体现在具体的危机救助机制之上。通过总结我国危机救助经验，本书发现，我国银行业危机救助已从行政干预为主逐渐向市场化方式为主的调控手段转变，地方政府的参与意愿也在逐步强化甚至得以实现。但在实施过程中，危机救助基本框架还面临金融监管与金融业发展的失衡。

首先，是区域银行业发展与金融监管失衡。地方法人银行机构快速成长，使得城商行的资产份额由 2003 年 5% 左右提升到 2016 年 12% 左右，农村中小金融机构的资产份额也提升到 13% 左右。为加强监管效率，2015 年银监会推行监管架构改革，撤销了原有的培训中心与信息中心，将监管部门分为政策银行部（监管国开行、进出口银行、农业发展银行和邮储银行）、大型银行部（监管五家大型国有商业银行）、股份制银行部（监管 12 家全国性股份制商业银行）、城市银行部（监管城市商业银行、城市信用社和民营银行）、农村金融部（监管农村商业银行等农村中小金融机构）、外资银行部（监管外资银行）、信托部和非银部，将有限的机构、人员编制向前台监管部门倾斜，以适应新的监管环境。但是，银行业监管机构对于区域中小银行的监管仍面临人力短缺等问题，金融监管缺陷仍然存在。

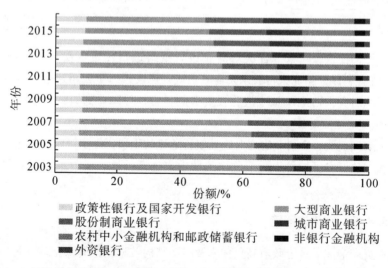

图 3-4 银行业金融机构市场份额（按资产）（2003—2016 年）

数据来源：中国银行业监督管理委员会年报

其次，地方非银行金融机构发展与金融监管失衡。对地方非银行金融机构的监管目前正在逐步汇集过程中，而民间金融、互联网金融等领域的监管盲区也在逐步覆盖。在此之前，地方金融办监管小贷公司、地方经济和信息化委员会（简称"经信委"）或中小企业局监管融资担保公司、商务厅监管融资租赁企业及典当行……再加上地方监管职能模糊与监管能力不足，地方非银行业成为引发区域性金融风险的重灾区。新设立的国务院金融稳定发展委员会将有助于推进地方金融监管统一规则的建设，通过加强地方金融监管机构的金融监管和风险处置职能，剥离其金融发展职能，并加强其监管理念和监管技术建设，有助于引导小额贷款公司、融资性担保公司、地方资产管理公司、典当行等机构的业务发展，营造更为公平、有序的区域金融市场环境。

最后，各类金融风险与银行业交互传染与金融监管失衡。我国经过银行业股份制改革，不良贷款率由 2001 年的 30%降到 2008 年的 3%以内，业务规范性有一定提升，2009 年和 2010 年不良贷款率分别进一步下降至 1.58%和1.14%的水平。然而在经过 2011—2013 年三年的平缓调整后，银行业不良贷款率从 2014 年起又重进入上升通道。在此背景下，各类金融风险对银行业的反噬作用不容忽视。以金融乱象为例，一是对正规机构监管力量不足，二是对非正规机构存在监管真空，三是对金融科技认识不足，风险一旦传染至吸收公众存款的银行业，可能通过银行间的业务往来和存款人的心理预期变化等因素进一步将风险放大。整治金融乱象，规范风险处置机制，既要控制源头，更要防范传染，只有这样才能巩固商业银行股份制改革成果，为金融行业健康发展提供有力保障。

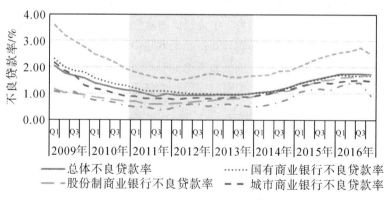

图 3-5　我国商业银行 2009—2016 年不良贷款率

3.4 救助主体的权利配置

权利配置的变迁是不同群体长期利益博弈与妥协的结果，我国金融分权演变历程包含多层次、多主体的博弈。通过上文的研究表明，我国金融权利大致经历了中央让渡权利、中央收回权利和地方隐性分权等阶段，金融分权不仅体现在金融监管部门之间，也体现在中央政府与地方政府之间。结合我国历史救助案例的经验教训，本节将勾勒我国银行业危机救助机制的基本框架，展望金融分权视角下银行业危机救助主体的权利配置。

3.4.1 中央层面

银行在金融行业中占有重要的一席之地，无论是出于微观审慎监管目的（Dewatripont 和 Tirole，1994；Barth 等，2004），还是宏观审慎监管目的（Borio，2003；White，2006），都需要对银行业进行有效监管。银行脆弱性从货币脆弱性衍生而来，并在信贷市场、金融市场中有所放大。学者从不同角度对该问题进行了研究，如信贷周期（Fisher，1933）、信贷热潮（Kibritcioglu，2003）、信贷的资产抵押特点（Kiyotaki 和 Moore，1997）、企业行为差异（Minsky，1992）等。

对于银行业危机救助，适度分权首先要确立中央政府的核心主导地位。银行业是金融系统最重要的组成成分，维持银行业的稳定经营环境，避免银行业的大规模倒闭对金融系统的灾难性冲击，是一个国家中央政府的重要使命，也是央行宏观审慎监管的重要职责。中央层面的监管主体，在危机时期要及时转变为救助主体，审时度势、有效行动。图3-6是中央金融监管的基本框架，下文将在该框架下，针对银行业危机救助的主要救助主体——国务院金融稳定发展委员会、中国人民银行、中国银行保险业监督管理委员会，分别展开论述。

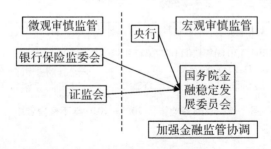

图3-6 中央金融监管的基本框架

3.4.1.1　国务院金融稳定发展委员会

国务院金融稳定发展委员会于 2017 年 7 月成立，其目标旨在加强金融监管协调，强化人民银行防范系统性风险和开展宏观审慎监管的职责。我国"一行三会、分业监管"的监管结构已经延续十多年，随着金融业逐渐进入混业经营，监管重叠和监管真空的矛盾日益凸显。金融委的成立，可以加强金融监管协调的基础上提升政府联合应对危机的能力。

金融委未来将是中国金融监管和金融危机应对的最高权力机关。当前，监管方式需要由传统的分片监管，转变为功能监管、行为监管。金融委对监管部门进行统筹协调，有利于制定统一的金融市场和金融业务监管规则，也有利于监管方式的顺利过渡。

但是，作为监督者的监督者，金融委的权利配置需兼顾组织效率。为切实履行金融委各项职责，实现系统性金融风险防范处置有序进行，维护金融安全与金融稳定，金融委在中央层面的工作重点应落脚于统筹协调。第一，在金融监管部门原有职责范围以内，基于微观审慎监管的相关工作事宜，应由金融监管部门各自制定，并报金融委备案，金融委只需及时掌握各部门监管工作动态；第二，基于宏观审慎监管，涉及跨行业、跨市场的监管政策制定，金融委需促进相关监管部门相互配合、共同起草、协同推进，统筹各监管部门的金融稳定目标；第三，金融委在中央层面的规划改革和统筹协调职责，不仅涉及金融行业内部的相关政策，还涉及金融监管框架以外的财政政策、产业政策。因此，面临金融部门、财政部门、产业规划部门等多部门的监管政策制定时，金融委应加强各部门之间的沟通，确保金融稳定工作顺利开展。为确保各项统筹协调工作的顺利开展，金融委应积极促进多部门的监管信息共享，建立长效的监管信息共享机制。

当前，金融不稳定诱因越发增多，为保障金融资源良性发展，避免国家信用被肆意挥霍和浪费，金融委需将金融监管提升到国家金融安全的战略高度。然而，与此相对应，在监管趋紧背景下，金融委还需积极推进危机救助机制的建设。金融委在危机救助基本框架中的重要性可以体现在统筹协调的广度上，通过加强金融监管应对危机的时效性，和促进金融政策、财政政策、产业政策等跨部门政策联合出台，有效避免危机蔓延深化；金融委在危机救助基本框架中的重要性还可以体现在统筹协调的深度上，通过前瞻性地探测金融系统中的潜在风险及其在不同行业间的传导途径，能避免应对危机时的混乱无序，降低大规模破产的可能性，最大限度地保障经济的平稳运行。

金融委在推进危机救助基本框架建设的过程中，还需注意以下问题：一要避免决策权虚置，金融委规划改革和统筹协调的职责不能浮于表面，监督监管者的手段需要落实；二要避免被动应对风险，金融委要做到有前瞻性地处置风险隐患，就需主动掌握行业监管动态，及时汇总各部门收集的信息；三要增强研究实力，在信息汇总的基础上，若专业能力不足，则仍会对监管部门产生依赖，陷入被动应对；四要建立金融稳定战略高度，金融政策与财政政策、产业政策之间的跨部门沟通，需要建立在金融稳定的基础之上，否则疲于协调，也将损害危机救助机制的顺利实施。

3.4.1.2 中国人民银行

为实施统一监管、专业监管、穿透监管，2013 年，国务院曾批复央行牵头成立金融监管协调部际联席会议制度。然而，联席会议制度下金融监管协调的效率和效果并不佳，一是会议制度的沟通效力有限，属于非正式机制；二是缺乏争端解决机制，央行虽然是牵头部门，但与三会是平行机构，容易导致议而不决。金融委的成立在制度规格和权威性方面提升了监管协调机制的有效性，未来央行承担的金融稳定协调工作，将逐步交由具有正规化、常态化统筹协调机制的金融委。

在正常时期的金融监管中，央行职能重在货币政策；当危机先行指标（如信贷增速）异常变化时，央行应加强宏观审慎监管和逆周期调节职能。

一方面，依托金融委的顶层设计，央行可以更好地将货币政策落地执行；通过积极配合并促进长效信息共享机制的建立，央行货币政策的精准制定能力也可以有所加强。央行虽然不是金融监管的具体执行部门，但可以通过加强外部市场约束，促进金融机构完善公司治理，优化股权结构，引导金融机构建立正向激励约束。此外，在深化金融改革领域，央行还需稳妥推动金融业对外开放，深入研究金融创新，让金融更好地服务实体经济。

另一方面，央行在银行业危机救助中的宏观审慎监管和逆周期调节职能，可以与特殊时期的货币政策相结合。对于危机中货币政策的作用，学术界有着长期的探讨。1929 年"大萧条"以后，美联储最后贷款人职责发挥受制于金本位制度，为防止货币超发引发的兑换黄金潮，美联储错误地在经济疲软的情况下紧缩货币政策，造成危机程度加重经济二次探底。随后 Keynes 的有效需求理论将美国经济带出泥潭。Keynes 著名的"流动性陷阱"假说认为，相对于货币政策，大规模减税以及增加政府支出等扩张型财政政策才是应对危机的根本。20 世纪 70 年代，美国陷入"低增长、高通胀、高失业"的滞胀时期，由于消费、投资双紧缩，扩张性财政政策也无法防止美国经济进入继"大萧条"以来新一轮的大衰退。此时，主流的货币学派对"政府失灵"的批判声不绝于耳，他们认为宏观政策失误、社会福利膨胀和政府管制过度，是导致滞胀的主要因素，并呼吁美联储采取"单一规则"的货币政策。在货币学派眼里，市场机制在任何方面都比政府更具优越性，货币被推到一个极端重要的地位。但是，随着 20 世纪 80 年代金融创新、金融一体化浪潮开启，货币的内涵和外延开始发生极大变化。在此背景下，新凯恩斯主义学派在大量工资黏性、价格黏性模型的基础上，提出修复市场失灵需进行适度干预。20 世纪 80 年代以后，伴随着金融全球化蓬勃发展，金融自由化方兴未艾，金融创新层出不穷，金融危机已然跳出了传统银行业的范畴，危机中的货币政策在新形势下再次被不断拓宽。首先，金融有着其与生俱来的脆弱性，并且，随着金融市场一体化程度的不断加深，在提升金融配置资源效率的同时也进一步加大了金融脆弱性。其次，金融传染性也使得金融危机的深度与广度与以往相比发生了很大变化。因此，米什金（2009）认为，激进的扩张性货币政策能避免经济陷入通缩螺旋，危机时期的货币政策效果会比正常时期更为显著。彭兴韵（2009）也认为，次贷危机中美联储对货币政策进行的一系列创新，提升了救助效率：①利率政策方面，截止到 2008 年 12 月中旬，在短短一年时间内联邦基金利率下降 5 个百分点，调整速度非常之快；②公开市场操作方面，2008 年 11 月 25 日，美联储宣布次年起，打破以国库券为操作对象的交易传统，将交易资产扩大到抵押贷款支持证券，并委托黑石、高盛资管、PIMCO 和惠灵顿管理公司作为外部投资经理人；③再贴现政策方面，一是再贴现利率从 2007 年 8 月的 6.25% 下调到 2008 年 12 月 0.5% 的罕见低位，二是放宽再贴现窗口贷款的担保品范围，三是可享受贴现窗口服务的机构也由商业银行拓展到投资银行；④开发针对金融机构的非常规性流动性救助工具，如定期拍卖便利（TFA）、定期证券借贷工具（TSLF）、一级交易商信贷工具（PDCF）等；⑤开发针对金融市场的直接流动性救助工具。

我国央行下设存款保险基金管理（注册资本 100 亿元）。1993 年，我国就首次提出存款保险制度；2015 年 5 月实施的《存款保险条例》规定，存款保险的保险费由央行收取与管理，存款保险机构也设于央行内部（金融稳定局）；2019 年 6 月由央行独资设立存款保险基金的专门管理机构，是推动商业银行良性可持续发展和进一步推动商业银行市场化、推动中国金融更加开放的一个有力举措。

3.4.1.3 中国银行保险业监督管理委员会

银行业的安全稳健经营离不开有效的金融监管。银行风险监管主要涉及两大指标体系，一是资本监管指标体系（黄宪 等，2005；温信祥，2006；戴金

平 等，2008）。新资本管理办法实施后，我国资本充足率监管更趋严格。二是流动性风险监测指标体系（陈颖和纪晓峰，2013；尹志锋和张悦，2014）。2015 年，《中华人民共和国商业银行法》修订以后，存贷比监管指标被废除，未来将由更接近流动性监管实质的指标对银行业流动性风险进行防范，如巴塞尔协议 III 中的流动资金覆盖率（LCR）和净稳定资金比率（NSFR）等。另外，对银行的监管还涉及法人监管、内控监管、信息披露监管、市场准入和退出监管等。

2018 年 3 月，银行业监管的具体执行机构由银监会变更为银行保险监督管理委员会，这预示着分片监管的理念已成为过去时，未来需要在功能监管、行为监管层面加强银行业风险监督管理。第一，这能有效避免原有分业监管框架下监管机构对行业内任何问题机构都倾向于过度救助的政府道德风险；第二，通过对不同金融机构下具有类似金融功能的业务进行一致监管，能更好地避免监管重叠和监管真空。从原来的"谁发牌照谁监管"过渡至"按产品的金融功能进行监管"，是监管顺应市场变化的与时俱进，但是对银行业谨慎的监管风格仍需要坚持和秉承。

针对危机救助，银行业监管执行部门能否将监管工作收集的信息及时反馈，并依据金融稳定最高指示与各部门通力合作，是危机救助执行机制发挥作用的关键。由于涉及信息传递和具体执行，要明确责权配置、制定实施条件、严惩失职人员，建立相关工作职责的配套规范。首先，配套规范要注重信息的收集和录入。具体来讲，在危机救助的事前阶段，监管信息共享非常重要，有利于将风险苗头向上报送，并有助于负责金融安全的金融委掌握分析危机的最好时机；在危机救助的事中和事后阶段，银行业监管机构要跟踪问题银行在政府救助介入后的经营情况，使政府救助把握有序退出的节奏。需要指出的是，存款保险制度早期风险监管职能是银行业监管机构职能的有益补充。例如，对银行机构的市场准入，银行业监管机构与存款保险机构可以相互控制，设立、变更、终止银行两个机构必须双重确认。但是，存款保险公司的监管对象可能更偏重于存在风险隐患的问题银行。其次，配套规范要注重监管决策的落实与实施。银行业监管机构需要制定工作规范，根据危机处置制度或处置预案的反馈，对不同风险状况的银行实施不同的现场检查频率、范围和必要措施。

3.4.2　中央与地方层面——地方金融办的金融分权

正如前文的分析，地方政府拥有隐性的金融分权（金融发展权和金融控制权），金融监管权在中央与地方之间的权利配置需注意两方面原则。原则一是将金融监管权归于中央统一的制度规则之下。金融监管权有抑制金融发展权过度膨胀的作用，在金融监管权显性化的过程中，由于隐性分权可能导致地方政府道德风险，因此为避免金融风险被不当处置需将金融监管权归于中央统一的制度规则之下。原则二是推动金融控制权市场化。由于具有政治关联的金融机构总是能获取地方政府更多的资源，因此，要制约地方政府道德风险，建立在市场化基础上的相关规则对经济运行效率和金融风险防范具有举足轻重的影响。

欲探讨金融监管权中地方政府分权的显性化改革路径，地方金融办的作用异常重要。次贷危机以后，我国区域金融风险事件频发，游离在监管体制之外的民间金融是各类区域金融风险事件的主要隐患，于是，地方金融办逐渐被委以重任，逐步转型为应对金融监管"死角"的主力。地方金融办的转型分为两个方面：首先，通过将地方金融办的区域金融发展职能逐步剥离，并加强区域金融监管职能，以此建立对地方政府金融发展权的制衡机制，杜绝区域金融过度发展；其次，在金融委的统一领导下，通过将地方金融办的区域金融稳定职能逐步提升，以此防范源于金融控制权的地方政府道德风险。可见，金融委指导地方金融改革发展与监管，不仅能对金融监管部门和地方政府进行业务监督和履职问责等，地方金融办作为重要的监管创新，也能成为金融改革过程中的关键主体之一，为区域金融安全保驾护航。

金融办创办的历史可以追溯到21世纪初。2002年，中国最早的金融办在上海设立，最早被定义为议事协调机构，主要负责联系和配合监管机构及全国性金融机构在上海的工作。各地的金融办多隶属于省办公厅或发改委。2008年，中央对地方政府机构进行改革，地方金融办逐渐被委以更多职责，从省办公厅脱离出来，成为地方政府组成部门之一。具体如表3-4所示。

表3-4　2018年各省金融办隶属关系

省（自治区、直辖市）	主管方	省（自治区、直辖市）	主管方
北京	市政府（政府组成部门）	湖北	办公厅（议事协调机构）
天津	市政府（政府组成部门）	湖南	省政府（政府组成部门）
河北	省政府（政府组成部门）	广东	省政府（政府组成部门）
山西	省政府（政府组成部门）	广西	自治区政府（政府组成部门）
内蒙古	自治区政府（政府组成部门）	海南	办公厅（议事协调机构）
辽宁	省政府（政府组成部门）	重庆	办公厅（议事协调机构）

表3-4(续)

省(自治区、直辖市)	主管方	省(自治区、直辖市)	主管方
吉林	省政府（政府组成部门）	四川	省政府（政府组成部门）
黑龙江	办公厅（议事协调机构）	贵州	办公厅（议事协调机构）
上海	市政府（政府组成部门）	云南	省政府（政府组成部门）
江苏	省政府（政府组成部门）	西藏	自治区政府（政府组成部门）
浙江	省政府（政府组成部门）	陕西	办公厅（议事协调机构）
安徽	省政府（政府组成部门）	甘肃	办公厅（议事协调机构）
福建	办公厅（议事协调机构）	青海	办公厅（议事协调机构）
江西	省政府（政府组成部门）	宁夏	自治区政府（政府组成部门）
山东	省政府（政府组成部门）	新疆	自治区政府（政府组成部门）
河南	省政府（政府组成部门）		

　　地方金融办的持续转型体现在两方面：一方面，在金融监管权层面进行扩权，例如河北、山东、深圳、浙江、江苏等金融办加挂地方金融监督管理局的牌子；另一方面，地方政府积极酝酿地方性的金融监管法规和条例，例如各地制定地方金融监督管理条例，将金融办转型向规范监管、依法监管的方向迈进。

　　地方金融办将来不仅要承担地方金融业的监督管理，如对小额贷款公司、融资性担保公司、交易场所等的监督管理，还要承担中央统一规划下的区域风险处置职能。为凸显地方金融监管机构的核心职责定位，各地已陆续将相应机构更名为地方"金融监督管理局"。地方金融监管权与发展权、控制权的分离，不仅只是名称上的转换，还要体现在机构职能的拆分、监管专业性的提升、人员编制的充实和组织架构的完善上，以加强金融监管的广度和深度。

　　综上所述，中央适度放权的金融监管框架，在地方层面需注意以下几点：首先，中央应加强对地方的监管指导。只有针对不同类型的地方性金融机构或金融活动有统一的监管规则时，地方金融监管工作才有章可依、有例可循，才能减少地方监管部门具体执行的困扰。因此，金融委需推动制定并联合出台统一的监管规则。目前，我国出台的《关于规范金融机构资产管理业务的指导意见（征求意见稿）》（简称"资管新规"），就是很好的范例。其次，为了落实地方监管责任，应建立对地方金融监管机构的问责制度。金融委既要确保金融乱象及时被识别和金融风险有效被化解，避免地方金融监管权滥用，又要加强信息传达通道和信息反馈通道的建设，避免风险处置不力、责任落实不严。可见，加强地方金融监管机构建设，问责机制也必不可少。

3.4.3　国际协作与金融监管改进

在经济全球化、一体化背景下，资本跨国流动、机构跨国经营使得危机救助的国际协作越发重要。国际最后贷款人的运作模式类似于信用合作组织，很多国际机构均扮演过重要的国际救助角色，积极发挥了危机中的组织协调作用。

次贷危机的救助就受益于国际协作。首先，货币互换安排缓解了美元市场短期的流动性压力。2007 年 12 月起，美联储先后与十四家中央银行进行货币互换安排，通过货币互换重要金融市场所在国央行拥有了向辖区银行提供美元贷款的能力，有效缓解了离岸市场上美元拆借利率高企的压力。其次，主要经济体的一致降息行动快速稳定了全球金融市场预期，避免了危机向更大范围扩展。2008 年 10 月，多个发达国家发表的"联合"降息声明，开启了全球一致降息的货币政策行动。最后，几乎同时向金融市场注入大量的流动性的联合措施，提振了全球主要经济体信心。2008 年，西方主要国家已多次发布同时注资声明，2009 年 8 月 9 日至 10 日，联合注资更是达到高潮，各国央行在两天内向市场注资总额超 3 000 亿美元。

当前，G20 峰会无疑是促进国际金融稳定、加强国际交流合作的主要渠道之一。G20 的前身——金融稳定论坛（FSF），虽然成立于 1999 年 4 月，但 2008 年 11 月 15 日才在华盛顿召开了首次峰会。可以说，华盛顿峰会就是应对全球金融危机的"总指挥部"。2009 年 4 月 2 日，G20 在伦敦紧急召开了第二次峰会。各国承诺为多边金融机构（IMF 和世界银行等）提供资金，用于阻止金融危机进一步恶化。2009 年 9 月 24 日，G20 在美国匹兹堡举行第三次峰会，为世界银行和 IMF 两大金融机构确立了量化改革目标，预示国际金融体系改革将迈出实际性步伐。2010 年 6 月 26 日多伦多峰会致力于防止世界经济二次探底，由于欧洲主权债务危机发酵，G20 各国在削减赤字方面达成了一定共识。2010 年 11 月 12 日的首尔峰会，核心利益诉求分歧加剧导致最终很多重要内容未能形成共识。至此，G20 峰会每年召开一次。2011 年 11 月 3 日戛纳峰会通过了"促进增长和就业行动计划"。2012 年 6 月 19 日洛斯卡沃斯峰会上，与会各方承诺向 IMF 增资 4 500 亿美元，其中，作为负责任的大国，中国增资 430 亿美元。2013 年 9 月 5 日圣彼得堡峰会新设了许多除危机应对外的议题，G20 峰会开始向关注全球经济发展转型。2014 年 11 月 15 日布里斯班峰会，与会各国首次承诺全球经济增长目标。2015 年 11 月 15 日安塔利亚峰会讨论了加强全球经济复苏与提高潜在增长率、提升弹性力与增进可持续性。2016年9月4日至5日杭州峰会在加强政策协调、创新增长方式、建设更高效的全球经济金融治理、促进更强劲的全球贸易和投资、推动包容和联动式发展等方面达成一系列共识，并探讨了影响世界经济的其他重大全球性挑战。2017年7月G20领导人在德国汉堡召开峰会，在此之前3月17日至18日在德国巴登召开的G20财长和央行行长会讨论了汇率战、货币贬值等敏感问题。2018年11月30日布宜诺斯艾利斯峰会为均衡和可持续发展建设共识。2019年6月27日大阪峰会包含8大主题，分别是全球经济、贸易与投资、创新、环境与能源、就业、女性赋权、可持续发展以及全民健康。

加强国际协作共同应对金融危机有利于我国在国际组织中获取更多的发言权和主导权，也有利于本国制度和文化在国际上的输出与传播。并且，国际协作也有利于加快改进我国金融监管体系，包括资本流动的检测与分析，巴塞尔协议Ⅲ和总损失吸收能力标准的推进，以及有效的跨境处置机制的建设等。

3.4.4　救助主体间的协调与配合

与我国银行业危机相关的救助主体，按经济部门划分可分为政府和市场两个层次，其中，政府部门还可以按权属关系划分为中央和地方。正常时期，银行业监管机构应充分发挥微观审慎监管职责，存款保险机构应积极发挥早期纠正、补充监管的作用，人民银行依据宏观经济运行情况制定适宜的货币政策并负责宏观审慎，市场监督与行业自律机构营造银行稳健经营环境；危机时期，存款保险机构在确保金融稳定的前提下利用市场化手段稳定投资者情绪，人民银行也应利用货币政策缓解市场流动性紧张；若危机显现出传染性特征，为避免危机的进一步深化蔓延，政府各部门应积极配合、联合行动，发挥政府最后贷款人重要职能。其中，地方监管机构应听从中央统一调度避免危机跨区域传染，存款保险机构应加强稳定市场情绪的作用，人民银行应充分利用货币政策创新应对市场流动性枯竭，并建立有序清算机构对问题银行进行接管、促进重组、破产清算等处置行动，避免危机跨机构、跨市场传染——由于银保监会肩负微观审慎职责，本书设想有序清算机构未来可能如存款保险机构一样先试行再单列，首先设立在银保监会内部①（下一章将对该问题进行详细探讨）。对于最高权力机关的金融委，正常时期各部门监管活动需在金融委备案，危机时期金融委应充分发挥统筹协调作用（如图3-7所示），此外，金融委还需将金

----

① 美国等国家的有序清算职责由存款保险公司承担，但是，我国存款保险制度刚刚设立，存款保险基金资金量非常有限，难以发挥有序清算的作用。

融政策与财政政策、产业政策等进行跨部门协调。

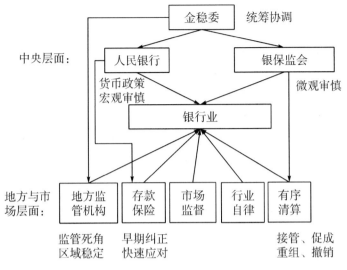

图 3-7 银行业危机救助的协调与配合

银行业危机救助中救助主体是否有着良好的协调与配合，关键看各部门的目标与行动是否一致。首先，救助主体的出发点均应是为了维护存款人的利益，保护银行体系的稳定。为达到这一目标，各主体采取的方式可以有所不同：中国人民银行制定适宜的货币政策和实施宏观审慎监管；银保监会对银行机构实施微观审慎和全面合规监管；存款保险机构对投保银行实施风险控制，对存款人实施直接保护；有序清算机构让严重影响存款人合法权益的问题银行有序退出市场；地方监管机构保障区域金融稳定。金融委需要统筹不同监管部门所制定金融政策的终极目标，保证目标的一致性。其次，救助主体的行动应具有一致性，以避免危机时期的监管套利和风险蔓延。随着金融创新的层出不穷，救助行动在时间和力度上的不一致性可能加大市场波动，金融委的统筹协调作用显得尤为重要。2017 年 11 月 17 日发布的资管新规，与之前的监管规则出台相比具有明显的协同特点。第一，一改过去法律层级不一、制定主体各异、内容侧重不同的分散化、分割化的部门监管规则制定，资管新规由中国人民银行、银监会、证监会、保监会、外汇局联合发布，成为首个跨金融机构的纲领性文件，隐含了金融委成立对于统筹协调机制的推动；第二，从明确产品定位、规范产品经营、界定投资标准等基本层面，对由多个监管主体分别监管、不同金融机构均在开展的资管业务，进行了统一的规范，避免了实际执行的困扰；第三，从统计制度、监管分工、监管原则三部分明确了监管协调机制,指出由人民银行负责资管业务的宏观审慎监管,由各个监管部门负责日常监管与市场准入,并强调需将机构监管与功能监管相结合,穿透式监管与全面动态监管相结合。

伴随着我国金融创新逐步推进,综合经营不断深入,金融风险日趋复杂,系统性风险隐患越来越值得关注,危机救助的协调配合机制也越来越值得探讨。金融委的成立,不仅突出了功能监管、行为监管,更在金融政策与财政政策、产业政策之间搭起了桥梁,让不同的政策制定部门根据实际情况选择适当的政策工具,发挥联合行动的最佳政策效应。只有统筹协调好各救助主体的职责权限、介入时机、处置方法、干预程度等,才能有条不紊地、高效率地应对危机,最大限度地降低救助成本,维护金融稳定安全。

3.5　本章小结

本章探讨了金融分权下银行业危机救助的基本框架。

首先,理论分析表明,由于存在政策目标偏差,救助主体对监管职责或范围以内的问题银行,进行过度救助,对监管职责或范围以外的问题银行,会依据其自救能力强弱和效用放大倍数大小,进行差别对待。但是,当实际救助成本不确定且信息不对称性较大时,分权救助机制仍可利用救助主体在技术和信息等层面的优势,节约危机救助成本。良好的危机救助机制应在坚持集权救助的整体框架之下,积极推动具体实施部门发挥其优势作用。

其次,本书研究了我国金融分权的内涵与外延,并分析了金融分权与我国银行业危机救助基本框架的关系。从权利的区别上,可将金融权细分为金融发展权、金融控制权和金融监管权,银行业危机救助的基本框架不仅需要讨论中央监管部门之间的职责划分,还需要考虑中央与地方之间的金融分权。因为地方政府在金融发展权和金融控制权上享有"隐性分权",但并未显性化分担危机救助成本,在权利义务不匹配、制度约束不完善的基础之上会导致严重的激励失衡。我国监管框架具有明显的集权特征,如何通过将危机救助成本分摊至地方政府,用于遏制地方政府滥用金融发展权;又如何通过机制设计,避免在金融控制隐性分权条件下,适度放权金融监管而不滋生严重的政府道德风险,这些问题都值得深入探讨。

再次,本书通过案例分析探寻了我国金融监管权的演变趋势与适度分权途径。从最早的海发行集权化救助,到近来鄂尔多斯、温州和内蒙古的区域性危机救助，地方政府越来越愿意承担更多责任，也更有能力承担起更多职责。我国由过去的中央集权监管，逐渐向中央主导、地方辅助的适度分权监管转变。在这一过程中，地方适度分权的途径将依赖地方金融办的转型。我国新设立的国务院金融稳定发展委员会具有对地方金融监管机构进行业务监督和履职问责等权利，通过剥离原地方金融办的金融发展职能，强化其金融监管和风险处置职能，将为区域金融稳定营造更为公平、有序的区域金融市场环境。

最后，本书详细探讨了银行业危机救助中救助主体的权利配置。金融委无疑承担了银行业危机救助中最重要的职责，既要开展金融领域的统筹协调工作，又要与财政政策、产业政策的制定部门进行跨部门合作；既要注重中央政策的同步推进，又要加强地方行动的监督问责。金融委成为金融稳定最高权力机关之后，需积极推动各监管部门在金融委的备案工作，并建立监管信息共享机制。为营造更好的金融市场环境，各部门要各行其责。人民银行依据宏观经济运行情况制定适宜的货币政策，银保监会发挥微观审慎监管职责，存款保险机构发挥早期纠正、补充监管的作用，市场监督与行业自律维护银行稳健经营环境。一旦出现银行业风险事件，存款保险机构在确保金融稳定的前提下利用市场化手段稳定投资者情绪，人民银行也应利用货币政策缓解市场流动性紧张。若传染性风险不断扩大，出现系统性危机隐患，政府各部门应积极配合、联合行动，发挥政府最后贷款人重要职能。其中，地方监管机构应听从中央统一调度避免危机跨区域传染，存款保险机构应加强市场稳定作用，人民银行应充分利用货币政策创新应对市场流动性枯竭，并由银保监会设立有序清算机构对问题银行进行接管、促进重组、破产清算等处置行动，避免危机跨机构、跨市场传染。

4 金融分权下银行业危机救助的对象识别

本章将从金融分权角度，探讨如何对我国银行业危机救助对象进行识别。政府救助行动开展之前，需要理顺三个问题：首先，是否已经尽量让私人部门承担了救助成本？其次，是否已经尽量用市场化手段稳定了投资者情绪？最后，是否已经尽量剔除了陷入清偿性危机的被救助对象？满足以上三点可以有效降低政府救助的成本。

具体而言，为了让问题银行在危机时不过度依赖政府救助，需将政府救助与市场之手相结合。例如，让银行提前预备具有相当执行力的自救方案，或要求银行（特别是系统重要性银行）预备应急资本；为了在危机发生时及时稳定市场情绪（主要是存款人），需建立针对存款人保护和具有广泛意义的保险制度；为了在政府危机救助时能有效区分"好银行""坏银行"，需建立破产银行（主要是中小银行）的有序退出制度。

建立上述银行业危机救助机制的自救与筛选程序，一方面可以降低道德风险，另一方面，还可以利用反向机制，从微观层面提升单家机构的经营稳健性。首先，强化自救能力可以有力地增强金融机构应对危机的能力；其次，建立救助筛选程序可以明确政府与市场的边界，防范各类道德风险。本章讨论的重点在于金融分权下政府道德风险的防范，从另一角度来讲，也探讨了如何营造良好的金融环境，提升市场参与度，并引导市场机制发挥作用。利用自救与筛选程序强化金融体系稳定的微观基础，提高了金融机构的透明度要求，也增强了市场约束力。

4.1 金融分权与银行俘获的理论研究

在银行业危机救助中，道德风险可能不仅局限于大而不能倒的概念之中，还可能包括分权体制下政府越位导致的银行过于依赖政府救助。下文的理论分析中，本书将通过模型推导来研究问题银行如何通过俘获行为（例如绑架地方政府）增大自身效用函数，以此进一步探讨在我国财政分权背景下，提升被救助主体透明度与市场约束力的方法。

模型首先建立集权救助的总体框架，再将微观审慎监管机构和地方政府以监督者的身份引入模型，进而对金融分权进行分析。

4.1.1 分析对象

4.1.1.1 问题银行

假设某问题银行需支付 q 单位的净债务才能摆脱流动性困境，其危机自救能力有三种类型（未公开），分别为高（$\underline{\theta}$）、中（$\hat{\theta}$）、低（$\overline{\theta}$）。

记 $\theta = \overline{\theta} - \theta_1 - \theta_2$，$\theta_1$ 和 θ_2 取值域为 $\{0, \Delta\theta\}$，为二进制随机变量。取值概率分别为 $\{1 - v, v\}$，概率分布是公共知识且不同变量的取值相互独立。记 $\hat{\theta} \equiv \overline{\theta} - \Delta\theta$，$\underline{\theta} \equiv \overline{\theta} - 2\Delta\theta$。则 $\{\underline{\theta}, \hat{\theta}, \overline{\theta}\}$ 的概率分布为

$$P(\underline{\theta}) = v^2 \tag{4-1}$$

$$P(\hat{\theta}) = 2v(1 - v) \tag{4-2}$$

$$P(\overline{\theta}) = (1 - v)^2 \tag{4-3}$$

政府对问题银行的自救能力进行预判后释放市场流动性，使得问题银行获得流动性支持 t。不考虑传染风险时（下一章将对传染风险进行探讨），政府是否实施救助行动，取决于社会总福利函数的最大化，其中，问题银行进行正常债务支付的参与约束为

$$U_f \equiv t - \theta q \geq 0 \tag{4-4}$$

4.1.1.2 政府

政府对于问题银行摆脱危机的正效用为 $S(q)$，该函数满足 $S' > 0$，$S'' < 0$。假设救助资金成本为 $(1 + \lambda) > 1$，则政府的福利函数表示为

$$U_g \equiv S(q) - (1 + \lambda) t \tag{4-5}$$

4.1.1.3 监督者

监督者可以是银行业监管机构，也可以是其他具有信息优势的主体（地

方政府）。

信号观测：监督者有 ξ 的概率观察到一个可证实的信号 $\sigma = \theta$；有 $1 - \xi$ 的概率不能观察到任何信号，即 $\sigma = \varphi$。

信号传达：监督者传达的数据为 r。

假设监督者没有初始财富，对监督者的激励来自中央政府对其的转移支付 $s \geqslant 0$，其中，该转移支付不一定是货币性收入，也可以是伴随权利产生的政治升迁等好处。则监督者的福利函数表示为

$$U_s \equiv s \tag{4-6}$$

4.1.2　不存在监督者

4.1.2.1　无监督者时的全社会福利函数
当不存在监督者时，全社会的福利函数为

$$
\begin{aligned}
W &\equiv U_f + U_g \\
&= t - \theta q + S(q) - (1 + \lambda) t \\
&= S(q) - \theta q - \lambda t \\
&= S(q) - (1 + \lambda) \theta q - \lambda U_f
\end{aligned}
\tag{4-7}
$$

4.1.2.2　理性参与约束与激励相容约束
由于单交叉条件得到满足[①]，局部激励约束将必然得出总体激励约束，此时，只需考虑低危机自救能力类型的个体理性参与约束和向上的激励相容约束。

设计一组激励相容契约 $(\underline{q}, \underline{t})$、$(\hat{q}, \hat{t})$ 和 $(\overline{q}, \overline{t})$ 满足显示原理，则激励相容条件为

$$\underline{t} - \theta \underline{q} \geqslant \hat{t} - \underline{\theta} \hat{q} \tag{4-8}$$

$$\hat{t} - \hat{\theta} \hat{q} \geqslant \overline{t} - \hat{\theta} \overline{q} \tag{4-9}$$

即

$$\underline{U}_f \geqslant \hat{U}_f + \Delta \theta \hat{q} \tag{4-10}$$

$$\hat{U}_f \geqslant \overline{U}_f + \Delta \theta \overline{q} \tag{4-11}$$

---

① 问题银行的效用函数 $U_f(t, q, \theta) = t - \theta q$ 满足单交叉条件，由 Mirrlees（1971）知 $\dfrac{\partial}{\partial \theta} \left[\dfrac{\partial U_f / \partial q}{\partial U_f / \partial t} \right]$ 的正负号恒定。

低危机自救能力类型个体的理性参与约束为

$$\overline{U}_f \geqslant 0 \tag{4-12}$$

根据（4-10）式、（4-11）式、（4-12）式可以得到最优解 $\overline{U}_f = 0$，$\hat{U}_f = \Delta\theta\overline{q}$，$\underline{U}_f = \Delta\theta(\overline{q} + \hat{q})$。这表明，危机自救能力高的问题银行可以通过伪装为危机自救能力低的问题银行，迫使政府对市场注入更多的流动性，来获取额外援助租金。

4.1.2.3 求解社会总福利最大化

政府的福利函数是最大化的预期社会总福利函数，即

$$\max_{\underline{q},\,\hat{q},\,\overline{q}} \left\{ \begin{array}{l} v^2\left[S(\underline{q}) - (1+\lambda)\,\underline{\theta}\underline{q} - \lambda\underline{U}_f\right] \\ + 2v(1-v)\left[S(\hat{q}) - (1+\lambda)\,\hat{\theta}\hat{q} - \lambda\hat{U}_f\right] \\ + (1-v)^2\left[S(\overline{q}) - (1+\lambda)\,\overline{\theta}\overline{q} - \lambda\overline{U}_f\right] \end{array} \right\} \tag{4-13}$$

将理性参与约束和激励相容约束 $\overline{U}_f = 0$，$\hat{U}_f = \Delta\theta\overline{q}$，$\underline{U}_f = \Delta\theta(\overline{q} + \hat{q})$ 代入（4-13）式，则：

$$\max_{\underline{q},\,\hat{q},\,\overline{q}} \left\{ \begin{array}{l} v^2\left[S(\underline{q}) - (1+\lambda)\,\underline{\theta}\underline{q} - \lambda\Delta\theta(\overline{q} + \hat{q})\right] \\ + 2v(1-v)\left[S(\hat{q}) - (1+\lambda)\,\hat{\theta}\hat{q} - \lambda\Delta\theta\overline{q}\right] \\ + (1-v)^2\left[S(\overline{q}) - (1+\lambda)\,\overline{\theta}\overline{q}\right] \end{array} \right\} \tag{4-14}$$

（4-14）式的一阶条件为

$$S'(\underline{q}) = (1+\lambda)\,\underline{\theta} \tag{4-15}$$

$$S'(\hat{q}) = (1+\lambda)\,\hat{\theta} + \frac{v}{2(1-v)}\lambda\Delta\theta \tag{4-16}$$

$$S'(\overline{q}) = (1+\lambda)\,\overline{\theta} + \frac{v(2-v)}{(1-v)^2}\lambda\Delta\theta \tag{4-17}$$

将上述结果用图 4-1 表示。

三类问题银行的参与约束分别用过原点的三条实线表示，则高危机自救能力问题银行的参与约束，对应图 4-1 中 $t - \underline{\theta}q = 0$ 的无差异曲线；中等危机自救能力问题银行的参与约束，对应图 4-1 中 $t - \hat{\theta}q = 0$ 的无差异曲线；低危机自救能力问题银行的参与约束，对应图 4-1 中 $t - \overline{\theta}q = 0$ 的无差异曲线。

用虚线表示激励约束的无差异曲线。由于相同的流动性困境中银行总是希望得到更多的政府流动性援助，因此越靠近左上方效用越高。

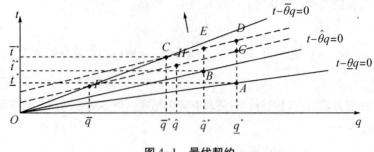

图 4-1 最优契约

在完全信息市场时，图中的 A、B 和 C 点分别对应最优契约 $(\underline{t}^*, \underline{q}^*)$，$(\hat{t}^*, \hat{q}^*)$，$(\bar{t}^*, \bar{q}^*)$。

在不完全信息市场时，A、B 点两种类型的问题银行都会伪装为 C 点类型的问题银行，以获取低危机自救能力机构额外的效用租金。容易发现，相对于 (A, B, C)，(D, E, C) 才是激励相容的组合。为了使高、中等危机自救能力银行的效用达到与 C 点相同的水平，需向高危机自救能力的问题银行进行 DA 的转移支付，向中等危机自救能力的问题银行进行 EB 的转移支付。而这会留给高危机自救能力问题银行一个等于 $\Delta\theta(\bar{q}^* + \hat{q}^*)$ 的租金（发生的概率为 v^2），留给中等危机自救能力银行一个等于 $\Delta\theta\bar{q}^*$ 的租金〔发生的概率为 $2v(1 - v)$〕。综合来看，整个社会将损失：

$$[v^2\lambda\Delta\theta(\bar{q}^* + \hat{q}^*) + 2v(1 - v)\lambda\Delta\theta\bar{q}^*]$$

于是，预期社会总福利为

$$v^2[S(\underline{q}^*) - (1 + \lambda)\underline{\theta}\,\underline{q}^* - \lambda\Delta\theta(\bar{q}^* + \hat{q}^*)] +$$

$$2v(1 - v)[S(\hat{q}^*) - (1 + \lambda)\hat{\theta}\hat{q}^* - \lambda\Delta\theta\bar{q}^*] + \qquad (4\text{-}18)$$

$$(1 - v)^2[S(\bar{q}^*) - (1 + \lambda)\bar{\theta}\bar{q}^*]$$

（4-15）式、（4-16）式、（4-17）式的结果演示了一个更好的激励相容组合 (G, H, F)。通过对低、中等危机自救能力银行的偿债金额进行向下扭曲（从 $\bar{q}^*$ 减少至 $\bar{q}$，从 $\hat{q}^*$ 减少至 $\hat{q}$），将信息租金减少至 $\Delta\theta(\bar{q} + \hat{q})$ 和 $\Delta\theta\bar{q}$ 的水平，整个社会的损失也会相应减少到 $[v^2\lambda\Delta\theta(\bar{q} + \hat{q}) + 2v(1 - v)\lambda\Delta\theta\bar{q}]$。于是，预期社会总福利变为

$$v^2[S(\underline{q}^*) - (1 + \lambda)\underline{\theta}\,\underline{q}^* - \lambda\Delta\theta(\bar{q} + \hat{q})] +$$

$$2v(1 - v)[S(\hat{q}) - (1 + \lambda)\hat{\theta}\hat{q} - \lambda\Delta\theta\bar{q}] + \qquad (4\text{-}19)$$

$$(1 - v)^2[S(\bar{q}) - (1 + \lambda)\bar{\theta}\bar{q}]$$

4.1.3 引入监督者

在上述框架下将监管机构和地方政府以监督者的身份引入模型,可以进行金融分权分析。在有监督者的情况下,首先假设监督者不需要激励就能传达真实信息,即 $r = \sigma$,中央政府获取完全信息。

4.1.3.1 引入监督者的全社会福利函数(见图4-2)

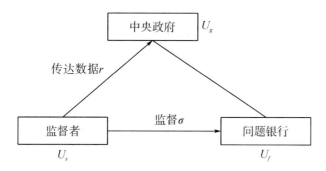

图4-2 全社会福利函数

引入监督者后,全社会的福利函数为

$$
\begin{aligned}
W &\equiv U_f + U_g + U_s \\
&= t - \theta q + S(q) - (1 + \lambda)(t + s) + s \\
&= S(q) - \theta q - \lambda t - \lambda s \\
&= S(q) - (1 + \lambda)\theta q - \lambda U_f - \lambda s
\end{aligned}
\tag{4-20}
$$

4.1.3.2 信号观测分类讨论

(1)没有观察到任何信号

此时 $\sigma_1 = \varphi$,$\sigma_2 = \varphi$,这种情况发生的概率为 $(1 - v\xi)^2$,$\{\underline{\theta}, \hat{\theta}, \bar{\theta}\}$ 发生的条件概率依次为

$$
P_0(\underline{\theta}) = \frac{v^2(1 - \xi)^2}{(1 - v\xi)^2}
\tag{4-21}
$$

$$
P_0(\hat{\theta}) = \frac{2v(1 - \xi)(1 - v)}{(1 - v\xi)^2}
\tag{4-22}
$$

$$
P_0(\bar{\theta}) = \frac{(1 - v)^2}{(1 - v\xi)^2}
\tag{4-23}
$$

令 $W_0(\hat{q}_0, \bar{q}_0)$ 为没有观察到任何信号时的预期社会总福利,其中 $\underline{U}_f^0$、$\hat{U}_f^0$、$\bar{U}_f^0$ 分别代表问题银行危机自救能力为 $\underline{\theta}$、$\hat{\theta}$、$\bar{\theta}$ 时的效用水平,则:

$$W_0(\hat{q}_0, \overline{q}_0) = P_0(\underline{\theta}) \ [S(\underline{q}_0) - (1 + \lambda) \ \underline{\theta}\underline{q}_0 - \lambda \underline{U}_f^0] +$$

$$P_0(\hat{\theta}) \ [S(\hat{q}_0) - (1 + \lambda) \ \hat{\theta}\hat{q}_0 - \lambda \hat{U}_f^0] + \qquad (4-24)$$

$$P_0(\overline{\theta}) \ [S(\overline{q}_0) - (1 + \lambda) \ \overline{\theta}\overline{q}_0 - \lambda \overline{U}_f^0]$$

（2）仅观察到一个信号

此时 $\sigma_1 = \Delta\theta$，$\sigma_2 = \varphi$，或者 $\sigma_1 = \varphi$，$\sigma_2 = \Delta\theta$，这种情况发生的概率为 $2v\xi(1 - v\xi)$，$\{\underline{\theta}, \hat{\theta}\}$ 发生的条件概率依次为

$$P_1(\underline{\theta}) = \frac{2v\xi v(1 - \xi)}{2v\xi(1 - v\xi)} = \frac{v(1 - \xi)}{1 - v\xi} \qquad (4-25)$$

$$P_1(\hat{\theta}) = \frac{1 - v}{1 - v\xi} \qquad (4-26)$$

令 $W_1(\hat{q}_1)$ 为观察到一个信号时的预期社会总福利，其中 $\underline{U}_f^1$、$\hat{U}_f^1$ 分别代表高中等危机自救能力银行的效用水平，则

$$W_1(\hat{q}_1) = P_1(\underline{\theta}) \ [S(\underline{q}_1) - (1 + \lambda) \ \underline{\theta}\underline{q}_1 - \lambda \underline{U}_f^1] +$$

$$P_1(\hat{\theta}) \ [S(\hat{q}_1) - (1 + \lambda) \ \hat{\theta}\hat{q}_1 - \lambda \hat{U}_f^1] \qquad (4-27)$$

（3）观察到两个信号

观察到两个信号发生的概率为 $v^2\xi^2$，其中 $\sigma_1 = \Delta\theta$，$\sigma_2 = \Delta\theta$。

令 W_2 为观察到两个信号时的预期社会总福利，其中 $\underline{U}_f^2$ 代表高危机自救能力问题银行的效用水平，那么

$$W_2 = S(\underline{q}_2) - (1 + \lambda) \ \underline{\theta}\underline{q}_2 - \lambda \underline{U}_f^2 \qquad (4-28)$$

（4）分类讨论汇总

引入监督者后，在无合谋的情况下预期社会总福利为

$$W = (1 - v\xi)^2 W_0(\hat{q}_0, \overline{q}_0) + 2v\xi(1 - v\xi) W_1(\hat{q}_1) + v^2\xi^2 W_2 \qquad (4-29)$$

中央政府通过监督者传递的信号和对问题银行自救能力的预判，提供 $\{t(\sigma_1, \sigma_2, \theta), q(\sigma_1, \sigma_2, \theta), s(\sigma_1, \sigma_2)\}$ 的契约，以进行流动性援助和对监督者的转移支付。

4.1.3.3　参与约束与激励相容约束

当中央政府接收到两个可证实信号 $\sigma_i = \Delta\theta$，$(i = 1, 2)$ 时，会抽掉问题银行的全部租金，即 $\underline{U}_f^2 = 0$，且满足一阶条件 $S'(\underline{q}_2) = (1 + \lambda) \ \underline{\theta}$。

当中央政府仅接收到一个信号或没有接受到任何信号时，需要考虑低危机自救能力的个体理性参与约束和向上的激励相容约束。

激励相容约束为

$$\underline{t}_0 - \underline{\theta}\,\underline{q}_0 \geq \hat{t}_0 - \underline{\theta}\hat{q}_0 \tag{4-30}$$

$$\hat{t}_0 - \hat{\theta}\hat{q}_0 \geq \overline{t}_0 - \hat{\theta}\overline{q}_0 \tag{4-31}$$

和

即

$$\underline{t}_1 - \underline{\theta}\,\underline{q}_1 \geq \hat{t}_1 - \underline{\theta}\hat{q}_1 \tag{4-32}$$

$$\underline{U}_f^0 \geq \hat{U}_f^0 + \Delta\theta\hat{q}_0 \tag{4-33}$$

$$\hat{U}_f^0 \geq \overline{U}_f^0 + \Delta\theta\overline{q}_0 \tag{4-34}$$

和

$$\underline{U}_f^1 \geq \hat{U}_f^1 + \Delta\theta\hat{q}_1 \tag{4-35}$$

理性参与约束为

$$\overline{U}_f^0 \geq 0 \tag{4-36}$$

和

$$\hat{U}_f^1 \geq 0 \tag{4-37}$$

根据（4-33）式、（4-34）式、（4-36）式可以得到最优解 $\overline{U}_f^0 = 0$，$\hat{U}_f^0 = \Delta\theta\overline{q}_0$，$\underline{U}_f^0 = \Delta\theta(\overline{q}_0 + \hat{q}_0)$；根据（4-35）式、（4-37）式可以得到最优解 $\hat{U}_f^1 = 0$ 和 $\underline{U}_f^1 = \Delta\theta\hat{q}_1$。

4.1.3.4 最大化社会总福利函数

将理性参与约束和激励相容约束代入加总后的预期社会总福利函数（4-29）式中，则：

$$W = (1 - v\xi)^2 \left\{ \begin{aligned} &P_0(\underline{\theta})\,[\,S(\underline{q}_0) - (1 + \lambda)\,\underline{\theta}\underline{q}_0 - \lambda\Delta\theta(\overline{q}_0 + \hat{q}_0)\,] + \\ &P_0(\hat{\theta})\,[\,S(\hat{q}_0) - (1 + \lambda)\,\hat{\theta}\hat{q}_0 - \lambda\Delta\theta\overline{q}_0\,] + \\ &P_0(\overline{\theta})\,[\,S(\overline{q}_0) - (1 + \lambda)\,\overline{\theta}\overline{q}_0\,] \end{aligned} \right\} +$$

$$2v\xi(1 - v\xi)\left\{ \begin{aligned} &P_1(\underline{\theta})\,[\,S(\underline{q}_1) - (1 + \lambda)\,\underline{\theta}\underline{q}_1 - \lambda\Delta\theta\hat{q}_1\,] + \\ &P_1(\hat{\theta})\,[\,S(\hat{q}_1) - (1 + \lambda)\,\hat{\theta}\hat{q}_1\,] \end{aligned} \right\} +$$

$$v^2\xi^2\,[\,S(\underline{q}_2) - (1 + \lambda)\,\underline{\theta}\underline{q}_2\,]$$

$$\tag{4-38}$$

上式的一阶条件为

$$S'(\underline{q}_0) = S'(\underline{q}_1) = S'(\underline{q}_2) = (1 + \lambda)\,\underline{\theta} \tag{4-39}$$

$$S'(\hat{q}_0) = (1 + \lambda)\,\hat{\theta} + \lambda\,\frac{P_0(\underline{\theta})}{P_0(\hat{\theta})}\Delta\theta = (1 + \lambda)\,\hat{\theta} + \frac{v(1 - \xi)}{2(1 - v)}\lambda\Delta\theta \tag{4-40}$$

$$S'(\overline{q}_0) = (1 + \lambda) \, \overline{\theta} + \lambda \, \frac{P_0(\underline{\theta}) + P_0(\hat{\theta})}{P_0(\overline{\theta})} \Delta\theta \qquad (4\text{-}41)$$

$$= (1 + \lambda) \, \overline{\theta} + \left[\frac{v^2 \, (1 - \xi)^2}{(1 - v)^2} + \frac{2v(1 - \xi)}{(1 - v)} \right] \lambda\Delta\theta$$

$$S'(\hat{q}_1) = (1 + \lambda) \, \hat{\theta} + \lambda \, \frac{P_1(\theta)}{P_1(\hat{\theta})} \Delta\theta = (1 + \lambda) \, \hat{\theta} + \frac{v(1 - \xi)}{1 - v} \lambda\Delta\theta \quad (4\text{-}42)$$

将上述结论与不存在监督者的情形相对比,由(4-39)式与(4-15)式可以发现,$S'(\underline{q}) = S'(\underline{q}_0) = S'(\underline{q}_1) = S'(\underline{q}_2)$,即该机制设计对高危机自救能力的问题银行不会造成任何扭曲效应。

将(4-40)式与(4-16)式对比,由于 $\dfrac{v(1 - \xi)}{2(1 - v)} < \dfrac{v}{2(1 - v)}$,则 $S'(\hat{q}_0) < S'(\hat{q})$,又 $S' > 0$,$S'' < 0$,于是 $\hat{q}_0 > \hat{q}$,即完全信息不对称时,监督者将政府面对自救能力为 $\hat{\theta}$ 的问题银行却不知情的后验概率从 $2v(1 - v)$ 降为 $2v(1 - \xi)(1 - v)$,政府留给问题银行的预期租金也因此减少。在租金与效率的权衡中,政府救助可以承受的待偿债务由 $\hat{q}$ 提高至 $\hat{q}_0$,因此自救能力为 $\hat{\theta}$ 的问题银行救助范围被拓宽。

将(4-41)式与(4-17)式对比,由于

$$\frac{v^2 \, (1-\xi)^2}{(1-v)^2} + \frac{2v(1-\xi)}{(1-v)} - \frac{v(2-v)}{(1-v)^2} = \frac{v \, (1-\xi)^2 + 2(1-v)(1-\xi) + (v-2)}{(1-v)^2 / v}$$

$$= \frac{[v(1-\xi) - v + 2][(1-\xi) - 1]}{(1-v)^2 / v}$$

$$= \frac{-\xi(2 - v\xi)}{(1-v)^2 / v} < 0$$

则 $S'(\overline{q}_0) < S'(\overline{q})$,又 $S' > 0$,$S'' < 0$,于是 $\overline{q}_0 > \overline{q}$,即完全信息不对称时,监督者的存在使得政府面对自救能力为 $\overline{\theta}$ 的问题银行时,留给问题银行的预期租金减少,可承受的救助范围由 $\overline{q}$ 提高至 $\overline{q}_0$。

将(4-42)式与(4-16)式对比,当 $\xi \in \left(0, \dfrac{1}{2}\right)$ 时,$\dfrac{v(1 - \xi)}{1 - v} > \dfrac{v}{2(1 - v)}$,此时 $S'(\hat{q}_1) > S'(\hat{q})$,$\hat{q}_1 < \hat{q}$;当 $\xi \in \left[\dfrac{1}{2}, 1\right)$ 时,$\dfrac{v(1 - \xi)}{1 - v} \leqslant \dfrac{v}{2(1 - v)}$,此时 $S'(\hat{q}_1) \leqslant S'(\hat{q})$,$\hat{q}_1 \geqslant \hat{q}$。即部分信息不对称时,只要监督者的监督技术足够好(大于1/2的概率观察到一个可证实信号),就可以降低问

题银行预期租金，拓宽 $\hat{\theta}$ 类型问题银行的救助范围。

综上所述，引入监督者可以降低信息完全不对称条件下，政府面对中高自救能力机构却不知情的概率，减少租金浪费；在部分信息不对称条件下，监督效用有效发挥还需提升监督技术。其中，引入监督者不会扭曲 $\underline{\theta}$ 类型问题银行的待偿债务，但会向下扭曲 $\hat{\theta}$ 类型和 $\overline{\theta}$ 类型问题银行的待偿债务。同时，如图 4-3 所示，对于中等危机自救能力和低危机自救能力问题银行，其债务缺口存在如下关系：$\overline{q}_0^* - \overline{q}_0 > \hat{q}_1^* - \hat{q}_1 > \hat{q}_0^* - \hat{q}_0$，且 $\hat{q}_0 > \hat{q}_1 > \overline{q}_0$。

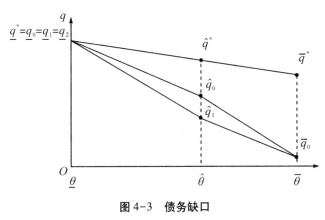

图 4-3　债务缺口

4.1.4　问题银行俘获监督者

4.1.4.1　防范合谋约束条件

假设问题银行可能俘获监督者。当监督者观察到可证实的信号 $\theta_i = \Delta\theta$，$i \in \{1, 2\}$ 或 $\theta_1 = \theta_2 = \Delta\theta$ 后，问题银行将提出隐瞒信号的要求，其中，问题银行愿意支付给监督者的最高贿赂是其预期援助租金。

如果中央政府在提供给监督者 $s(\sigma_1, \sigma_2)$ 的政府转移支付之后，问题银行就不能俘获监督者，那么由于存在严厉的问责机制或谈判的效率损失，监督者的效用函数需乘以系数 k，其中 $0 \le k \le 1$。令监督者向中央政府报告 2 个、1 个和 0 个可验证信息时，所获得的转移支付分别为 s_2、s_1 和 s_0，令 $s_0 = 0$，那么对监督者的政府转移支付需满足如下约束条件：

$$s_2 - s_1 \ge k\underline{U}_f^1 \tag{4-43}$$

$$s_2 - s_0 \ge k\underline{U}_f^0 \tag{4-44}$$

$$s_1 - s_0 \ge k\min\{\underline{U}_f^0 - \underline{U}_f^1, \hat{U}_f^0\} \tag{4-45}$$

（4-43）式表明，由于 $\underline{\theta}$ 类型的问题银行在监督者汇报了一个可证实信号后，可获得的最大救助租金为 U_f^1。对监督者的政府转移支付仅需大于 kU_f^1，它就不会被问题银行俘获。（4-43）式的约束条件可以激励监督者在发现两个可证实信号时，一定不会隐瞒其中任何一个。

（4-44）式表明，由于 θ 类型的问题银行在未被证实任何信号之时，可获得的最大救助租金为 $\underline{U}_f^0$。对监督者的政府转移支付仅需大于 $k\underline{U}_f^0$，那么监督者就不会被俘获。（4-44）式的约束条件可以激励监管者在发现两个可证实信号时，一定不会全部隐瞒。（4-43）式是（4-44）式的放松条件。

（4-45）式表明，$\underline{\theta}$ 类型问题银行不被揭露信号和被揭露一个信号的租金差为 $\underline{U}_f^0 - \underline{U}_f^1$；$\hat{\theta}$ 类型问题银行不被揭露信号的租金为 $\hat{U}_f^0$。监督者并不确定问题银行属于哪一类，对监督者的政府转移支付仅需大于上述两者中最小者的 k 倍，监督者就不会被俘获。（4-45）式的约束条件可以激励监督者在仅发现一个可证实信号时一定不会隐瞒。由于 $\underline{U}_f^0 - \underline{U}_f^1 = \Delta\theta(\overline{q}_0 + \hat{q}_0 - \hat{q}_1)$，$\hat{U}_f^0 = \Delta\theta\hat{q}_0$，从上文容易发现 $\hat{q}_0 > \hat{q}_1$，因此 $\min\{\underline{U}_f^0 - \underline{U}_f^1, \hat{U}_f^0\} = \hat{U}_f^0$。

综上所述，防范合谋的约束条件变为

$$s_2 \geqslant k\underline{U}_f^0 \tag{4-46}$$

$$s_1 \geqslant k\hat{U}_f^0 \tag{4-47}$$

4.1.4.2 最大化社会总福利函数

通过上文的分析，防止监督者被俘获的预期社会成本为 $\lambda[v^2\xi^2 s_2 + 2v\xi(1-v\xi)s_1]$，因此预期社会总福利为

$$W = (1-v\xi)^2 W_0(\hat{q}_0, \overline{q}_0) + 2v\xi(1-v\xi)W_1(\hat{q}_1) + v^2\xi^2 W_2 - \\ \lambda[v^2\xi^2 s_2 + 2v\xi(1-v\xi)s_1] \tag{4-48}$$

将理性参与约束、激励相容约束和防合谋约束代入上式，则：

$$
W = (1-v\xi)^2 \left\{ \begin{array}{l} P_0(\underline{\theta})\,[S(\underline{q}_0) - (1+\lambda)\underline{\theta}\underline{q}_0 - \lambda\Delta\theta(\overline{q}_0 + \hat{q}_0)] + \\ P_0(\hat{\theta})\,[S(\hat{q}_0) - (1+\lambda)\hat{\theta}\hat{q}_0 - \lambda\Delta\theta\overline{q}_0] + \\ P_0(\overline{\theta})\,[S(\overline{q}_0) - (1+\lambda)\overline{\theta}\overline{q}_0] \end{array} \right\} +
$$

$$
2v\xi(1-v\xi) \left\{ \begin{array}{l} P_1(\underline{\theta})\,[S(\underline{q}_1) - (1+\lambda)\underline{\theta}\underline{q}_1 - \lambda\Delta\theta\hat{q}_1] + \\ P_1(\hat{\theta})\,[S(\hat{q}_1) - (1+\lambda)\hat{\theta}\hat{q}_1] \end{array} \right\} +
$$

$$
v^2\xi^2[S(\underline{q}_2) - (1+\lambda)\underline{\theta}\underline{q}_2] -
$$

$$
\lambda[v^2\xi^2 k\Delta\theta(\overline{q}_0 + \hat{q}_0) + 2v\xi(1-v\xi)k\Delta\theta\overline{q}_0] \tag{4-49}
$$

一阶条件为

$$S'(\underline{q}_0^{one}) = S'(\underline{q}_1^{one}) = S'(\underline{q}_2^{one}) = (1 + \lambda)\,\underline{\theta} \qquad (4\text{-}50)$$

$$S'(\hat{q}_0^{one}) = (1 + \lambda)\,\hat{\theta} + \lambda\left[\frac{P_0(\underline{\theta})}{P_0(\hat{\theta})} + \frac{kv^2\xi^2}{(1 - v\xi)^2 P_0(\hat{\theta})}\right]\Delta\theta \qquad (4\text{-}51)$$

$$S'(\overline{q}_0^{one}) = (1 + \lambda)\,\overline{\theta} + \lambda\left[\frac{P_0(\underline{\theta}) + P_0(\hat{\theta})}{P_0(\overline{\theta})} + \frac{kv\xi(2 - v\xi)}{(1 - v\xi)^2 P_0(\overline{\theta})}\right]\Delta\theta$$

$$\qquad (4\text{-}52)$$

$$S'(\hat{q}_1^{one}) = (1 + \lambda)\,\hat{\theta} + \lambda\frac{P_1(\underline{\theta})}{P_1(\hat{\theta})}\Delta\theta \qquad (4\text{-}53)$$

将上述结论与无合谋的情况（4-39）式~（4-42）式相对比，容易发现仅（4-51）式和（4-52）式发生了改变。在部分信息不对称条件下，由于防范合谋约束条件（4-43）式没有发挥作用，因此有合谋情形的（4-53）式与无合谋情形的（4-42）式相等；在完全信息不对称且存在合谋条件下，政府面对中等自救能力问题银行而不知情的后验概率增加了，导致留给问题银行的预期租金增加，结果表现为 $S'(\hat{q}_0^{one}) > S'(\hat{q}_0)$ 和 $S'(\overline{q}_0^{one}) > S'(\overline{q}_0)$，又 $S' > 0$，$S'' < 0$，于是 $\hat{q}_0^{one} < \hat{q}_0$，$\overline{q}_0^{one} < \overline{q}_0$，即完全信息不对称时，合谋导致在支付防合谋成本之后，政府的最优决策是缩减对中低自救能力银行的救助范围。

特别地，越缺乏防止问题银行与监督者合谋的手段（k 越大），越可能增加不知情的后验概率，越使得最优契约对应的救助范围缩小；反之，当 k 越趋近于 0，则越接近于无合谋的情况。由此可见，增加合谋阻力将有利于提升社会总福利水平，具体手段可以通过标准化监管指标、加强对监督者的监管、建立监督者声誉机制等方式实现。

4.1.5 结论

通过上述分析可以发现，自救能力较强的问题银行会通过伪装为自救能力较弱的银行，来获取超额救援租金；通过引入监督者，在信息完全不对称条件下，将降低政府面对中高自救能力机构却不知情的概率，减少租金浪费；在适度的信息不对称条件下，若要监管效用有效发挥则需使监管技术达到一定水平；然而，由于问题银行试图俘获监督者，社会总福利函数在扣减了防合谋成本之后，救助效率被迫降低。

为了减少合谋发生的概率，或者增加合谋阻力，可以采取以下三项措施：一是问题银行类型的可观察信号应设置得更加标准化、简洁化，这有利于政府在统一尺度下确定救助范围，也有利于杜绝由于可观测信号过于隐蔽和晦涩而导致的难以监督监督者的情形。二是观测信号的监督者应运作规范，易于设置奖惩机制。从这个角度来讲，当地方政府的奖惩机制设置并不仅仅局限于防风险目标，还兼具经济发展等目标时，地方政府不适合作为监督者，因为这两类目标本质上是相互矛盾的，容易产生错误激励。尽管对地方政府分权可以获得更多信号来源，但如若没有相应的手段防范政府道德风险，将导致防合谋成本持续攀升。三是观测信号的监督者应具备一定的监管技术，以保证信号的正确率，并通过提升获得可证实信号的概率降低防合谋成本。地方监管机构若能摆脱地方政府的干预，并得到相应的监管指导，则完全可以作为监督者使用。综上，无论是标准化可观察信号，还是规范化监督流程，抑或是专业化监督团队，银行业作为被救助对象都应纳入评判指标更透明和问责机制更统一的监督、保险、清算制度化框架之中。

4.2 金融分权与救助对象识别

在我国财税分权和原有的分业监管体制下，金融分权下的救助机制与对象识别密不可分。针对财税分权引致的地方政府金融分权，严格的救助对象识别有利于防范地方政府道德风险。地方政府拥有显性财政分权，并在发展地方金融机构及市场和控制地方金融机构所有权、经营权、人事权等方面，拥有隐性的金融分权。由于地方政府与被救助对象在区域经济发展、政府持股收益等方面存在千丝万缕的关系，使得地方政府极易被问题银行所绑架，最终影响救助效率。其次，针对原有的分业监管体制，救助对象识别有利于规范政府救助行为。监管机构拥有金融机构市场准入、日常监管的金融分权。若被监管的问题金融机构破产，则监管机构的监管权力范围将缩小。因此，问题银行也可能俘获监管机构，进而在政府救助中寻租。因此，提高被救助对象的透明度与市场约束力，需从以上两方面进行救助对象识别。

4.2.1 金融发展权与救助对象识别

在隐性的金融发展分权之下，地方政府非常重视对地方经济持续稳定发展有积极意义的各类资源。鄂尔多斯房地产崩盘时，当地地方政府为减少房地产企业资金断裂给当地经济、社会带来的负面冲击，积极筹备救市计划。希望通过鼓励大型房企兼并中小房企、促进银行对房企的信贷支持、回购部分房地项目用作保障房等方法稳定市场价格。然而，市场价格规律远不是政府所能左右的，不具备投资价值的中小房企根本无力促成其被兼并或重组；银行信贷决策绝大部分不受地方政府影响；保障房的回购标准也有诸多限制。可见，没有机制保证的救助意愿只能限于空谈。

银行无疑是重要的金融资源，对经济有着"加速器"的促进作用，地方政府的隐性金融发展分权下，一旦银行（特别是区域性银行）经营失败，将激发出地方政府极大的救助动力。利用兼并重组化解问题银行风险不失为一种方法，但前提是坚持依法、自愿和市场原则。如果地方政府忽视市场原则，强行运用行政手段对辖区银行进行合并重组，不但无法保证各家银行日后经营的积极性，而且容易陷入一出现风险事件地方政府就要担责的恶性循环。

江苏银行的新设合并是一个行政合并的例子。合并之前，盐城等六家城市商业银行共需弥补预期资产损失准备缺口25.43亿元。其中，江苏省财政2006年12月拨款2亿元，江苏国际信托投资公司将23.43亿元资金缺口发行专项五年期信托产品。该产品由江苏省财政分年度支付8亿元，由剥离资产清收等方式支付15.43亿元，产品利息由净资产为负的五家城商行所在地市级财政支付。由于资产清收风险较大，江苏银行全资回购了该信托产品，资金来源有江苏银行未来的部分收益，市级政府财政补贴和实际已回收资产等。剥去信托产品的外壳，本质上地方政府最终承担了几乎全部的偿付风险。

另一个行政合并的例子是吉林银行。吉林银行由长春城商行、吉林城商行和辽源城信社三家机构合并而成。2005年，长春市政府以40亿元土地和现金，置换长春市商业银行不良资产。长春市商业银行剥离不良资产后的资本金仅为10亿元。与此相似，吉林市政府剥离吉林市商业银行不良资产，辽源市政府剥离辽源城市信用社不良资产。最终三家机构合并时，新成立的吉林银行的资本金大大提升。

纵观大量城市商业银行的引资、合并、重组，地方政府普遍使用税收政策、土地资源、国企资源等，主导各地商业银行重组进程（如表4-1所示）。尽管问题银行在获得地方政府援助后暂时化解了生存危机，但其公司治理并未有实质性改善。在真实的金融市场竞争环境下，只有建立健全公司治理，明确市场定位，才有能力应对突如其来的风险。

表 4-1 地方政府行政力量主导的银行兼并重组

年份	银行	事项
2005	徽商银行	合肥、芜湖、安庆、马鞍山、淮北、蚌埠 6 家城商行和六安、铜陵、淮南、卓阳科技、卓阳鑫鹰、卓阳银河、卓阳金达 7 家城信社
2007	江苏银行	苏州、扬州、无锡、连云港、镇江、徐州、南通、盐城、常州、淮安 10 家城商行
2007	吉林银行	长春、吉林 2 家城商行和辽源城信社,后又吸收兼并白山、通化、四平、松原 4 家城信社
2009	龙江银行	齐齐哈尔、牡丹江、大庆 3 家城商行和七台河城信社
2009	长安银行	宝鸡、咸阳 2 家城商行和渭南、汉中、榆林 3 家城信社
2010	华融湘江	岳阳、衡阳、株洲、湘潭 4 家城商行和邵阳城信社
2011	湖北银行	黄石、宜昌、襄樊、荆州、孝感 5 家城商行
2011	甘肃银行	平凉、白银 2 家城商行
2012	贵州银行	遵义、六盘、安顺 3 家城商行
2014	中原银行	开封、安阳、鹤壁、新乡、濮阳、许昌、漯河、三门峡、南阳、商丘、信阳、周口、驻马店 13 家城商行
2015	江西银行	南昌银行兼并景德镇城商行

从上文分析可见,由于金融发展权与地方政府目标函数高度一致,银行经营风险极易激发地方政府救助行为。金融分权下的危机救助机制需进行严格的对象识别,才能引导和转化地方政府救助动力,避免产生政府道德风险。一来,对商业银行而言,有利于加强监督中小商业银行的运营规范性。中小银行依赖政府扶持与救助并不利于其自身发展。从竞争公平性而言,行政力量干预下的政府救助行动往往使得好银行不得不接受坏银行的历史包袱,挫伤其稳健经营的积极性,降低其核心竞争力;二来,对地方政府而言,有利于理顺地方政府的历史责任。地方政府干预属地金融机构,表面上获取了金融资源,事实上也给自己套上了枷锁。问题银行的不良贷款"历史包袱"是由行政干预的"历史原因"所致,地方政府很难撇清责任。进行严格的救助对象识别可以让地方政府彻底摆脱这种恶性循环;三来,对中央政府而言,有利于推进适度分权改革,赋予地方政府营救区域重要性金融机构的手段。集权化的危机救助体制下,由于担心市场道德风险,区域重要性金融机构可能并不会受到救助。但是,我国幅员辽阔,经济结构的差异化长期存在,如果不赋予地方政府营救区域重要性金融机构的手段,难以遏制地方政府的非市场化营救冲动。建立救助对象识别

与筛选，可以适度扩大救助范围，通过让地方政府承担区域重要性问题银行的救助成本，由中央把控救助程序等方法，解决仅在区域内传染的危机救助难题。

4.2.2　金融控制权与救助对象识别

我国中小银行的股权结构不尽合理。以城商行为例，从1994年城市信用社改组之初就基本确立了地方政府对城市商业银行的控股地位。地方政府"一股独大"导致城商行演变为地方政府的准财政部门。地方政府不仅行使了股东的职责，还控制了人事任命、经营决策，使得银行的运行机制呈现为行政式，而非市场式。

虽然经历了长时间的股权结构改革，但地方政府对于属地中小银行的股权结构调整依然有很强的影响力。当中小银行经营失败时，地方政府往往通过引入其他股权投资者对问题银行展开救助。例如，中石油集团收购了经营不善的克拉玛依市商业银行，成立昆仑银行；长城资产管理公司收购官司缠身的德阳银行，成立长城华西银行等。表面上看，地方政府的救助难题与企业对银行牌照的战略布局一拍即合。然而，出于避免国有资产流失等原因，银保监会对商业银行股权的购入方有着严格的审批程序，地方政府可能需要多方寻找购买方，甚至以地方政府的其他优势资源作为交换吸引潜在投资者；除此以外，地方政府积极促成的救助行动在日后存在隐患，金融控股公司和实体企业办金融给监管增加了难度。

对问题银行兼并收购的核心在于能稳定金融环境、保护存款人利益。鉴于银行业的外部性和脆弱性，首先应严格界定并购方的资格，包括其资产规模、资产质量、经营状态等。其次，明确并购的权利与义务、并购的方式与标准、并购的交易形式与资产评估方式等。如何购买其资产，如何承担其债务，股权交易是入股还是控股形式等，都需事前明确。最后，监管机构应跟踪并购后的重整措施，对整顿改组、财产清理、债权催收等一系列行动进行关注。潜在并购方是否愿意并购问题银行，应出于市场化的考量，且交易价格和交易条件应由相关当事方自行协商，避免政府的行政干预和强行指派。特殊情况下，政府可以对并购方给予政策优惠，但需明确优惠政策的期限。

通过建立一套针对问题银行的收购重组的筛选系统，能降低地方政府对于属地银行股权结构的行政干预。一来，建立规范化的收购流程，分散的审批标准将得以统一，提高救助的成功率与时效性；二来，收购重组筛选系统能约束地方政府行为，使问题银行在进入救助流程后，地方政府只能行使股东权益，而无法采取非市场化的行政干预；三来，收购重组筛选系统将增加救助手段，兼并收购方可以不限于央企、地方国企等，符合条件的私人部门也可以参与对问题银行的救助，但是，不符合条件的公司，无论是否有政府背景都应坚决否定其收购计划，避免日后隐患；四来，当问题银行股权无人问津，破产清算在所难免时，应当预留适当的退出通道，建立有序的清算机制，这有利于维护公平的行业竞争环境。

4.2.3　金融监督权与救助对象识别

金融监督权的集权性、从属性、分片性，导致金融监督权问责的乏力和不足。监管机构拥有金融机构市场准入、日常监管的金融分权。若问题银行破产，则监管机构的监管权力范围将有所缩小，因此，问题银行可能俘获监管机构，进而在政府救助中寻租。只有建立权力制约，才能解决决策与执行的权力不匹配问题，进而落实对监督者进行监督的问责机制。

进行危机救助机制的对象识别的筛选，是制衡金融监督权的有效途径。在救助对象识别与筛选的保障之下，有资本、有人才、有经验的同行兼并收购可以顺利开展，行业资源可以得到较好的整合，行业经验、经营模式可以成功移植，这对化解行业风险具有积极意义。中小银行"做大做强"的愿望可以分为两个层面：第一个层面，在政府救助预期下"做大做强"可以提升被救助的可能性。救助对象识别与筛选（特别是有序清算机制的建立）有助于打消银行业对政府救助的过度依赖，将行政化救助预期转化为对市场化处置手段的预判，消除中小银行非理性的跨区域经营冲动。第二个层面，有实力的中小银行希望通过兼并收购扩大业务规模，这个层面的业务扩张应该得到支持。对中小银行的跨区域经营宜疏不宜堵，摒弃非理性冲动，拾取理性决策，引导健康的战略文化。

4.3　案例分析：欧债危机中关于分权与统一救助对象的探讨

我国的政府组织形式与欧盟有很多相似之处。一是决策自由度相似，我国M型政府组织形式将互补任务组合到各个地方政府，并使用相应指标（如地区业绩指标）激励竞争，地方政府在地方经济发展的决策自由度上类似于欧盟成员国；二是权利配置相似，我国地方政府无法干涉货币政策，但对地方财政有一定自主权，这也与欧盟统一货币政策、自主财政政策的情形相似。同样，在危机救助中，我国地方政府的预算赤字冲动也与欧盟各国的情形大同小异。针对我国地方政府的软预算约束问题，《中华人民共和国预算法》颁布后正积极推动财税体制改革；针对银行业危机救助问题，改革方向应更偏重于适度分权，一方面分权有利于从不同角度应对各类银行业风险，避免救助套利，另一方面风险防范需要统一银行业的监管、存款保险与有序清算制度，保障市场秩序的一致性。

在欧债危机中，可以看到有关分权与统一救助对象的些许启示。

美国爆发次贷危机给欧洲经济带来了严重的负面冲击。欧洲央行应对危机时利率政策调整节奏慢且调整不到位，主要源于政策制定和实施需平衡各成员国利益。由于统一的货币政策应对机制相对滞后，各国政府纷纷开展扩张性财政政策试图避免经济陷入停滞。

欧盟的财政纪律源于 1993 年生效的《马斯特里赫特条约》和 1997 年生效的《稳定与增长公约》，主要核心是政府债务率不能超过 60%，赤字率不能超过 3%。但是，在全球金融危机的这轮财政扩张中许多欧元区成员国违反了上述标准，却并未受到实质性惩罚，由此形成的负向激励加速了成员国的预算赤字冲动。

图 4-4 表明，负面冲击造成各国财政政策加速扩张，欧洲地区的赤字率在 2008 年以后急剧上升，最终导致主权债务激增，财政约束较弱的边缘国家随之爆发主权债务危机。

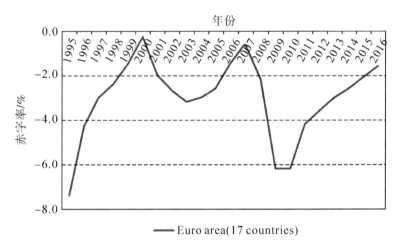

图 4-4　欧洲 17 国赤字率

2010 年 4 月 23 日，希腊正式向欧盟与 IMF 申请援助，标志着欧债危机爆发。最初的救助计划除了国际货币基金组织（IMF）出资 300 亿欧元救助希腊外，欧盟领导人同意再出资 800 亿欧元。仅在希腊救助计划出台一周后，2010 年 5 月 10 日，欧盟领导人再次决定出资 5 000 亿欧元救助经济情况受危机的多个成员国，并要求国际货币基金组织再提供额外的 2 500 亿欧元支持。

欧债危机的爆发，本不会让欧元陷入危机，仅是过分依赖借入资金的欧元区边缘国家无法再以较低的融资成本在资本市场继续融资。然而，欧洲银行体系大量持有希腊等国债券，银行疯狂扩张信贷使得危机牵一发而动全身，边缘国主权债务问题迅速向整个欧洲蔓延。

从欧洲各国政府总债务率（如图4-5所示）的规模和增长速度来看，相继爆发危机的"欧猪五国"（葡萄牙、意大利、爱尔兰、希腊、西班牙）都有政府总债务率过高或迅速攀升的过程。债务指标的急剧恶化造成借债成本高企，借款成本大幅增加又会进一步加重财政负担。虽然借债成本变化还与评级机构快速下调危机国评级有关，但债务指标恶化始终是根源。

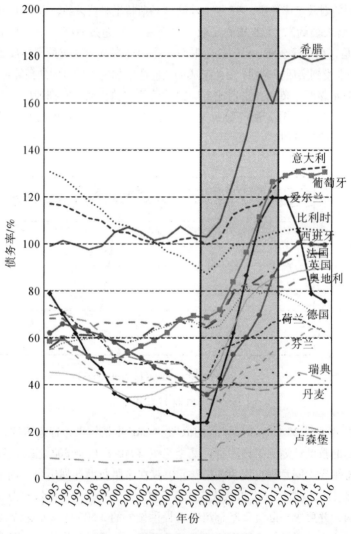

图4-5 欧洲各国政府总债务率

新一轮的欧债危机救助更是困难重重，独立国家之间的联盟很难在救助层面上达成一致意见。

首先，核心国家不愿意为缺乏公共债务约束的边缘国家买单。欧元的设立为欧洲稳定及一体化做出了重要贡献，但也导致欧元区边缘国家投资过热和高福利支出盛行的道德风险。以希腊为代表的边缘国家经济发展水平相对较低，资源配置不合理且极其依赖外债。有观点认为欧债危机与欧元区贸易不平衡相关，通过适当消减贸易顺差国竞争力可以使欧洲发展趋于均衡。但是，预算赤字冲动才是各国非均衡发展的主要原因。早在 2007 年德国、奥地利和荷兰（前德国马克有效区）的经常账户顺差就出现过拐点，2008 年其他 13 国的经常账户逆差也达到峰值（2 800 亿欧元），这表明前德国马克有效区由贸易顺差带来的资本对外投资早已经开始回流，这本就有利于遏制边缘国家投资过热和贸易顺差持续扩大，然而预算赤字冲动放缓了这一趋势。具体如图 4-6 所示。

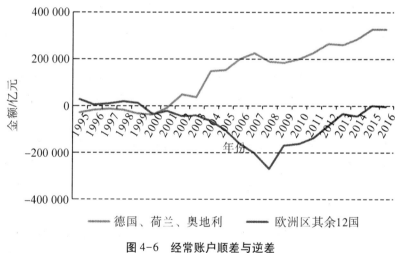

图 4-6　经常账户顺差与逆差

其次，欧盟达成的欧元一揽子救助计划，目的是为了降低国家违约风险，缩小各国间利差，然而却形成了欧元区的软预算约束。受主权债务危机影响，欧元区银行陷入资本严重不足的境况，政府若花掉大量财政收入救助银行，又会进一步加剧国家债务负担。由于各国银行相互持债，导致道德风险凸显，例如：陷入危机的西班牙首相呼吁欧洲对西班牙银行业直接提供援助资金，而无须要求西班牙政府接受援助计划，这显然不能获得非危机国家的支持。类似的争论随处可见，市场上各国利差在救助计划达成之后（例如 2010 年 9 月）比危机爆发之初（2010年5月）还要大，其中一部分体现了市场对于道德风险的担忧。

综上所述，跨国救助中单个政府的财政分权是导致主权债务危机与银行业危机相互传染的重要原因之一。为提升整个经济体系应对负面冲击的修复能力，欧盟对原有的分权体系展开一系列改革。针对分权的改革有效推动了欧盟救助计划的开展，主要改革措施有如下三项：

（1）欧盟财政契约。为从根本上遏制预算赤字冲动，2011年12月10日，欧盟峰会提出《欧洲经济货币联盟稳定、协调和治理公约》（简称《财政契约》），意在对欧盟各成员国实施更严格的财政纪律，对违反财政纪律的国家自动处以惩罚等。该财政契约需获得至少12个欧元区成员国批准方能生效。2012年6月，欧盟27国领导人还正式通过了《增长与就业契约》，为欧盟财政契约补充了促进增长条款。

（2）欧洲稳定机制。除加强财政纪律以外，欧洲稳定机制（ESM）于2012年10月正式生效，其主要任务是为成员国提供金融救助（条件严格），提升受助国从金融市场自筹资的能力，保持受助国国债的可持续性。在此之前建立的临时性（2013年6月到期）欧洲金融稳定基金（EFSF），主要针对希腊主权债务危机，ESM使得EFSF机制得以延续。2012年6月，西班牙10年期国债利率飙升至7%的危险水平，主权债务危机与银行业危机之间的恶性循环愈演愈烈。德国等国提出，由于银行监管权在成员国手中，不易对问题银行进行直接注资。ESM的生效为西班牙银行业带来了转机，ESM从2012年12月开始向西班牙政府提供经济援助，至2013年年底退出援助时，已累计提供413亿欧元帮助西班牙银行业完成资本重组。为期一年的西班牙援助计划成为ESM机制的成功案例。

（3）银行业联盟。2012年6月举行的欧盟领导人峰会提出了建立银行业联盟的三大构想："单一清算机制""单一监管机制"和"共同存款保险机制"。①"单一清算机制"。其旨在引导银行股东及债权人在面临破产时积极自救，而不是依赖于政府救助。且"单一清算机制"有助于让资不抵债的银行进行有序破产，维持金融体系的稳定。2014年3月，欧洲议会、欧盟委员会和欧盟理事会经过长时间谈判，就银行业单一清算机制规则达成一致共识。②"单一监管机制"。2012年12月，欧盟财政部部长达成协议，赋予欧洲中央银行从2014年起统一监管欧元区银行业的新权利。财政部部长还决定，允许欧委会立即直接监管至少150家欧洲大型银行，并在一定情况下介入规模较小的银行。③"共同存款保险机制"。即建立一套机制完善的存款保险制度，来保护欧元区银行储户的存款。银行业危机与主权债务危机的交互传染，让欧盟陷入危机，单一的清算、监管和共同存款保险机制，是欧盟尝试架在两大危机之间的防火墙。

4.4 统一监管、加强自救——应急资本

危机爆发后，陷入流动性困境的问题银行一般情况下会积极开展自救。筹措短期资金的方法包括货币市场同业拆借、再贷款、再贴现、资产回购安排、资产变卖等，还可使用降薪裁员、降低股利发放等方式降低运营成本。但是，短期资金在危机时期非常紧俏，可能面临市场流动性枯竭的风险。因为系统性风险隐患下总是现金为王，即使当期没有流动性需求的金融机构，也会在预期未来趋势后囤积现金。市场统一行动会导致恐慌情绪，造成市场流动性瞬间枯竭，问题银行筹集短期资金可能难度极大、成本极高。另外，不确定性增加还可能导致高度信息不对称，也使得问题银行很难获得市场资金。而对于降薪裁员、降低股利发放等降低运营成本的方法，将面临极大的阻力和社会成本，并可能会向市场传递负面信息，诱使系统性金融危机爆发。

尽管央行可以通过各种途径稳定市场信心、避免非理性恐慌，如利用贴现窗口、公开市场操作等常规货币政策工具向市场释放流动性，但问题银行必须积极提升自身危机管理能力才能顺利渡过难关。其中，长期资金的筹集能力，更能反映出银行的危机自救能力。

银行资本是化解银行业危机的第一道防线。有效的危机救助监管框架要求对银行业及相关行业的金融监管应尽可能客观和透明。巴塞尔银行监管委员会（BCBS）在金融危机后指出，要提高银行资本的质量、一致性和透明度。BCBS提倡的"合格资本"（eligible capital），有利于问题银行在危机期间吸收损失，也有利于降低对问题银行的救助成本。我国监管资本工具的改革，一是要确保资本工具吸收损失的有效、有序、及时和统一性；二是要分别对各类资本工具建立严格的合格标准，以提高其损失吸收能力。

4.4.1 应急资本的提出背景

2007年的全球金融危机暴露出原有资本监管规则存在严重问题。陈明、

杨海平（2013）认为，一是金融工具过度创新，导致除普通股以外的其他资本不能很好地发挥吸收损失的功效，表面的高资本充足率并不足以维持银行持续经营；二是资本监管框架的顺周期性，加大了经济周期波动，不利于金融稳定；三是危机处理方式过于依赖政府救助，缺乏自救。

2013年1月6日，《巴塞尔协议Ⅲ》（下文简称"巴塞尔Ⅲ"）发布其最新规定。在强化商业银行资本的损失吸收能力方面，巴塞尔Ⅲ将原来划分一级资本与附属资本，变更为划分核心一级资本（Conmmon Equity Tier 1）、其他一级资本（Additional Tier 1 Capital）和二级资本（Tier 2 Capital）。其中，前两者为商业银行持续经营（Going-Conern）情况下能用于吸收损失的资本。核心一级资本主要指普通股、股本溢价、留存收益等，其他一级资本要求期限永续、票息自主支付、不含赎回激励条款（如利率跳升、股息随银行资信调整）等，以保证该类资本工具吸收损失能力的稳定性和统一性。其他一级资本主要指优先股与其他无期限资本工具。二级资本为商业银行破产清算（Gone-Concern）情况下能用于吸收损失的资本，其合格标准要求必须有转股或减记等损失吸收条款，且不含损害资本特征的条款（如利率跳升、设定赎回权等可能缩短资本工具期限的条款），不具有信用敏感性特征（防止经营困难时期雪上加霜）。

按照"巴塞尔Ⅲ"的资本定义及合格标准，我国2013年开始实施的《商业银行资本管理办法（试行）》（下文简称"新资本管理办法"）在资本定义、风险加权资产计量、全面风险治理架构和审慎资本监管要求等方面，与国际标准保持了基本一致。新资本管理办法鼓励上市银行和拟上市银行积极开展资本工具创新，要求其他一级资本和二级资本都必须包含转股或减记条款，并且分别对触发条件进行了规定。其他一级资本的触发条件为商业银行核心一级资本充足率降至5.125%及以下；二级资本的触发条件为监管判断，即下述两类情形之一：①银保监会认定若不进行转股或减记，则该商业银行无法生存；②相关部门认定若不进行公共部门注资或提供同等效力的支持，则该商业银行无法生存。当其他一级资本的触发条件成立时，其他一级资本可全额转股（减记）或部分转股（减记）；当二级资本的触发条件成立时，其他一级资本和二级资本都应全额转股（减记）；对减记类资本工具的投资者进行损失补偿时，必须采用普通股形式。具体如表4-2所示。

表 4-2　新资本管理办法的监管要求

		核心一级资本/%	一级资本/%	总资本/%
最低资本要求		5	6	8
储备资本要求		2.5	—	—
逆周期资本要求		0~2.5	—	—
系统重要性银行附加资本要求		1	—	—
正常时期	系统重要性银行	8.5	9.5	11.5
	其他银行	7.5	8.5	10.5
危机时期	系统重要性银行	11	12	14
	其他银行	10	11	13
第二支柱资本要求		基于判断的灵活性要求		
过渡期		最迟 2018 年年底前达标，鼓励提前达标		

在 2013 年以前，我国商业银行补充资本的途径主要有四个：一是通过发行股票筹集资本。我国企业融资的主要渠道是银行间接融资，由于信贷增速与经济增速同步，意味着银行的资本也需保持与经济增速相似的高速增长。发行股票筹集银行资本的途径成本高，而且极易对资本市场造成冲击。二是通过利润留存筹集资本。利润留存在报表中表现为资本公积、盈余公积、一般风险准备等，该途径对提升资本充足率效果不明显，长期不分红也会降低新股发行的吸引力。三是通过可转债筹集资本。该途径在新资本管理办法实施后需做相应调整，按照规定，2013 年前发行的设有赎回机制、利率跳升机制的可转债已不满足监管资本的合格条件，新资本管理办法要求之前发行的可转债从 2013 年起逐年递减 10%，分十年时间退出市场。四是通过次级债和混合资本债筹集资本。我国 2004 年推出次级债券（期限一般在 5 年以上），2006 年推出混合资本债券（期限一般在 10 年左右），但发行规模一直远低于可转债。

巴塞尔Ⅲ提出的应急资本要求，不仅从数量上提高了商业银行资本要求，也从质量上提升了资本的损失吸收能力。我国商业银行资本结构的长期单一化，迫切需要创新资本工具拓宽增资渠道。一级资本方面，可以提升其他一级资本与普通股的比例，避免其他一级资本缺位。二级资本方面，应逐步退出不确定性极大的原有可转债，换之以更具资本属性、包含转股或减记条款的损失吸收资本工具。应急资本要求实质性改善了危机救助的自救程序，并在统一的框架下突出了银行的监管重点，将救助行动规则化、制度化、透明化，有效保证了政府救助在私人部门充分承担风险之后再展开行动。此外，由于在二级资本触发条件中预留了政策的自由裁量权，还保障了危机救助时必要的灵活度。具体如图4-7所示。

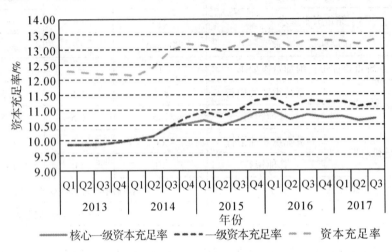

图4-7　2013—2017年我国银行业总体资本充足率

我国工、农、中、建四大银行均已入选全球系统重要性银行名单，当前，四家系统重要性银行的资本充足率较2013年均有显著提升。其中，工商银行、中国银行、建设银行的核心一级资本充足率均高于11%，一级资本充足率均高于12%，资本充足率均高于14%，农业银行各项指标略低，但也显示出我国系统重要性银行的资本实力显著增加，能更加有效地抵御风险。如图4-8所示。

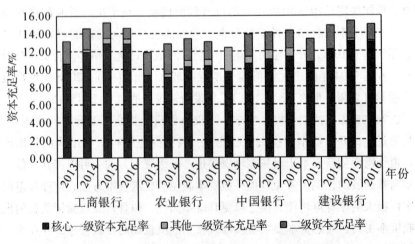

图4-8　2013—2016年我国SIBs资本充足率

4.4.2　新型其他一级资本

巴塞尔Ⅲ出台后，我国新资本管理办法进一步提升了资本监管标准。规定指出，商业银行核心一级资本、一级资本和总资本充足率需达到5%、6%和8%，并设置抵御经济周期波动的超额资本2.5%（由核心一级资本满足），系统重要性银行另需设置附加资本要求1%（由核心一级资本满足）。国内大型银行在2018年底前已逐步达到一级资本充足率9.5%、总资本充足率11.5%的最低资本要求，非系统重要性银行则需满足总资本充足率10.5%的最低资本要求。

巴塞尔Ⅲ和各国的资本监管办法均定义核心一级资本为普通股与留存收益，但给其他一级资本留有一定创新空间。根据合格资本的应急条款设定，新型其他一级资本可以是可转股的优先股（无累积）和一级债券资本（永续，且前5年不可赎回），也可以是可减记的一级债券资本（永续，且前5年不可赎回）。巴塞尔Ⅲ颁布以后，各国陆续推出了符合合格资本条件的其他一级资本工具。2011年1月19日，荷兰合作银行（Rabo bank）推出首例包含减记条款的20亿美元永续非累积资本证券，票面利率8.375%，每半年支付，银行可在2016年7月19日后任何时间选择赎回。该证券规定，当一级资本低于8%，或央行认为股权资本比率将低于8%时，根据缺口比例永久减记；当银行无法持续经营时，该证券全额永久减记。荷兰合作银行这款资本债券的投资认购愈3倍。2011年4月6日，塞浦路斯银行（Bank of Cyprus Group）发行了13亿欧元包含转股条款（首例）的永续可转换资本补充证券（CECS）。其中，欧元债券票面利率2016年6月30日前为6.5%，之后调整为Euribor+300基点；美元债券票面利率2016年6月30日前为6%，之后调整为Libor+300基点，利息支付非累积，每半年支付，可在2016年6月30日后以一级资本填补赎回金额，该证券规定：在2016年5月16日之前，投资者可自主转股；在此之后，当普通股比率小于5%，或央行认为该银行不满足资本要求时，强制转股。2012年1月12日，巴西银行（Banco do Brasil）发行了10亿美元永续非累积的次级证券，票面利率9.25%，每半年支付，银行可在2023年4月15日后每个付息日选择赎回，该证券规定，当普通股比率小于6.125%，或监管部门规定的一级资本最低触发水平出现时，强制减记。2012年7月26日，俄罗斯外贸银行（VTB Bank）发行了10亿美元永续一级债券，票面利率9.5%，每半年支付，银行可在2022年12月6日后每个付息日赎回，该证券规定，当一级资本充足率低于最低要求的75%或央行制定的更低触发点时，强行减记。

4.4.2.1　银行优先股

(1) 优先股历史与国际经验

优先股起源于 17 世纪的欧洲，在美国 19 世纪 40~50 年代的铁路大建设时期，20 世纪初和 20 世纪 80 年代的并购浪潮中均被广泛使用。1996 年，美联储首次允许优先股计入银行核心资本。巴塞尔Ⅲ提高资本监管要求之后，优先股的原始产品特征与新资本监管框架下的合格资本要求高度吻合，被各国商业银行纷纷用于补充其他一级资本。美国商业银行一直使用优先股作为补充一级资本的工具；2012 年以后，澳大利亚商业银行开始尝试发行符合巴塞尔Ⅲ标准的优先股；2013 年以后，欧洲商业银行（如西班牙、英国等）开始发行符合巴塞尔Ⅲ标准的优先股，新加坡星辰银行、华侨银行、大华银行等亚洲银行开始发行优先股补充其他一级资本。

按照巴塞尔Ⅲ对合格资本的严格限定，优先股大致具有以下特征：

一是优先股股息可取消且非累积。为提升优先股损失吸收能力，巴塞尔Ⅲ规定了其他一级资本工具分红派息的自由度，即商业银行有权在任何情况下取消优先股的分红派息，以保证优先股股息随时可具备吸收损失的功能，且取消股息之后，银行不再负有继续偿付所欠股息的义务。与此相对，对优先股股东的权利保护体现在两方面：首先是普通股股息制动机制，即银行一旦取消优先股股息派发，必须同时取消普通股分红；其次是表决权恢复条款，即当优先股股东连续一段时期或累计多次未收到股息时，对其表决权的限制将得到一定放松，一般的设定是由全体优先股股东增选两个董事会席位。

二是优先股包含强制损失吸收条款。美国、澳大利亚及欧洲对于巴塞尔Ⅲ的执行规定有所差别，导致其强制损失吸收条款不同。美国版巴塞尔Ⅲ对优先股并未设定强制转股或减记的规定，其发行的优先股均不含有强制损失吸收条款；澳大利亚和欧洲版的巴塞尔Ⅲ都要求采用强制转股方式吸收损失，即当触发事件发生时，优先股将强制转换为普通股。对于转股价格，澳大利亚规定可按触发事件发生时的普通股价格，也可按发行日前普通股价格乘以 0.2~0.5 的折扣系数。这两种方式下，优先股的发行成本都较高，因为在这两种方式下，优先股投资者不仅需要承担银行的经营风险，还需承担银行股价下跌的部分或全部市场风险，但对于普通股股东来讲，稀释风险更小，有利于降低银行资产负债率，提高估值。欧洲规定的转股价格是发行日前普通股价格乘以 0.5~0.8 的折扣系数，相对于澳大利亚的低折扣系数，可以降低优先股的股息率和发行成本。

三是优先股的永续特征与较长赎回锁定期。巴塞尔Ⅲ规定一级资本工具至少五年不可赎回。美国商业银行发行的优先股中,有五年和十年两种不可赎回产品;欧洲商业银行发行的优先股中,多数为五年不可赎回,也有部分七年、八年、十二年不可赎回的产品。

四是优先股的股息率定价方式。美国商业银行发行的优先股中,股息率可以固定也可以固定转浮动。固定转浮动的股息率一般情况下固定期与赎回锁定期一致,赎回锁定期之后,股息率转为按付息频率调整。如付息频率为每季度派息一次,则浮动股息率一般调整为 3 个月 Libor 加固定利差,每 3 个月调整一次。欧洲商业银行发行的优先股中,浮动股息率的调整多为 5 年调整一次,一般采用五年期市场基准利率加固定利差。调整方式的差异可以反映投资者对优先股在首个赎回日是否可能被赎回的预期,以及对于股息调整后投资风险的判断。

美国拥有规模庞大的优先股市场。次贷危机前,2005 年美国上市优先股的市场规模为 1 930 亿美元;危机时期,由于部分优先股转换为普通股,加之违约率上升导致发行难度加大,因而美国优先股市场规模大幅萎缩;危机救助时期,政府大量利用优先股注资,又使其市场规模快速恢复至危机前水平(为普通股市场的 4%),金融企业优先股的占比也因此大幅攀升,在 2016 年的 S & P 优先股指数行业构成中,金融类占比达 73.1%。美国优先股市场的主要投资者是风险投资机构和优先股基金等机构投资者。美国税法规定:持有单个发行人 20% 以上优先股的机构投资者可抵扣红利收入 80% 的税金;持有单个发行人不足 20% 优先股的机构投资者可抵扣红利收入 70% 的税金。相对于机构投资者持有公司债券需缴纳利息收入联邦所得税,该项规定为机构投资者持有优先股给予了较大的鼓励。所有在美国市场发行证券的公司都需在美国证券交易委员会(the U. S. Securities and Exchange Commission, SEC)备案,SEC对优先股没有特殊备案要求。

欧洲市场。①英国:英国发行优先股历史悠远,但发展平缓,规模远小于美国市场。由于英国银行混业经营,监管制度较为严格,此外,英国银行属全能银行,融资需求也较低,因此,优先股的发行量并不是很多。尽管如此,伦敦交易所中金融行业优先股流通市值的占比也最大(约 66%)。②德国:德国优先股市场流动性较低,多数发行人是传统工业集团。德国股份法规定,优先股发行规模不能超过已发行股票总数的 1/2。德国将优先股分为有表决权优先股和无表决权优先股,当公司超过两年未支付股利或将优先权取消时,无表决优先股自动享有表决权。③法国:法国商事公司法规定,优先股发行规模不能超过公司资本的 1/2,上市公司不能超过公司资本的 1/4。④意大利:意大利优先股市场在取消税赋优惠政策后萎缩，发行人大都将优先股转换为普通股。⑤芬兰、瑞典：北欧国家将股票区分为低投票权股票（优先股）和高投票权股票（普通股），前者多由境外机构投资者持有，后者多由核心股东和境内机构投资者持有。

我国境外亚洲市场。①中国香港：香港优先股市场规模不大（股本占比约为普通股市场的 5.5%），且行业分布较为平均。优先股中大多数未在交易所挂牌上市，交易并不活跃。但由于香港市场的监管相对宽松，对优先股发行规模等均无限制，易受市场投融资需求推动。香港法律规定，可转换为普通股的优先股不享有表决权。②中国台湾：台湾优先股市场最早出现在 20 世纪 50 年代，虽然监管部门态度保守，并未鼓励企业发行优先股，但随着市场的发展，相关研究已日益增多。台湾相关法规规定，近三年或开业不足三年的税后平均净利润不足以支付股息者，以及已发行优先股但未能按期支付股息者，均不得公开发行优先股，优先股发行需详列股息率、清偿顺序、表决权等相关事宜。③日本：在日本，优先股与普通股和公司债的发行规模有着此消彼长的关系，日本银行业已将优先股作为补充资本的重要工具之一。《日本公司法典》规定，优先股发行规模不能超过已发行股票总数的 1/2，且优先股不享有选举董事或监事的权利。④韩国：韩国商法规定，优先股发行规模不能超过已发行股票总数的 1/4。

（2）我国发行优先股的实践

我国银行业发行实践优先股的时间并不长。2013 年 11 月 30 日，我国出台《国务院关于开展优先股试点的指导意见》；2014 年 3 月 21 日，证监会发布《优先股试点管理办法》。我国银行业优先股的基本特征有：清偿顺序在普通股之前，存款人、一般债权和次级债权之后；可在境内交易所发行，也可在境外市场发行；机构投资者作为认购主体将定期获得约定股息；银行取消派息不构成违约事件，且股息非累积（由于股息制动机制，若不能完全派发当期优先股股息，则银行不能向普通股股东支付分红）；发行银行拥有赎回自主权（前 5 年不可赎回）；仅当可使用同等或更高质量的资本工具替换被赎回优先股，或赎回后银行资本水平仍明显高于监管资本要求时，优先股才可被赎回，其中原股东有优先认购权。

2014 年，中国银行开启了我国首例境外优先股发行，为我国商业银行的新型其他一级资本工具扩宽了投资者类型。截止到 2017 年年底，我国上市商业银行优先股发行情况汇总如表 4-3 所示。

表 4-3　我国上市商业银行优先股发行情况

发行主体	规模/亿	发行日	币种	发行市场	利率	评级	优先股股东	认购倍数	转股价格/元、港元
中国银行	65	2014/10/23	美元	联交所	初始年股息率为 6.75%，每 5 年调整一次，为该调整期的五年期美国国债收益率加固定息差	穆迪：Ba2；标普：BB−	94% 亚洲投资者，6% 欧洲投资者	3.35	
农业银行	400	2014/11/13	人民币	上交所	初始年股息率为 6%（市场询价），每 5 年调整一次，为基准利率加固定息差（2.29%）	中诚信：AA+	100% 境内投资者		2.43
中国银行	320	2014/11/21	人民币	上交所	固定年股息率 6%	大公国际：AA+	100% 境内投资者		2.62
浦发银行	150	2014/11/28	人民币	上交所	初始年股息率为 6%（市场询价），每 5 年调整一次，为基准利率加固定息差（2.56%）	上海新世纪：AA+	100% 境内投资者		10.96
兴业银行	130	2014/12/3	人民币	上交所	初始年股息率为 6%（市场询价），每 5 年调整一次，为基准利率加固定息差（2.55%）	上海新世纪：AA+	100% 境内投资者		9.86
工商银行	345.5	2015/12/10	美元/欧元/人民币	联交所	美元和人民币部分，首 5 年股息率为 6%；欧元部分，首 7 年 6%	标普：BBB+	84.7% 亚洲投资者；7.1% 中东投资者；5.6% 美国投资者；2.6% 欧洲投资者	4.9	
浦发银行	150	2015/3/6	人民币	上交所	初始年股息率为 5.5%（市场询价），每 5 年调整一次，为基准利率加固定息差（2.24%）	上海新世纪：AA+	100% 境内投资者		10.96
中国银行	280	2015/3/13	人民币	上交所	固定年股息率 5.50%	大公国际：AA+	100% 境内投资者		2.62
农业银行	400	2015/3/18	人民币	上交所	初始年股息率为 5.5%（市场询价），每 5 年调整一次，为基准利率加固定息差（2.24%）	中诚信：AA+	100% 境内投资者	1.8	2.43
兴业银行	130	2015/6/17	人民币	上交所	初始年股息率为 5.4%（市场询价），每 5 年调整一次，为基准利率加固定息差（2.15%）	上海新世纪：AA+	100% 境内投资者		9.86
光大银行	200	2015/6/19	人民币	上交所	初始年股息率为 5.3%（市场询价），每 5 年调整一次，为基准利率加固定息差（2.05%）	上海新世纪：AA+	100% 境内投资者		2.72
交通银行	24.5	2015/7/29	美元	联交所	初始年股息率为 5%，每 5 年调整一次	穆迪：Ba3	境内外投资者	3.4	6.51（港元）

表4-3(续)

发行主体	规模/亿	发行日	币种	发行市场	利率	评级	优先股股东	认购倍数	转股价格/元、港元
工商银行	450	2015/11/18	人民币	上交所	初始年股息率为 4.5%（市场询价），每 5 年调整一次，为基准利率加固定息差（1.56%）	中诚信：AA	100%境内投资者		3.44
北京银行	49	2015/12/8	人民币	上交所	初始年股息率为 4.5%（市场询价），每 5 年调整一次，为基准利率加固定息差（1.55%）	上海新世纪：AA+	100%境内投资者		7.61
建设银行	30.5	2015/12/16	美元	联交所	初始年股息率为 4.65%，每 5 年调整一次，为该调整期的五年期美国国债收益率加固定息差（2.974%）	标普：BB；穆迪：Ba2	95% 亚洲投资者；5%欧洲及境外美国投资者	3.6	
南京银行	49	2016/12/23	人民币	上交所	初始年股息率为 4.58%（市场询价），每 5 年调整一次，为基准利率加固定息差（1.75%）	中诚信：AA	100%境内投资者		18.05
华夏银行	200	2016/3/23	人民币	上交所	初始年股息率为 4.2%（市场询价），每 5 年调整一次，为基准利率加固定息差（1.61%）	中诚信：AA+	100%境内投资者		14.00
北京银行	130	2016/7/25	人民币	上交所	初始年股息率为 4%（市场询价），每 5 年调整一次，为基准利率加固定息差（1.34%）	上海新世纪：AA+	100%境内投资者		9.86
光大银行	100	2016/8/8	人民币	上交所	初始年股息率为 3.9%（市场询价），每 5 年调整一次，为基准利率加固定息差（1.28%）	上海新世纪：AA+	100%境内投资者		2.72
交通银行	450	2016/9/2	人民币	上交所	初始年股息率为 3.9%（市场询价），每 5 年调整一次，为基准利率加固定息差（1.37%）	中诚信：AA+	100%境内投资者		6.25
南京银行	50	2016/9/5	人民币	上交所	初始年股息率为 3.9%（市场询价），每 5 年调整一次，为基准利率加固定息差（1.37%）	中诚信：AA	100%境内投资者		17.63
中信银行	350	2016/10/21	人民币	上交所	初始年股息率为 3.8%（市场询价），每 5 年调整一次，为基准利率加固定息差（1.3%）	大公国际：AA+	100%境内投资者		7.07
民生银行	14.39	2017/12/14	美元	联交所	4.95%		境内外投资者		

表4-3(续)

发行主体	规模/亿	发行日	币种	发行市场	利率	评级	优先股股东	认购倍数	转股价格/元、港元
招商银行	10	2017/10/25	美元	联交所	4.40%		40%非金融机构投资者；35%基金、资管、保险；24%银行、私人银行产品	3	21.06(港元)
江苏银行	200	2017/12/7	人民币	上交所	初始年股息率为5.2%（市场询价），每5年调整一次，为基准利率（3.89%）加固定息差（1.31%）	大公国际：AA	100%境内投资者		10.68
杭州银行	100	2017/12/22	人民币	上交所	初始年股息率为5.2%（市场询价），每5年调整一次，为基准利率（3.87%）加固定息差（1.33%）	中诚信：AA	100%境内投资者		20.82
上海银行	200	2017/12/25	人民币	上交所	初始年股息率为5.2%（市场询价），每5年调整一次，为基准利率（3.86%）加固定息差（1.34%）	上海新世纪：AA+	100%境内投资者		18.13
招商银行	275	2017/12/26	人民币	上交所	初始年股息率为4.81%（市场询价），每5年调整一次，为基准利率（3.87%）加固定息差（0.94%）	联合：AA+	100%境内投资者		19.02
建设银行	600	2017/12/27	人民币	上交所	初始年股息率为4.75%（市场询价），每5年调整一次，为基准利率（3.86%）加固定息差（0.89%）	中诚信：AA+	100%境内投资者		5.20

从表4-3可以看出，随着我国商业银行探索发行境内、境外优先股，逐渐呈现出如下趋势：

一是定价机制逐渐成熟。新型一级资本工具在国际市场上的定价机制主要采用倍数基础法，即以传统资本工具利率价格为基础，附加一部分溢价因素，最终完成定价。优先股的溢价因素主要包括损失吸收的触发条件（触发点及触发点以上的资本缓冲率）以及强制转股价格等。目前，国际上强制转股价格的确定包括三种方式：按优先股面值转换、按低于优先股面值转换和按转换时的优先股交易价格转换。对于后两者，投资者的风险都较高，且需承担一部分甚至全部的银行股价下跌风险，因此，相对应的溢价幅度更大。为避免复杂计算问题，有效降低投资者面临的银行经营风险和控制银行股价下跌的市场风险，避免不同票面金额优先股恢复表决权时可能存在的不公平等问题，我国证监会规定优先股不得折价发行，公开发行的优先股需通过市场询价或其他公开方式确定价格或票面股息率。

二是触发事件明确，损失吸收机制逐渐建立。在合格资本明确的设定标准下，新发行的优先股均包含损失吸收条款，增强了银行稳健运营的安全边界。按照《新资本管理办法》的设定，损失吸收将遵从如下顺序：①逆周期资本缓冲；②留存资本缓冲；③核心一级资本；④其他一级资本；⑤二级资本。优先股作为核心一级资本，其强制转股机制可以极大地保障银行在面临较大负面冲击时仍能平稳度过危机，具有较好的损失吸收能力，而其发行成本较普通股大幅下降。在上述已发行案例中优先股融资成本尚未超过7%，相对于普通股12%~15%的平均融资成本，大幅提升了资本的使用效率。此外，优先股还具有转股前不影响 ROE，并对净利润有正面影响等特征，这也极大地激发了银行的发行热情。

三是新型资本工具具有一定市场容量。由于包含损失吸收条款，新型资本工具评级普遍低于发行人评级，但是，这并不影响优先股的发行空间。市场普遍认为优先股触发事件发生概率较低，其认可度和需求量均较大，表现在市场认购倍数较大。此外，随着新兴市场国家投资吸引力增大，也为新型资本工具带来更大的发行空间。

（3）优先股作为政府注资工具

除发挥自救机制作用以外，优先股还可以作为危机救助过程中政府发挥资本补充作用的重要渠道。例如，在 2008 年的金融危机救助行动中，银行优先股成为美国政府救助的重要手段。政府通过购入问题银行可转换优先股，填补该银行流动性缺口，转股之后，政府再到二级市场将普通股进行出售。该救助方法不仅能有效帮助问题银行渡过流动性危机，还能通过定期获取固定的优先股股利对问题银行实施惩戒。更重要的是，能实现市场化的救助参与和退出。

2008 年美国陷入金融危机以后，市场交易基本冻结，金融体系面临崩溃。2008 年 10 月 3 日，为稳定市场信心、恢复市场秩序，美国国会通过《2008 年紧急经济稳定法案》（*Emergency Economic Stabilization Act*）。该法案的三个项目均使用优先股作为注资工具，对不良资产展开救助。

首先是 2008 年 10 月 14 日启动的"资本购买项目"。这是"不良资产救助计划"（TARP）中规模最大的救助行动，金额约为整个计划资金规模的三分之一，近 2 500 亿美元。直至 2009 年 12 月底"资本购买项目"完成，财政部共向 48 个州的 707 家金融机构购买了优先股或类似认股权证，其中，包括 450

家小银行和22家社区注册金融机构。"资本购买项目"购买的优先股被认定为一级资本，期限永续，规定前5年股息率为5%，五年后重置为9%（Kim和Stock，2012）。随着参与TARP计划的商业银行逐渐退出救助计划，优先股被商业银行全部或部分赎回（Wilson和Wu，2012）。

其次是"目标投资项目"。为获得灵活手段处理个别案例，2008年12月，美国财政部设立了该项目，以向系统重要性金融机构提供额外资金。系统重要性金融机构对公众信心有较大影响力，该项目可以有效遏制危机深化蔓延。美国财政部通过分别购买美国银行和花旗银行各200亿美元的优先股或类似认股权证，对两家银行进行了新的注资，而这两家银行也需按照高于"资本购买项目"的年利率，即8%的年利率给予财政部分红。两家银行共向财政部支付了30亿美元的红利，财政部通过出售花旗集团普通股获利30亿美元，出售权证获利80亿美元。

最后是"国际集团投资项目"。2008年9月12日，美国国际集团陷入严重的流动性困境。虽然美国财政部和美联储都不是美国国际集团的监管者，但是任由国际集团倒闭将带来灾难性后果，最终国会同意授权美联储向国际集团提供资金援助。2008年9月，纽约储备银行依据"稳定法案"，以国际集团优先股股票为抵押，向国际集团提供850亿美元贷款；11月，美国财政部出资购买国际集团400亿美元优先股和认股权证。同时，纽约储备银行出资225亿美元设立"Maiden Lane II"有限公司，收购国际集团住宅抵押贷款支持证券；又出资300亿美元设立"Maiden Lane III"有限公司，收购国际集团担保债务凭证；财政部还设立"股权资本便利"为国际集团提供资金支持。

4.4.2.2 银行永续债

（1）永续债推出背景

2018年以来，银行面临的资本补充压力持续增大。受资本充足率的限制，银行信贷扩张受到制约，影响了货币政策效果。一方面，银行行为是前瞻的，商业银行对能否及时补充资本存在疑虑，信贷投放意愿降低；另一方面，国内外形势复杂，尤其是考虑到影子银行收缩、中美经贸摩擦升级等因素，需必要的信贷投放为经济平稳运行作支撑。因此，商业银行资本不足对信贷投放造成较大约束。

2018年12月25日，金融委办公室召开专题会议，研究多渠道支持商业银行补充资本有关问题，推动尽快启动永续债发行。

从银行永续债与非银行永续债的区别来看，两者在命名、发行目的、赎回条款、清偿顺序、减记/转股条款、利率跳升惩罚条款、递延/取消支付利息条件等方面存在些许差异。其中，由于发行银行永续债与我国现行公司法有冲突，监管将永续债到期日设为银行的存续期，解决了永续债既要符合公司法关于债券有期限的要求、又不能有固定期限以符合作为一级资本的监管规定之间的矛盾。具体如表4-4所示。

表4-4   对比银行永续债与非银行永续债

对比项目	银行永续债	非银行永续债
债券名称	在银行间市场发行，命名为"无固定期限资本债券""永续债"等	除证券公司永续次级债外，包括公司债、企业债、中期票据和PPN，命名为"可续期公司债券""XX中期票据""XX期定向债务融资工具"
发行目的	补充其他一级资本，银保监会对商业银行其他一级资本有严格的合格认定标准	①降杠杆，通过将永续债会计分类为权益工具达到降低资产负债率的目的；②融资，部分企业因自身偿付能力及资金需求等原因而延期
赎回条款	5年之内不得赎回	一般无明确赎回期限限制
清偿顺序	在存款人、一般债权人和次级债务之后，股东持有股份之前	除证券公司次级债外，一般等同于发行人普通债务
减记/转股条款	附减记条款，且减记顺序先于次级债。国际上也可附带转股条款	不存在所谓减记/转股条款
利率跳升惩罚条款	无利率跳升制度，投资者需自行承担永续债无限延期的风险	出于降低发行难度的目的，大部分企业往往选择增加利率跳升惩罚条款，即第一个计息期满后若选择延期，则相应提高票息（一般为150~300bp）
递延/取消支付利息条件	非累计计息。可自由选择取消派息，且不构成违约，但在同期不得向股东派息	往往存在累计计息，且部分永续债存在利息惩罚机制，即对递延支付利息的时间段进行罚息

从银行永续债与银行优先股的区别来看，两者在发行主体、发行流程、发行市场、票息/股息、风险权重、清偿顺序等方面存在些许差异。由于优先股仅上市银行可以发行，且发行流程较长，利用银行永续债补充一级资本有利于加大银行业，特别是中小银行对实体经济的支持力度，也有利于疏通货币政策传导机制，缓解小微企业、民营企业融资难问题。具体如表4-5所示。

表 4-5　对比银行永续债与银行优先股

对比项目	银行永续债	银行优先股
发行主体	需满足商业银行发行金融债券的资质要求，同时在条款中按其他一级资本合规标准进行规范	发行人主要为上市银行
发行流程	流程较短：董事会决议—股东大会决议—银保监会批复—人民银行许可—发行募集	流程较长：董事会决议—股东大会决议—银保监会批复—发行审核委员会审核—证监会核准—发行募集
发行市场	银行间债券市场	交易所
票息/股息	票息较低，且与发行人评级相关	股息较高
风险权重	未明确，倾向于参照优先股250%的风险权重	250%
清偿顺序	银行永续债与银行优先股同属其他一级资本，两者的清偿顺序有待商榷，考虑到银行永续债包含减记条款，实际清偿顺序未必先于银行优先股，但银行永续债隐含的赎回预期相对高过优先股	

（2）我国发行永续债的实践

2019 年 1 月 17 日中国银行发行了 400 亿元的永续债，开启了我国银行业永续债发行的"破冰"之路。2019 年全年共有 15 家商业银行发行 16 只永续债（农业银行发行 2 只），合计发行规模为 5 696 亿元。发行主体中，国有大行和股份行占据了 12 席之多，发债的地方中小银行只有区区 3 家。

2020 年上半年，共有 17 家商业银行成功发行 2 871 亿元永续债，相比 2019 年同期仅有 3 家发行 1 200 亿元，发行规模同比增加 139%。与 2019 年不同的是，2020 年上半年 17 家发行银行中仅有 3 家国有大行（农业银行、中国银行、邮储银行），1 家股份行（平安银行），其余 13 家均为城商行和农商行。除了已成功发行的银行外，还有包括廊坊银行、网商银行等多家银行的永续债发行方案也已获得监管部门批准。随着网商银行不超过 50 亿元的永续债获批，永续债发行主体已扩展至民营银行，银行永续债对中小银行信贷投放的支持作用初现端倪。具体如表 4-6 所示。

表 4-6　2020 年上半年银行永续债发行情况

银行	发行起始日	发行规模/亿	票面利率/%	债券评级	主体评级
杭州银行	2020-01-15	70	4.10	AAA	AAA
平安银行	2020-02-21	300	3.85	AAA	AAA

表4-6(续)

银行	发行起始日	发行规模/亿	票面利率/%	债券评级	主体评级
泸州银行	2020-03-16	10	5.80	A+	AA
中国邮政储蓄银行	2020-03-16	800	3.69	AAA	AAA
桂林银行	2020-03-27	32	4.80	AA	AA+
江苏银行	2020-03-30	200	3.80	AAA	AAA
深圳农村商业银行	2020-04-08	25	4.20	AA+	AAA
华融湘江银行	2020-04-16	53	4.30	AA+	AAA
中国银行	2020-04-28	400	3.40	AAA	AAA
中国农业银行	2020-05-08	850	3.48	AAA	AAA
东莞银行	2020-05-20	22	4.25	AA+	AAA
湖州银行	2020-05-22	12	4.70	AA	AA+
广西北部湾银行	2020-05-25	30	4.36	AA+	AAA
浙江泰隆商业银行	2020-05-27	25	4.40	AA	AA+
泸州银行	2020-06-12	7	5.30	AA-	AA+
重庆三峡银行	2020-06-22	15	4.60	AA	AA+
日照银行	2020-06-29	20	4.60	AA	AA+

从风险管理的角度来讲，由于银行永续债票息与发行人评级相关，也在一定程度上体现了其作为应急资本需对损失进行吸收的市场属性。

（3）央行CBS提升永续债流动性

为提高银行永续债的流动性，中国人民银行创设了央行票据互换工具（CBS），同时将主体评级不低于AA级的银行永续债纳入中国人民银行中期借贷便利（MLF）、定向中期借贷便利（TMLF）、常备借贷便利（SLF）和再贷款的合格担保品范围，以鼓励投资者投资商业银行永续债，在品种建立初期为其提供充足流动性，为该品种的发展打下坚实的基础。CBS采用固定费率数量招标方式，面向公开市场业务一级交易商进行公开招标。中国人民银行从中标机构换入合格银行发行的永续债，同时向其换出等额央行票据。到期时，中国人民银行与一级交易商互相换回债券。银行永续债的利息仍归一级交易商所有。央行票据互换操作期限原则上不超过3年，互换的央行票据不可用于现券买卖、买断式回购等交易，但可用于抵押，包括作为机构参与央行货币政策操作的抵押品。

央行票据互换操作可接受满足下列条件的银行发行的永续债：一是最新季

度末的资本充足率不低于8%；二是最新季度末以逾期90天贷款计算的不良贷款率不高于5%；三是最近三年累计不亏损；四是最新季度末资产规模不低于2 000亿元；五是补充资本后能够加大对实体经济的支持力度。2019年2月20日中国人民银行开展了首次央行票据互换（CBS）操作，费率为0.25%，操作量为15亿元，期限1年。由于交易全程只涉及债券的互换，没有基础货币的吞吐，因而不会投放或回收流动性。永续债票息仍然归一级交易商，并且交易到期后要换回，永续债的风险并未实质性转移，因而在资本计量时，持有永续债的风险权重并不能降低。

4.4.3 新型二级资本

新型二级资本为商业银行破产清算时，用于吸收损失的资本。2010年1月，英国劳埃德集团首发9 000万英镑的新型二级资本债券。通常来讲，新型二级资本工具前5年不能赎回，触发条件为监管判断。各类新型二级资本工具大致具有表4-7特征。

表4-7　新型二级资本工具特征

二级资本工具	可减记次级债	可减记混合资本债	新型可转债	或有资本工具
计息方式	固定或浮动	固定或浮动	固定或浮动	固定或浮动
能否递延支付	否	是	否	否
债券期限	5年以上	10年以上	5年以上	5年以上
损失吸收方式	本金全额减记	本金全额减记	本金全额转股	本金全额转股

4.4.3.1 我国发行次级债的实践

在巴塞尔Ⅲ以前，我国《商业银行资本充足率管理办法》（以下简称《办法》）中接受长期次级债务作为附属资本。《办法》规定，长期次级债务原始期限在5年以上，无担保，不以银行资产为抵押或质押，在距到期日的最后五年每年扣减20%，其清偿顺序位于商业银行其他负债之后，先于股权类资本债券。在资本补充渠道有限的年代，次级债充当了重要的附属资本来源，自2004年6月，规范商业银行次级债券发行《商业银行次级债券发行管理办法》出台，到2012年期间，我国商业银行共发行182只次级债，发行金额累计约11 680亿元。

次级债券既可以在全国银行间债券市场公开发行，也可以私募发行。我国大多数商业银行都选择在全国银行间债券市场发行次级债券。

次级债券的付息方式大致有 3 种：固定利率（每年付息 1 次）；浮动利率（一年定存利率/3 个月 Shibor 5 日均值/7 天回购利率平均值+固定息差）；累计利率（发行人在到期前 5 年可行使一次赎回权，若不赎回则后期票面利率向上调整 200~300BP，即利率跳升机制和赎回激励）。

次级债券的年限大致有 10 年、15 年、20 年等，广义基金和保险机构是主要持有者。

4.4.3.2 我国发行混合资本债的实践

除次级债以外，混合资本债也长期作为我国商业银行附属资本。混合资本债发行期限在 15 年以上，前 10 年不得赎回，具有利率跳升机制，其清偿顺序位于一般债务和次级债务之后，股权类资本债券之前。混合资本债的利息支付具有较强的义务性，即使发生延期支付利息事项，一旦延期支付条件不满足，发行人需立即支付欠息及欠息产生的复利。自 2006 年 9 月，中国人民银行发布《关于商业银行发行混合资本债券的有关事宜的公告》，到 2012 年，我国银行间债券市场共发行 11 只混合资本债，期限均为 15 年，第 10 年享有赎回权，发行金额累计约 231 亿元。

为保护投资人利益，监管部门对混合资本债的发行人提出了严格要求，只让具备一定实力的银行进入该市场融资。混合资本债的发行人需在公司治理、盈利能力、损失应对能力、风险监管指标、核心资本率等方面，符合相关要求，才有资格发行混合资本债券。

4.4.3.3 我国发行可减记二级资本的实践

巴塞尔Ⅲ明确提出合格的二级资本工具应包含转股或减记条款。我国新资本管理办法中，对合格二级资本工具的表述与巴塞尔Ⅲ并无太大出入。具体来讲，合格二级资本工具的清偿顺序在存款人和一般债权人之后，在其他一级资本工具（优先股）之前，其分红或派息不累积、不与发行银行评级挂钩。合格二级资本工具的原始期限不低于 5 年，不含利率跳升机制及其他赎回激励，在到期前剩余的 5 年中按直线法摊销计入监管资本，赎回也至少在发行 5 年之后。

由于巴塞尔Ⅲ的主要内容，是在 2010 年 9 月 12 日巴塞尔银行监管委员会召开的央行行长及监管当局负责人会议上达成的一致共识。因此，我国新资本管理办法规定，商业银行 2010 年 9 月 12 日前发行的不合格二级资本工具，自 2013 年 1 月 1 日起逐年递减；2013 年 1 月 1 日之后，不含有转股或减记条款的新发行资本工具将不再计入监管资本。例如，2013 年 3 月 5 日，阜新银行在二级资本工具已实施后发行的不含转股或减记条款的次级债，只能当作普通金融债处理。

天津滨海农村商业银行于 2013 年 7 月发行了首单减记型二级资本债券。随后，从 2014 年起，城商行、股份制商业银行、工农中建交等大行也都相继发行二级资本债券。到 2017 年 8 月末，我国商业银行共发行合格二级资本债 274 只，累计发行金额共计 1.05 万亿元。具体如表 4-8 所示。

表 4-8　我国商业银行 2013—2016 年新型二级资本工具发行情况

机构类型	发行数量				发行金额/亿元			
	2013	2014	2015	2016	2013	2014	2015	2016
大型银行	0	5	1	0	0	1 280	240	0
邮储银行	0	0	1	1	0	0	250	300
股份制银行	0	10	5	4	0	1 506	890	700
城商行	0	16	37	32	0	419	1 007	778
农商行	1	11	17	54	15	244	344	498
外资银行	0	0	1	0	0	0	20	0
合计	1	42	62	91	15	3 449	2 751	2 276

由于境外二级资本工具法律限制相对较少，市场环境相对成熟，因此，我国商业银行优先选择在境内外发行二级资本工具。如工商银行已经在国外市场成功发行了可减记的二级资本工具。我国商业银行还可在境内外尝试发行其他二级资本工具。

4.4.4　应急资本的意义

若从银行自救角度对应急资本要求进行解读，它可在危机情形下通过转股或减记吸收损失，缓解发行银行的债务压力和流动性风险；当满足事先约定的触发条件时，应急资本可以帮助发行银行发挥应急自救措施，自动将债券转化为股份或直接核销。应急资本要求不仅可以提升银行体系吸收损失的能力，还能增强市场约束。由于应急资本在银行进入破产清算程序之前，转股或减记程序就已触发，因此，应急资本债权人有足够的动机对银行风险进行检测、评估和定价。

若从道德风险角度对应急资本进行解读，它是次贷危机后监管政策针对系统重要性金融机构进行的制度漏洞修复。在没有事先约定的情况下，银行若破产，则债权人仅需承担银行进入破产、重整等司法程序时的损失，不承担其正常经营时的经营损失。但是，系统重要性机构破产影响重大，政府往往提前利用巨额注资等手段避免该类机构倒闭。政府越位救助弱化了市场纪律，使系统重要性问题机构的债权人未能承担理应承担的损失，容易产生严重道德风险。应急资本安排能很好地防范此类道德风险，要求股东和一般债权人提前承担风险，有效地维护了市场纪律。

上述应急资本要求属于银行自救程序中的合同式，即通过事前约定的触发条件，发挥金融机构应急自救的作用，以减轻政府在危机救助时的财政负担。此外，银行自救程序中还包含法律式，例如，通过立法规定特殊时期下问题机构债务的有序处置程序（下文有序清算基金部分再进行详述）。

在包含合同式和法律式两种形式的银行自救安排中，发生重大损失后的应急处置为：①逆周期资本和留存资本缓冲吸收损失；②普通股吸收损失；③如果其他一级资本转股或减记条件被触发，则通过转股或减记充实上一道防线；④如果二级资本转股或减记条件被触发，则通过转股或减记吸收损失，并可能进行问题机构处置（涉及法律式）。具体如图4-9所示。

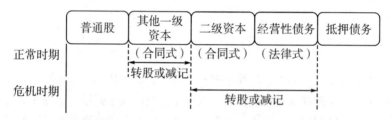

图4-9　银行自救的补偿顺序

合同式和法律式两类应急资本都能在危机时刻发挥吸收损失、有序处置，减轻政府救助的财政负担和防止大型机构倒闭的系统性影响方面发挥重要作用。两者特点对比如表4-9所示。

表4-9　两类应急资本的特点

应急资本机制	合同式	法律式
优缺点	优点：不需要在法律层面做调整； 缺点：适用范围有限，仅限于债务工具持有人	优点：可纳入大多数现有债务工具，且无需经私人同意； 缺点：①需专门立法或修改法律，②对跨国机构还需协调多个国家的破产法及相关立法规定
适用情形	既适用于特殊时期，也适用于正常时期	仅适用于特殊时期
何时触发	由事前约定的触发条件自动触发	由监管者决定

表4-9(续)

应急资本机制	合同式	法律式
涉及范围	新型资本工具	普通债
先决条件	加强规范与监管，保证合同的标准化与实施机制的透明化	立法，规范监管者触发的决策过程，保护利益相关者的正当权益

虽然应急资本的设立主要针对系统性重要金融机构的道德风险，但在操作层面应覆盖所有受监管的金融机构。合同式应急资本还有另外两个好处：第一，合同式应急资本会迫使原股东在日常经营中更加谨慎，因为债务一旦转股将稀释原股东每股收益；第二，合同式应急资本也会迫使债券持有者更加关注债券发行人的公司治理情况，因为无论是转股还是注销债券持有者都将承担损失。

4.5 稳定市场情绪——存款保险

存款保险制度是危机救助中一项基础性的制度安排，可将其理解为从立法角度将银行面临危机时的自救措施通过保险途径确立下来。存款保险制度与审慎监管、最后贷款人制度构成了现代金融安全网的三大核心支柱，能起到维护金融稳定、有效保护存款人利益、及时防范化解金融风险的作用。存款保险制度既可以约束政府筛选救助对象的自由裁定权，又可以通过对存款人进行现金兑付防止挤兑或危机蔓延；既可以使救助资金多元化，让公共部门（政府注资）、私人部门（缴纳保费）资金都进入危机救助的成本分摊，又可以合理有效地运用资金，稳定公众信心。

4.5.1 存款保险制度的历史与国际经验

全球多数国家和地区都建立了存款保险制度。国际存款保险机构协会（IADI）将存款保险制度划分为三种模式："付款箱"模式、"损失最小化"模式和"风险最小化"模式，如表4-10所示。其中，"风险最小化"模式具有早期纠正和补充监管的职能，通过对问题银行风险的早期发现和及时纠正，以及快速开展风险处置应对危机，提升了金融安全网的总体效率。缺乏监管手段的存款保险制度弊端较多，事后被动买单的机制难以有效应对道德风险，容易导致监管宽容，不利于及时防范和化解金融风险，越来越多的国家和地区选择"风险最小化"模式作为改革方向。同时，存款保险尽早介入问题机构的风险处置，甚至担任接管人和清算人，有利于减少存款保险基金损失，为后期可能发生的存款偿付提前做好准备，降低风险处置成本。

表 4-10 存款保险的三种模式

模式	主要职能
付款箱	日常：信息收集；现场和非现场检查 危机：事后偿付
损失最小化	日常：信息收集；现场和非现场检查 危机：担任接管人与清算人，采取"直接偿付""收购与承接""经营中救助""过桥银行"等处置措施
风险最小化	日常：信息收集；现场和非现场检查；风险警示；早期纠正措施 危机：要求补充资本；限制业务；担任接管人与清算人，采取"直接偿付""收购与承接""经营中救助""过桥银行"等处置措施

资料来源：根据 IADI 公开资料整理。

全球范围内，美国的存款保险制度经历了最多次的危机考验。在 1829—1917 年，美国 14 个州就已建立起存款保险制度。在大萧条冲击下，美国联邦存款保险公司（FDIC）于 1933 年成立，并于 1934 年 1 月 1 日正式运营。历经几十年的发展变化，存款保险制度也随之调整。针对 20 世纪 80 年代的储贷危机持续发酵问题，1991 年美国建立了存款保险公司早期纠正机制（PCA），明确当银行资本出现不足时，由 FDIC 对其采取纠正措施或及时接管处置，将存款保险基金可能发生的损失降到最低。2006 年，FDIC 将原有银行保险基金（BIF）和储蓄协会保险基金（SAIF）合并为新基金——存款保险基金（DIF）。虽然次贷危机中，FDIC 运用多种市场化方式处置了问题机构，一定程度上稳定了市场和公众的信心，但是仅针对银行业的金融监管职能无法应对金融混业经营趋势。2010 年出台的《多德-弗兰克法案》大幅拓展了 FDIC 对系统重要性金融机构（SIFIs）的早期纠正职责，明确由 FDIC 对 SIFIs 实施有序清算，并赋予 FDIC 和美联储定期审查 SIFIs 处置计划（即"生前遗嘱"）职责，进一步强化了 FDIC 的监管职能。

英国存款保险制度建立于 1979 年。最初，英国的存款保险机构职能较小，并且受英国金融管理局管理。该机构的职能仅限于银行破产时执行存款保险的理赔和破产后的银行及其资产处置。保费率及其范围的制定由金融管理局制定，该机构也缺乏监管权。保险范围为国内所有银行存款，主要实行事后融资，只有发生破产时才会筹集资金进行理赔。北岩银行挤兑事件使英国对存款保险制度进行改革，增强了存款保险机构及时获取信息和参与风险处置的职能。

日本存款保险制度于 1971 年由大藏省、银行和银行业协会建立，接受日本金融监督厅的管理。国内所有存款银行及其海外分支机构均受保险，但外国银行在日本的分支机构不受保险。存款保险的筹资采用事前融资，主要来源于保费，日本保费率较高达 0.3%，而美国和英国不到 0.1%。其中，美国采用差别费率，而英国和日本采用统一费率。由于经济泡沫破灭后日本银行存在大量的"僵尸银行"（资不抵债，但在政府支持下继续运营），因而日本破产银行处置方式较为多样，采用资金援助、接管和国有化等方式，也采用成本最小化的方式处置。应该说，日本的存款保险机构职能处于美国和英国之间。

4.5.2 存款保险的差异化费率

为促进公平竞争，强化市场约束，构建正向激励机制，存款保险费率倾向于实行风险差别费率。风险差别费率能根据投保机构的风险状况确定费率，一方面，有助于缓解单一费率机制下，低风险投保机构为高风险投保机构承担损失的问题，避免"交叉补贴"，实现保费征收的公平性；另一方面，保费与风险挂钩能促使投保机构审慎经营，降低其道德风险。具体来讲，由于存款保险制度分离了收益与损失，若投保机构经营失败，存款合同的偿付义务会自动转嫁到存款保险机构，导致危机救助中的风险分担者是全体投保机构，而不是经营失败的问题银行。这对投保机构造成错误的激励机制，使其在经营活动中加大风险承担。并且，存款保险制度削弱了存款人的市场监督机制。因为存款保险对存款人具有保障作用，削弱了存款人对于储贷机构本应有的谨慎与监督，因此，投保经营风险将进一步加大。实施差别保险费率，将投保机构的风险水平与其应承担的保费挂钩，有利于遏制上述道德风险。通过使高风险投保机构承担高保险费率，低风险投保机构承担低保险费率，可以增加从事额外风险活动的附加成本，避免交叉补贴，有助于促使投保机构进行更加严格的风险管理。可见，差别保险费率可以降低投保机构道德风险，加强投保机构自身风险管理，避免高效率、低风险银行补贴高风险、低效率银行，从而构建健康稳健的金融体系。

美国 1933 年通过《格拉斯-斯蒂格尔法》建立存款保险制度之时，采取的是单一保险费率，直到 1991 年《联邦存款保险公司改进法》调整为实施差别保险费率，该法案要求投保机构于 1994 年 1 月 1 日起按各自风险程度缴纳保险费。2006 年通过的《2005 年联邦存款保险改革法》对差别保险费率做出了进一步的修改。次贷危机以来，确定风险差别费率的方法也逐步发展，独立、及时、准确评估投保机构风险是风险差别费率成熟的标准。

要使差别保险费率有序运行，对投保银行的风险评级需要可靠、一致和及时的信息来源。存款保险公司的信息来源一般有三个：一是投保银行的财务报表，二是存款保险公司的现场检查，三是与监管机构之间建立的信息共享。对于投保银行提供的信息，《美国存款保险法》规定投保银行和投保的外国银行分支机构都需按 FDIC 的要求（包括形式和信息）提供报告；韩国规定存款保险公司有权要求投保银行及其子公司提供业务和财务状况的资料；中国香港地区存款保障委员会可以要求任何成员提交用以准确评估银行风险的资料；《马来西亚存款保险公司法》规定，存款保险公司可以要求投保银行或任何相关公司、官员、代理机构、个人等提供投保银行资料；《加拿大存款保险公司法》规定，存款保险费应以投保银行经证实的统计报表为基础。对于存款保险公司现场获取的信息，由于一些国家的存款保险公司具有监管职能（如美国和加拿大），而一些国家未赋予存款保险公司监管职能（如俄罗斯和马来西亚），因此相关规定存在较大差别。《美国存款保险法》规定，FDIC 有权任命检查员对投保银行每隔一年进行一次全方位的现场检查，对较小的投保银行每隔一年半进行一次。加拿大规定，CDIC 有权指派人员每年至少一次对省级投保银行的事务进行检查。俄罗斯和马来西亚都规定，中央银行可根据存款保险公司的提议对某银行实施检查。对于存款保险公司与监管机构的信息共享，各国及地区均立法保证了这一信息渠道的建立，一来可以减少存款保险公司的运营成本，二来也能降低投保机构反复提供报告的负担。

4.5.3 我国存款保险制度的实践

我国《存款保险条例》于 2015 年 3 月出台、5 月施行，存款保险基金管理有限责任公司于 2019 年 5 月设立。从国际实践与改革趋势看，主要国家和地区都在推进建立健全市场化的金融风险处置机制，过去部分采取行政主导风险处置机制的国家都纷纷进行市场化改革。我国存款保险制度通过市场化手段稳定市场信心从而建立长久的效率机制，有利于抑制金融领域普遍存在的隐性担保问题。

首先，与日本、韩国、科威特、墨西哥等十多个国家目前仍然对所有类别的存款和其他债务提供全额担保不同，我国的存款保险实行限额偿付，最高偿付限额为人民币 50 万元。从监管与激励的角度来讲，这种设计比较适合我国国情。在过去，中央银行对金融机构的隐性担保，没有任何的法律或政策依据，也没有明示的承诺，是通过问题银行处置实践表现出来的。在实践中采取了对金融机构的注资、剥离不良资产以及兑付金融机构债务等多种方式。隐性担保导致全国性银行在面临危机时过于依赖政府救助，加大了金融机构道德风险（与债务人共谋赖账、骗取中央银行紧急贷款等寻租行为），导致其管理层缺失谨慎经营和审慎管理的动力。此外，对问题银行的政府救助越位，不光会引发银行业的道德风险，还会增加存款者和地方政府的道德风险。对前者而言，存款者不用甄别好坏银行，激励存款者追逐高风险银行提供的高收益率；对后者而言，地方政府不用为金融发展权和金融控制权上的隐性干预负责，造成严重的权责不对等。因此，实行限额偿付的存款保险机制能更好地遏制上述各类道德风险。

其次，我国存款保险制度具备复合型职能，即并不仅仅负责存款保险的理赔和破产银行的处置，还具备费率制定和金融监管等职能。根据国务院于2015年3月20日批复同意的《存款保险制度实施方案》，存款保险基金的管理工作由人民银行承担；2019年5月存款保险基金在资金逐步充裕后改设为独立机构。我国存款保险机构发挥复合职能还需时日，随着资金规模逐步累积，在发挥好基础的保险功能以外，还需逐步引入核查、风险警示、提高费率和建议银保监会采取措施等补充监管职能。引入存款保险监督职能时，应在不改变银行业监督管理体制前提下，逐步赋予存款保险基金监管职能，实现银行业监督与存款保险监管适当分工、各有侧重。

最后，我国存款保险制度将符合投保的存款作为计费依据，这种方法相对公平。保险费率在具体实施中，初期可能更偏向于基准费率，后期逐步过渡到差别费率，在这个过程中，应加强风险定价能力，对投保机构的风险状况和经营管理状况等进行更好的评估。

4.6 筛选"坏银行"——有序清算

金融业是经营金融商品的特殊行业，具有指标性、特许性、高风险和高负债的特点。金融服务业提供的是一种社会信用，金融服务业高度依赖信息和信任，易发生恐慌、挤兑等风险的跨时、跨部门的传染，具有天然的脆弱性。由于金融机构提供的服务具有公共产品的性质，涉及的利益相关人众多，对金融机构实施破产程序，无论是在经济成本还是在社会成本上都是巨大的，相比之下对问题金融机构进行有序的处置和接管就是一种有优势的选择。因此，一旦金融机构出现问题，必须有一套程序及时地进行风险处置和接管，以控制风险的传染和稳定市场信心。

4.6.1 有序清算制度的美国经验

目前世界各国中，美国的有序清算实践能为我国带来一些启示。美国有序清算程序的实施主体是联邦存款保险公司（FDIC）。FDIC有序清算程序的建立经历了三个阶段。第一个阶段是1933年《格拉斯－斯蒂格尔法》建立到1990年；第二个阶段是1991年《联邦存款保险改进法》颁布到2009年；第三个阶段是2009年《多德－弗兰克法案》授权至今。其中，《多德－弗兰克法案》以专题形式规定了有序清算职权，确立了该职权的法律地位。

《多德－弗兰克法案》与以前的有序清算程序的主要区别表现在：首先，处置的对象范围不同。《多德－弗兰克法案》赋予FDIC工具以处置对美国金融市场稳定施加显著影响的失败金融机构，在立法层面形成了全面的操作框架，提供了对"大而不能倒，太复杂而不能倒"问题的新的解决方案。FDIC对任何影响美国金融系统稳定的金融机构都有权介入，这是与以前的清算程序最显著的区别。其次，FDIC的权限扩张。在《多德－弗兰克法案》框架下，FDIC拥有广泛的职权，与之前不同的是，被任命为接管人的条件并不是需要关闭银行或储蓄机构，而是需要确定某一金融机构可对美国的金融稳定产生显著不利影响，提出书面申请且获批后，即可被任命为接管人。最后，在许多细节方面，《多德－弗兰克法案》也与以前有诸多不同。如在纳税人资金保护方面，该法提供了一套有效的保护程序；在清算资金来源和使用方面，设计了合理的激励约束，避免FDIC和财政部受到损失；在成本承担方面，让债权人和股东承受损失，提高了市场纪律约束；对股票经纪人和交易商以及金融衍生产品进行了特别的规制；在清算受偿顺序方面，区别对待不同的主体，更加公平；过渡金融机构的要求方面，需要转移的资产大于负债，等等。

为了更好地理解有序清算程序的制度价值，预判有序清算程序的发展趋势，并对中国深化改革提供参考，下文将对最近一次有序清算程序演变的原因、法律框架的变化、演变的内容以及对演变后的影响进行分析。

有序清算程序的演变源自次贷危机。2007—2008年，次级抵押贷款的风险全面爆发，整个世界都受到这场金融海啸的波及。损失惨重、面临倒闭的金融机构比比皆是，如果放任其倒闭，将会使糟糕的经济状况雪上加霜。各个国家纷纷出台了政府对金融机构的救助方案。美国政府通过1.7万亿美元的紧急财政救助来援助房利美、房地美、AIG、花旗银行、美国银行等大型金融机构，为防止金融机构"太大而不能倒""太复杂而不能倒"的情况再次发生，

2010 年 7 月 21 日，时任美国总统奥巴马正式签署《多德-弗兰克法案》，该法案在第二章正式提出了有序清算制度（Orderly Liquidation Act，OLA）。

有序清算程序法律框架的变化主要是纳入了系统重要性非银行金融机构。2008 年的金融危机后美国政府发现，仅针对存款机构的救助和清算制度并不足以规避系统性风险，大型复杂金融机构的破产也会因为连锁反应危及整个金融体系。为此，《多德-弗兰克法案》将有序清算的覆盖范围扩大至具有系统重要性的大型金融机构，即参考 FDIC 处理问题银行的模式，为系统重要性金融机构建立起救助制度。如果没有可行的市场手段来避免系统重要性非银行金融机构违约并进入破产程序，FDIC 将作为破产接管人对其进行清算程序。为了使清算程序顺利进行，法案设立了有序清算基金（Orderly Liquidation Fund，OLF），该基金由美国财政部创立，为清算过程中花费的资金提供流动性支持。

内容方面，有序清算基金与存款保险基金有诸多不同（如表 4-11 所示）。根据《多德-弗兰克法案》的叙述，在对一家金融机构进行有序清算过程中的花费应该从这一公司的资产清算中得到补偿。如果该公司资产清算后不足以支付清算过程的花费，在法案下 FDIC 可以通过向财政部发债来筹措资金设立 OLF，事后这些资金将通过对金融行业的核定款项收回。当然，FDIC 只有在制定出财政部认可的有序清算方案后方可使用 OLF 的资金。总体而言，金融机构的清算花费应在金融体系内得到回收。有序清算基金可以为进入清算程序的银行提供流动性融资，该融资在资产分配中的清偿顺序优先于破产的行政费用。

表 4-11　美国存款保险基金与有序清算基金的不同

	存款保险基金	有序清算基金
目标机构	投保银行及储贷机构	非银行金融机构 SIFIs： ①根据联邦法律或州法律组建的本国公司；②主营业务为金融活动或本质从事金融活动的公司
设立法案	1933 年《格拉斯-斯蒂格尔法案》	2010 年《多德-弗兰克法案》
目的	维护金融安全与金融稳定，维护公众对银行业的信心，确保大型银行倒闭不会对金融体系产生灾难性影响	维护金融安全与金融稳定，使金融机构道德风险最小化

表4-11(续)

	存款保险基金	有序清算基金
失败原因	典型的经营失败是不良贷款。银行通常会用备付金冲抵不良贷款,导致资本充足率下降,引发及时矫正行动(PCA)。而银行仍会正常经营,因为其主要流动资金是被保险存款	通常的经营失败是业务困境。资金主要来源于市场,一旦陷入经营困境,立即面临流动性风险
公司结构	相对简单	公司结构更为复杂,大型金融机构一般会通过多个附属机构和子公司运营多样化金融业务,清算个别附属机构可能损耗其特许经营权价值。FDIC在实践中尽可能将附属机构和子公司转移至过渡金融公司,最大限度地保留附属机构及子公司的特许经营权,使其继续营业,避免业务中断,降低对金融体系的负面影响
处置策略	可通过并购迅速处理其财务、运营及管理问题	难以采取并购方式,因为并购可能产生更大、更复杂的金融机构,并引发垄断问题。FDIC一般选择多种处置方式,如有选择地打包出售、建立"过渡金融公司"、注销次级债、将无担保债务转换为股本等。无须得到法院许可,也无须事先通知债权人、股东、合同对手方等
FDIC所承担的角色	监管者、接管人、存款保险人	接管人,并不能为债权人提供任何保险

后续影响方面,有序清算基金对SIFIs的清算程序较投保银行或储贷机构而言更为强势。两者都明显限制了司法审查权,为FDIC及时高效处置问题金融机构提供了便利,但对SIFIs的有序清算协调并折中了破产法典中对债权人的保护规则。FDIC被任命为接管人后,将控制清算全过程,并且法院司法审查受限。FDIC不仅承继了该金融机构的所有权利(包括股东和管理层)、资产,还可任命自己为该金融机构附属机构的接管人。法案赋予FDIC的权利有:单向债权认定、单方面拒绝履行合同、强制执行合同、宣告未经FDIC授权的转移交易/不公正的抵消/欺诈性转移交易等无效等。由于拒绝使用纳税人资金来避免金融机构破产,债权人和股东的清偿顺序将相应后延。

4.6.2 有序清算制度的德国经验

除美国以外,欧洲国家也在积极部署有序清算机制。2010年12月,德国颁布重整法。在此之前,德国并没有专门的银行破产法,只能通过政府救助帮助问题银行摆脱危机,重整法的出台旨在确保金融稳定的前提下,解决系统重要性银行破产的问题。如果陷入困境的是跨境银行,还需要与欧洲其他主管部门进行协调,重整法兼顾了欧盟委员会的《关于金融行业危机治理欧盟框架》(简称《危机治理欧盟框架》)。

德国重整法包含两大内容:一是颁布了《银行重组法》和《设立银行重整基金法》,赋予德国联邦金融监管局更大的处置权,即在不危及金融稳定且尽可能不消耗公共资金的情况下,有权对具有系统性风险的金融机构进行处置,该法案于2011年1月1日起正式实施;二是修改了《信贷法》《金融市场稳定基金法》《金融市场稳定加速法》《股份法》《股份法实施法》《收入所得税法》《诉讼费用法》《律师酬金法》《家事案件和非诉讼案件程序法》《抵押券法》《存款保险和投资者赔偿法》《投资法》《支付服务监管法》《撤销法》《审计报告条例》的相应条款。

德国重整法有几大特色:

一是划分"整顿程序"与"重组程序",促使银行加强自救与危机管理,并帮助监管机构迅速采取行动。"整顿程序"(适用于所有银行)中,问题银行向联邦金融服务监管局(简称"金监局")提交整顿方案,在透明、可信且合理的框架下,说明如何且在何期限内恢复可持续的资本充足率和流动性,并制定可供联邦金监局检查的具体目标、中期目标和期限。整顿方案可以包含一切适合的、不损及第三方权利的措施,批准成立的整顿委员会被赋予广泛的法定权限,联邦金监局甚至可以指定一名特别代表在问题银行履行职责。"重组程序"(仅适用于系统重要性银行)在两种情况下触发,当整顿程序失败时,整顿委员会需拟定重组方案报联邦金监局;当整顿程序显得毫无前景时,银行也可拟定重组方案报联邦金监局。由于"重组程序"可损及股东和一般债权人的权利,因此分为"描述性部分"和"形成性部分",前者需提供银行自身的重组基础和破产对金融体系的影响,后者需阐述各参与方的法律地位会发生何种变化,并取得股东和一般债权人对参与债务重组的认同。

二是当"整顿程序"和"重组程序"都失败时,联邦金监局可依据"转让令"拆分问题银行的系统重要性业务,降低对整个金融体系的负面冲击。联邦金监局可以无须股东和一般债权人同意,采取强制拆分的方式,稳定处于危机中的银行，接收方可以是既存的法律实体（收购实体），也可以是新建的"桥机构"。由于被拆分的问题银行对金融稳定的威胁不复存在，因此原则上可随后进入破产程序，而政府的稳定措施将集中于业务收购方。"转让令"适用的前提是：问题银行生存状况受到威胁且危及金融体系的稳定性，系统重要性的标准兼顾了资产规模、传导性、关联度、集中性等要素。"转让令"方式可化解并购等其他方式造成的垄断性问题。从"转让令"公布之时起，业务拆分对问题银行和收购实体生效。

三是设立了信贷重整基金，回归"市场调控"。信贷重整基金由信贷机构缴费成立，专款用于债券担保、资本重组、建立"桥机构"等，避免了动用纳税人权益对问题银行进行救助，有效遏制了政府救助产生的道德风险问题。重整法在法律框架和金融市场基础设施上，为问题银行有序清算理顺了激励机制，使得政府资金在防止金融系统失灵的过程中不再是必需品。向"市场调控"的回归使得银行真实做到为自己的风险行为埋单，政府将不再受限于倒逼机制。

4.6.3 有序清算制度的国际标准

除德国以外，其他欧洲国家也在积极部署有序清算机制。例如，2009年，英国通过修订银行法建立了针对银行破产情形的特殊处置机制，规定当银行符合法定条件时，金融服务管理局（FSA）可将其置于特殊处置机制下。2010年10月，欧盟委员会发布了《危机治理欧盟框架》，并于2011年3月出台《关于在银行整顿和清算领域可能的欧盟框架规定之技术细节》，规定了更广泛的监管、早期的干预措施、自愿转让内部资产的规则、非危机时期的整顿和清算计划等。通过协调欧洲各国关于银行破产的规定，欧盟委员会希望在欧洲建立一套完整的清算制度，甚至建立一个欧洲清算机构。

在国际上，有序清算机制的国际标准也逐步制定。2010年3月，巴塞尔银行监管委员会发布了针对跨境清算，降低跨境银行集团关联性和复杂性的报告，建议各国发展国内清算制度并采取措施改善不同监管机构的协作。2011年11月，金融稳定委员会（FSB）制定了《金融机构有效处置机制的核心要素》（以下简称《核心要素》）。鉴于跨国经营的系统重要性，金融机构需要从国际层面建立有序清算机制，《核心要素》为解决跨国经营的系统重要性金融机构倒闭问题迈出了第一步，已被20国集团所采用。

4.6.4 我国建立有序清算基金的意义

问题银行实现平稳退出，有利于提升金融体系的抗冲击能力。通过为问题银行提供担保或者流动性资金支持，有序清算基金可以促成兼并收购，或者可以承担被接管、被撤销、申请破产的问题银行的全部或者部分业务以便后续处置。在没有有序的破产清算条例控制的情况下，银行破产将给实体经济带来沉重打击。虽然银行破产事件在我国并不多见，但缺乏银行退出机制可能助长银行业"大而不倒"的侥幸心理，其后果是银行一味依靠政府救助，道德风险增加，市场竞争扭曲，最终买单的无非还是纳税人。因此，在银行破产造成的传染风险与道德风险之间选取一个平衡点，创造一套合理的、有针对性的银行破产清算制度是必不可少的，且有序清算程序要与整个金融体系相配套。

目前，我国还没有完整的针对银行破产的清算条例以及相配套的法律体系。缺乏退出机制，银行业就难以形成完整的风险预期，存款保险制度也存在缺陷。我国刚刚建立起存款保险制度，由于存款保险基金规模尚小，稳定公众信心的保险偿付是其首要职能，还不足以承担更多的金融稳定职能。但是，存款保险要发挥早期的风险监管职能，并在危机爆发后及时行使风险处置作用，不能缺少有序清算程序的协助。因此，有序清算基金的设立应当被提上日程，设立资金由政府出资，为破产的问题银行仅提供流动性而不无偿救助，主要目的是补充和完善存款保险制度。

有序清算基金的操作流程大致有三步：第一，一旦某家银行面临倒闭，有序清算基金成为接管人；第二，有序清算基金收集问题银行的有关信息，评估银行的系统重要程度，评估不同的解决方案给基金带来的潜在损失，在进行成本收益核算后确定流动性支持方案；第三，向潜在收购者询价，由于银行业务具有同质性，因此最常用的方法是将问题银行的存款和贷款卖给另一家银行，问题银行的客户也将自动成为另一家银行的客户。有效的有序清算机制应在公平和透明的统一框架下，对所有银行适用，只有明确地让市场参与者知道即使是大中型银行也能够被分拆出售，道德风险才能够被有效遏制，市场机制才能发挥作用。

有序清算基金的建立有利于完善问题银行的特殊接管程序，快速处置问题银行资产，并尽可能减少银行破产导致的市场波动以及对金融体系产生的负面影响。我国建立有序清算基金的意义有如下四点：

首先，银行破产不同于普通企业破产，普通企业破产仅涉及债权人与债务人的利益，而银行破产还涉及金融体系稳健运营的社会公众利益。普通企业清算程序旨在保护债权人利益，最大化破产财产，避免债权人竞相到法院争诉或恶意债务人转移财产。银行业破产不仅需要存款保险基金稳定公众情绪，避免争相挤兑，还需要有序清算基金通过并购等程序迅速处理其财务、运营及管理问题，保持问题银行的正常营业，防止传染风险对金融体系稳定和系统性风险造成破坏性影响。特别是具有系统重要性影响的银行爆发危机，保护公共利益、维护金融安全的重要性更不容忽视。正是出于对社会公共利益的权衡，银行业的有序清算基金需要在一定程度上合理背离"平等对待债权人"原则，赋予接管人更大的决策自由度和免于受法院约束的执行力；而在机制设计的防道德风险层面，需要保证有序清算基金不被用于阻止个别特定问题银行的破产，而仅能用于清算过程中应急性的流动性资金补给。可见，有序清算基金的建立和运作目标不是使问题银行的破产财产价值最大化，而是使问题银行所造成的社会负面影响最小化。

其次，为避免银行倒闭引发系统性风险，问题银行应得到快速有序的处置。若不建立有序清算基金，则陷入危机的银行要么依靠政府救助，产生道德风险问题；要么按照普通企业破产规则进行清算，导致显著的拖延和传染风险外溢，无论是哪种情况，都将可能危机金融稳定与金融安全。一方面，迅速处置濒临破产或已经破产的问题银行，表明了监管者的决心，大大降低了不确定性，能够有效维护公众对整个金融体系的信心；另一方面，监管者延迟拖沓只会让公众对整个金融体系的健康状况产生怀疑，助长问题银行经营者的道德风险。可见，快速处置问题银行有助于维护监管者的可信度，稳定市场信心。同时，快速处置问题银行也有助于保存其资产价值，防止资产价格大幅波动。大多数实践都表明，若对问题银行不进行及时处置，则最终损失将加大。特别地，对于系统重要性的问题银行，还可能产生金融服务大面积中断，支付系统风险等问题。建立有序清算基金并提前制定规则将加快有序清算的速度和效率。

再次，为防止道德风险，问题银行的破产损失需建立合理的风险分担机制。政府救助固然可以让问题银行快速摆脱危机，但相应的风险和损失也因此通过各种显性和隐性的途径转嫁到公共财政，由此引发的道德风险会扭曲市场竞争机制。优化银行的市场退出制度可以通过建立有序清算基金实现，通过建立合理的损失和风险分担机制，让金融秩序得到维护和稳定。有序清算基金的运作原则是要让银行股东和一般债权人承担经营失败的损失，并通过各种途径引导其他私人主体参与到清算环节中，对有序清算基金的运用有着严格的条件和标准，并附加相应的资金偿还计划。纳税人不承担问题银行的处置成本是有序清算基金风险分担机制的关键。

最后，建立有序清算基金有利于完善金融安全网。构建有效的金融安全网体现在三个方面：一是审慎的银行监管，二是最后贷款人制度，三是存款保险制度。这三方面以防范危机的制度安排的形式，有力保障了金融系统的安全稳健运行。其中，有序清算基金是存款保险制度下必不可少的重要组成部分之一。单纯的"付款箱"式的存款保险基金并不能很好地起到维系整个金融秩序稳定的效果，只有配套有序清算程序才能最大限度地保存问题银行的现存价值，以出售或其他处置方式降低单个银行危机向金融体系蔓延的传染风险。

4.6.5　我国建立有序清算基金的政策构思

从上文对国内外情况的分析中可以看到，美国先是在储贷危机之后赋予了存款保险机构针对银行业的有序清算职能，次贷危机以后又将有序清算机制扩大到系统重要性非银行金融机构；欧洲各国在欧债危机爆发后积极建立银行业的有序清算制度，并致力于建立能够协调各国银行破产法的统一清算安排。当前，在G20（20国集团）的推动以及我国对全球经济影响力持续提升的背景下，如何建立适合我国实际情况的有序清算制度值得构思。

4.6.5.1　筹建思路

首先，由于我国银行业在金融体系中占主导地位，参照国际经验和国际标准，应率先建立起银行业的有序清算基金，再逐步纳入对具有系统重要性影响的非银行金融机构的有序清算制度。目前，我国《新资本管理办法》已经搭建起基本的银行监管框架，相应的银行业危机救助机制可以在此基础之上进行延伸。例如，为了改变单单依靠政府行政力量进行银行业危机救助的传统方式，可以利用有序清算基金的相应制度手段引入市场调控因素：第一，银行在面临危机前需向银保监会和有序清算基金的管理部门①提交"生前遗嘱"，"生前遗嘱"需涵盖其核心业务和资产、风险管理、应急方案等，并假定危机发生应如何应对以避免破产，这为危机时监管部门制定处置方案提供了第一手信息，方便其快速应对陷入困境的银行危机。第二，当银行监管指标不达标，负责"整顿程序"的监管部门（银行业监管机构和有序清算基金）能依据"生前遗嘱"让问题银行在透明、可信且合理的框架下重新提交"整顿方案"，方案需说明如何且在何期限内恢复可持续的资本充足率、杠杆率和流动性等指标，并制定可供银行业监管机构检查的具体目标、中期目标和期限。此外，监管机构有权要求银行在出现严重经营问题之前出售业务或简化业务结构，以此提升对问题银行的处置效率。第三，若银行整顿失败或"整顿程序"尚未开

---

①　由于银保监会肩负微观审慎监管职责，有序清算基金的管理机构也可能由银保监会担任。

展就陷入严重危机，则负责"重组程序"的监管部门（银行业监管机构和有序清算基金）能责令问题银行提交"重组方案"。需要说明的是，出于金融系统稳定性的考虑，应允许系统重要性银行的"重组方案"在企业破产法之外获得可以损及股东和一般债权人的权利。因此，需及时就银行破产法立法，严格定义"严重危机情形"和"系统重要性条件"。"重组方案"中也应明确包含在哪些层面损及股东和一般债权人权利，被损害利益方是否赞成重组方案，重组的可行性等内容。第四，有序清算基金的管理机构需获得较大授权，在问题银行危机金融体系稳定的情况下，及时利用有序清算基金加快问题银行的被收购进程和有毒资产剥离，有序清算基金的使用需秉承维护金融体系稳定性的核心目的，而不是防止某个问题银行进入破产程序。第五，有序清算基金的管理需针对跨国系统重要性银行展开国际协调。

其次，有序清算基金的最初建立更多应依靠政府出资，后期再逐步增加银行缴费的方式。一来，我国存款保险基金于2015年刚刚建立，主要筹资方式就是参保银行缴纳保险费，如果有序清算基金也采用银行缴费的方式设立，会过分加大银行负担并可能削弱银行的市场竞争力。银行缴纳存款保险费用，扩充存款保险基金，是金融安全网的重要防线，逐年充实存款保险基金规模应得到首要保障。二来，从完全的政府救助一下过渡到完全的市场机制并不现实，政府可以在有序清算基金建立之初承担起危机救助的成本。改革开放以来，我国银行业经营尽管历经波折，但政府强有力的信用背书始终是银行持续经营的有效保障。四大行曾经陷入技术性破产，但政府成立四家资产管理公司分别承接了其有毒不良资产，使得四家国有银行轻装上阵，重新走上股份制改造的发展道路。如今，银行业资产规模体量庞大，机构数量也日益增多，无法继续延续政府信用背书的行政手段保障金融体系稳定运行，利用市场手段，规范行业竞争，树立风险意识，是未来发展之道。三来，地方政府作为金融分权的后起之军，有意愿对区域性银行救助发挥更大作用，在政府救助向市场调控过渡的前阶段，地方政府可通过承担部分风险分担职责保障区域金融稳定。鄂尔多斯房地产崩盘、温州企业资金链断裂和包商银行的风险处置所导致的区域性金融风险中，地方政府都积极发挥着稳定金融系统的作用。让地方政府出资设立有序清算基金，可以促进中小银行的兼并收购，是建立稳定的区域金融系统的可行之路。

4.6.5.2 地方政府的风险承担份额

从上述分析思路中可以看出，我国建立有序清算基金之初，应由银保监会负责管理，设立经费应主要由地方政府承担（初期主要涉及小银行的有序退出）；待有序清算基金规模充实之后，再改设为独立的监管部门，并逐步由被保障主体（银行业）缴纳费用。这其中，地方政府出资设立有序清算基金各自应分担金额显然有所不同，因为不同地区的区域金融稳定对系统金融稳定的影响力不同。在这个思路下，本书拟通过系统重要性区域的排序，确定地方政府的风险承担份额。

为此，下文将参照系统重要性银行的评定方法，对 31 个省（自治区、直辖市）的区域系统重要性进行排名，对有序清算基金中地方政府的出资比例进行初步探讨。首先，通过专家打分法对系统重要性区域各指标权重进行独立评分；其次，在定性比较各评价指标相对重要性的基础上，进一步采用层次分析法（AHP），定量得到系统重要性区域综合测度体系各维度指标的确切权重；最后，通过对相关数据进行统计分析，得出系统重要性区域的排序结论。

本书利用专家打分法赋权系统重要性区域综合测度体系的具体步骤如下：

首先，对多个专家打分结果取算术平均数得到各指标的绝对值得分，采用因子分析的赋权原理，将绝对值得分进一步换算为标准值得分如表4-12所示。

表4-12　因子相对重要性量化标准得分

	x_1	x_2	y_1	y_2	y_3
x_1	1	x_{21}	$y_1 x_1$	$y_2 x_1$	$y_3 x_1$
x_2	x_{12}	1	$y_1 x_2$	$y_2 x_2$	$y_3 x_2$
y_1	$x_1 y_1$	$x_2 y_1$	1	y_{21}	y_{31}
y_2	$x_1 y_2$	$x_2 y_2$	y_{12}	1	y_{32}
y_3	$x_1 y_3$	$x_2 y_3$	y_{13}	y_{23}	1

其中，x_i、y_i 均为专家轮番对指标轮番打分的算术平均值。x_{ik}、y_{ik}、$x_i y_k$ 为不同指标的相对重要性。

其次，根据几何平均值按每行五级标准分计算出单个指标的相对重要性得分。

$$M_i = \sqrt[n]{\prod_{i=1}^{n} x_{ik}} \tag{4-54}$$

最后，计算指标相对权重的公式即为

$$w_i = \frac{M_i}{\sum_{i=1}^{n} M_i} \tag{4-55}$$

在 AHP 层次分析之后，需要检验多指标体系的内部一致性。具体来讲，用和积法计算出各矩阵的最大特征根 λ_{max} 及其特征向量 ϖ_i，并用 CR = CI/RI 进行一致性检验，当 CR<0.10，矩阵满足一致性；否则，重新判断，直至满意。检验步骤如下：

首先，将判断矩阵每一列进行正规化，即

$$\hat{b}_{ij} = \frac{b_{ij}}{\sum\limits_{i=1}^{n} b_{ij}} \qquad (4-56)$$

其中，i，$j = 1$，2，3，$\cdots$，n。

其次，经正规化后的判断矩阵按行相加，即

$$\varpi_i = \sum\limits_{j=1}^{n} b_{ij} \qquad (4-57)$$

再对向量 ϖ_i 正规化，即

$$\bar{\varpi}_i = \frac{\varpi_i}{\sum\limits_{j=1}^{n} \varpi_j} \qquad (4-58)$$

所得到的 $\bar{\varpi}_i = (\varpi_1, \varpi_2, \cdots, \varpi_n)$ 为所求特征向量。

最后，计算判断矩阵的最大特征根 λ_{max}，检验判断矩阵一致性：

$$CI = \frac{\lambda_{max} - n}{n - 1} \qquad (4-59)$$

$$CR = \frac{CI}{RI} \qquad (4-60)$$

CI 为一致性指标，n 为矩阵阶数，RI 为平均随机一致性指标。

（1）测度指标体系框架

系统重要性区域的指标体系框架拟参照系统重要性银行的指标体系框架。2011 年，巴塞尔银行监管委员会公布的 G-SIBS 计量方法和附加资本要求，以"规模、跨境活跃程度、关联度、可替代性和复杂性"五个指标（单个指标权重为 20%）对 G-SIBS 进行衡量。每个指标包含的二级指标分别为："规模"包含"表内资产余额、表内负债余额、总收入、市值"等；"跨境活跃程度"包含"跨境要求权和负债"；"关联度"包含"金融机构互持资产负债、批发融资规模"等；"可替代性"包含"支付系统、托管量"等；"复杂性"包含"境外资产、业务、机构数量"等。

与系统重要性银行划分标准相比，系统重要性区域指标体系去掉了"复杂性"这个指标，并将"可替代性"纳入"跨境活跃程度"中，各指标权重相应上调。基于模型的方法主要有 Co-VaR 法和夏普利（Shapley）值法等。将SIBs 的规模性、传染性与跨境活动性指标转化为系统重要性区域（SIDs）的测评指标，需要考虑全国省域的系统重要性区域的总量经济与风险特征（如图 4-10 所示）。

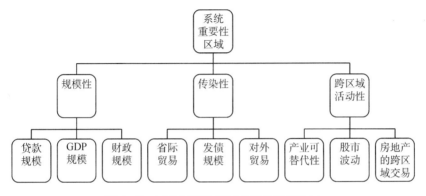

图 4-10　系统重要性区域的评价指标体系

（2）指标预处理

在 SIBs 国际标准的基础上，通过专家访谈与专家打分法实现基于 AHP 层次赋权的指标重要性确定（巴曙松和高江健，2012），配合项目课题①中的专家评价而得相对指标重要性。处理过程如表 4-13~表 4-18 所示。

表 4-13　系统重要性区域的评价指标体系评价权重调整

因素	指标	SIBs（FSB）/%	SIDs/%
系统重要性区域 综合指标	规模	25	30
	传染性	50	50
	跨区域活动性	25	20

---

① 国家社科基金重大项目课题组：《防范系统性、区域性金融风险研究——基于金融适度分权的视角》。

表 4-14　系统重要性区域的评价观测指标权重调整

因素	界面指标	观测指标	变量	G-SIBs/%	SIDs/%
系统重要性区域综合指标	规模	贷款	X1	25	10
		GDP	X2		15
		财政	X3		5
	传染性	省际贸易	X4	45	12
		发债规模	X5		15
		对外贸易	X6		12
	跨区域活动性	产业可替代性	X7	30	10
		股市波动	X8		8
		房地产的跨区域交易	X9		13

表 4-15　系统重要性区域目标层的相关性

因素	规模	传染性	跨区域活动性
规模	1	1.667	0.667
传染性	0.6	1	0.4
跨区域活动性	1.5	2.5	1

表 4-16　系统重要性区域规模类指标的相关性

规模	贷款	GDP	财政
贷款	1.00	1.50	0.50
GDP	0.67	1.00	0.33
财政	2.00	3.00	1.00

表 4-17　系统重要性区域传染类指标的相关性

传染性	省际贸易	发债规模	对外贸易
省际贸易	1.00	1.25	1.08
发债规模	0.80	1.00	0.83
对外贸易	0.92	0.83	1.00

表 4-18 系统重要性区域跨区域活动性的相关性

跨区域活动性	产业可替代性	股市波动	房地产的跨区域交易
产业可替代性	1.00	0.80	1.20
股市波动	1.25	1.00	1.50
房地产的跨区域交易	0.83	0.67	1.00

（3）指标体系的一致性检验

指标体系的一致性检验结果如表 4-19 所示。

表 4-19 系统重要性区域评价指标问卷化变量的一致性检验

	界面指标	观测指标	变量	RI 值
系统重要性区域综合指标	规模	贷款	X1	0.001 6
		GDP	X2	
		财政	X3	
	传染性	省际贸易	X4	0.006 9
		发债规模	X5	
		对外贸易	X6	
	跨区域活动性	产业可替代性	X7	0.000 3
		股市波动	X8	
		房地产的跨区域交易	X9	
RI 值		0.021 1		

由表 4-19 可知，各指标层次均通过了 0.1 的一致性检验临界值，可继续使用 AHP 权重对重要性区域进行测评。

（4）AHP 层次权重分析

通过 Matlab 对来自专家打分的结果进行层次赋权，得到的权重结果如表 4-20 所示。

表 4-20 系统重要性区域指标体系的 AHP 权重

界面指标	观测指标	变量	SIDs 主观/%	AHP 权重
规模	贷款	X1	10	0.088 02
	GDP	X2	15	0.058 58
	财政	X3	5	0.176 03

表4-20(续)

界面指标	观测指标	变量	SIDs 主观/%	AHP 权重
传染性	省际贸易	X4	12	0.073 74
	发债规模	X5	15	0.058 27
	对外贸易	X6	13	0.061 52
跨区域活动性	产业可替代性	X7	10	0.156 91
	股市波动	X8	8	0.196 13
	房地产的跨区域交易	X9	12	0.130 80

（5）系统重要性区域排名

下文将观测指标（准则层）对全国省域之间（测度层）进行赋权，并对实际测度效果进行检验。

区域之间贷款的相对重要性，使用2014年①各省人民币贷款余额进行计算，数据来源于人民银行发布的地区社会融资规模统计表，如表4-21所示。

表4-21　区域之间贷款的相对重要性

贷款	北京	天津	河北	山西	内蒙古	辽宁	吉林	黑龙江	上海	……
北京	1.00	0.43	0.52	0.31	0.28	0.62	0.24	0.26	0.89	
天津	2.31	1.00	1.21	0.71	0.65	1.42	0.55	0.59	2.06	
河北	1.91	0.83	1.00	0.59	0.54	1.18	0.45	0.49	1.71	
山西	3.24	1.40	1.69	1.00	0.91	1.99	0.77	0.83	2.89	
内蒙古	3.56	1.54	1.86	1.10	1.00	2.19	0.84	0.92	3.18	
辽宁	1.62	0.70	0.85	0.50	0.46	1.00	0.38	0.42	1.45	
吉林	4.23	1.83	2.21	1.30	1.19	2.60	1.00	1.09	3.77	
黑龙江	3.89	1.68	2.03	1.20	1.09	2.39	0.92	1.00	3.47	
上海	1.12	0.48	0.59	0.35	0.31	0.69	0.26	0.29	1.00	
……										

区域之间 GDP 的相对重要性，使用2014年各省地区生产总值进行计算，数据来源于国家统计局，如表4-22所示。

---

① 2015年部分宏观数据缺失，故统一采用2014年数据。

表 4-22　区域之间 GDP 的相对重要性

GDP	北京	天津	河北	山西	内蒙古	辽宁	吉林	黑龙江	上海	……
北京	1.00	0.74	1.38	0.60	0.83	1.34	0.65	0.71	1.10	
天津	1.36	1.00	1.87	0.81	1.13	1.82	0.88	0.96	1.50	
河北	0.73	0.53	1.00	0.43	0.60	0.97	0.47	0.51	0.80	
山西	1.67	1.23	2.31	1.00	1.39	2.24	1.08	1.18	1.85	
内蒙古	1.20	0.89	1.66	0.72	1.00	1.61	0.78	0.85	1.33	
辽宁	0.75	0.55	1.03	0.45	0.62	1.00	0.48	0.53	0.82	
吉林	1.55	1.14	2.13	0.92	1.29	2.07	1.00	1.09	1.71	
黑龙江	1.42	1.05	1.96	0.85	1.18	1.90	0.92	1.00	1.57	
上海	0.91	0.67	1.25	0.54	0.75	1.21	0.59	0.64	1.00	
……										

区域之间财政的相对重要性，使用 2014 年各省地方财政一般预算支出进行计算，数据来源于国家统计局，如表 4-23 所示。

表 4-23　区域之间财政的相对重要性

财政	北京	天津	河北	山西	内蒙古	辽宁	吉林	黑龙江	上海	……
北京	1.00	0.64	1.03	0.68	0.86	1.12	0.64	0.76	1.09	
天津	1.57	1.00	1.62	1.07	1.35	1.76	1.01	1.19	1.71	
河北	0.97	0.62	1.00	0.66	0.83	1.09	0.62	0.73	1.05	
山西	1.47	0.93	1.52	1.00	1.26	1.65	0.94	1.11	1.60	
内蒙古	1.17	0.74	1.21	0.80	1.00	1.31	0.75	0.89	1.27	
辽宁	0.89	0.57	0.92	0.61	0.76	1.00	0.57	0.68	0.97	
吉林	1.55	0.99	1.61	1.06	1.33	1.74	1.00	1.18	1.69	
黑龙江	1.32	0.84	1.36	0.90	1.13	1.48	0.85	1.00	1.43	
上海	0.92	0.59	0.95	0.63	0.79	1.03	0.59	0.70	1.00	
……										

区域之间省际贸易的相对重要性，使用 2014 年各省货物和服务净流出进行计算，数据来源于国家统计局，如表 4-24 所示。

表 4-24　区域之间省际贸易的相对重要性

省际贸易	北京	天津	河北	山西	内蒙古	辽宁	吉林	黑龙江	上海	……
北京	1.00	8.29	1.56	9.27	10.21	3.36	3.60	9.89	3.06	
天津	0.12	1.00	0.19	1.12	1.23	0.41	0.43	1.19	0.37	
河北	0.64	5.31	1.00	5.94	6.55	2.16	2.30	6.34	1.96	
山西	0.11	0.89	0.17	1.00	1.10	0.36	0.39	1.07	0.33	
内蒙古	0.10	0.81	0.15	0.91	1.00	0.33	0.35	0.97	0.30	
辽宁	0.30	2.46	0.46	2.76	3.04	1.00	1.07	2.94	0.91	
吉林	0.28	2.31	0.43	2.58	2.84	0.94	1.00	2.75	0.85	
黑龙江	0.10	0.84	0.16	0.94	1.03	0.34	0.36	1.00	0.31	
上海	0.33	2.71	0.51	3.03	3.34	1.10	1.18	3.23	1.00	
……										

区域之间发债规模的相对重要性，使用 2014 年各省地方财政国债还本付息支出进行计算，数据来源于国家统计局，如表 4-25 所示。

表 4-25　区域之间发债规模的相对重要性

发债规模	北京	天津	河北	山西	内蒙古	辽宁	吉林	黑龙江	上海	……
北京	1.00	0.74	3.36	1.10	2.56	4.87	7.08	1.54	1.35	
天津	1.36	1.00	4.56	1.49	3.47	6.61	9.60	2.09	1.83	
河北	0.30	0.22	1.00	0.33	0.76	1.45	2.11	0.46	0.40	
山西	0.91	0.67	3.07	1.00	2.34	4.45	6.46	1.41	1.23	
内蒙古	0.39	0.29	1.31	0.43	1.00	1.90	2.77	0.60	0.53	
辽宁	0.21	0.15	0.69	0.22	0.53	1.00	1.45	0.32	0.28	
吉林	0.14	0.10	0.47	0.15	0.36	0.69	1.00	0.22	0.19	
黑龙江	0.65	0.48	2.18	0.71	1.66	3.16	4.59	1.00	0.87	
上海	0.74	0.55	2.49	0.81	1.90	3.61	5.25	1.14	1.00	
……										

区域之间对外贸易的相对重要性，使用 2014 年各省经营单位所在地进出口总额进行计算，数据来源于国家统计局，如表 4-26 所示。

表 4-26　区域之间对外贸易的相对重要性

对外贸易	北京	天津	河北	山西	内蒙古	辽宁	吉林	黑龙江	上海	……
北京	1.00	0.32	0.14	0.04	0.04	0.27	0.06	0.09	1.12	
天津	3.10	1.00	0.45	0.12	0.11	0.85	0.20	0.29	3.48	
河北	6.94	2.24	1.00	0.27	0.24	1.90	0.44	0.65	7.79	
山西	25.60	8.25	3.69	1.00	0.90	7.02	1.63	2.40	28.73	
内蒙古	28.55	9.20	4.11	1.12	1.00	7.83	1.81	2.67	32.04	
辽宁	3.64	1.17	0.53	0.14	0.13	1.00	0.23	0.34	4.09	
吉林	15.75	5.08	2.27	0.62	0.55	4.32	1.00	1.47	17.68	
黑龙江	10.68	3.44	1.54	0.42	0.37	2.93	0.68	1.00	11.99	
上海	0.89	0.29	0.13	0.03	0.03	0.24	0.06	0.08	1.00	
……										

区域之间产业可替代性的相对重要性，使用 2014 年各省第三产业增加值与第一、二产业增加值之和的比值进行计算，数据来源于国家统计局，如表 4-27 所示。

表 4-27　区域之间产业可替代性的相对重要性

产业可替代	北京	天津	河北	山西	内蒙古	辽宁	吉林	黑龙江	上海	……
北京	1.00	0.28	0.17	0.23	0.18	0.20	0.16	0.24	0.52	
天津	3.60	1.00	0.60	0.82	0.66	0.73	0.58	0.86	1.87	
河北	5.95	1.66	1.00	1.35	1.10	1.21	0.95	1.42	3.10	
山西	4.41	1.23	0.74	1.00	0.81	0.89	0.71	1.05	2.30	
内蒙古	5.41	1.50	0.91	1.23	1.00	1.10	0.87	1.29	2.82	
辽宁	4.93	1.37	0.83	1.12	0.91	1.00	0.79	1.18	2.57	
吉林	6.24	1.73	1.05	1.41	1.15	1.27	1.00	1.49	3.25	
黑龙江	4.19	1.16	0.70	0.95	0.77	0.85	0.67	1.00	2.18	
上海	1.92	0.53	0.32	0.44	0.35	0.39	0.31	0.46	1.00	
……										

区域之间股市波动的相对重要性，使用 2014 年各省非金融企业境内股票融资进行计算，数据来源于人民银行发布的地区社会融资规模统计表，如表

4-28 所示。

表4-28　区域之间股市波动的相对重要性

股市波动	北京	天津	河北	山西	内蒙古	辽宁	吉林	黑龙江	上海	……
北京	1.00	0.07	0.14	0.01	0.02	0.11	0.11	0.09	0.31	
天津	13.85	1.00	1.94	0.11	0.34	1.49	1.52	1.23	4.28	
河北	7.14	0.52	1.00	0.06	0.17	0.77	0.79	0.63	2.21	
山西	128.57	9.29	18.00	1.00	3.14	13.86	14.14	11.43	39.71	
内蒙古	40.91	2.95	5.73	0.32	1.00	4.41	4.50	3.64	12.64	
辽宁	9.28	0.67	1.30	0.07	0.23	1.00	1.02	0.82	2.87	
吉林	9.09	0.66	1.27	0.07	0.22	0.98	1.00	0.81	2.81	
黑龙江	11.25	0.81	1.58	0.09	0.28	1.21	1.24	1.00	3.48	
上海	3.24	0.23	0.45	0.03	0.08	0.35	0.36	0.29	1.00	
……										

区域之间房地产跨区域交易的相对重要性，使用2014年各省固定资产投资中利用外资进行计算，数据来源于国家统计局，如表4-29所示。

表4-29　区域之间房地产跨区域交易的相对重要性

房地产跨区	北京	天津	河北	山西	内蒙古	辽宁	吉林	黑龙江	上海	……
北京	1.00	3.21	3.64	1.51	0.51	6.27	0.40	1.09	7.12	
天津	0.31	1.00	1.13	0.47	0.16	1.95	0.12	0.34	2.22	
河北	0.27	0.88	1.00	0.42	0.14	1.72	0.11	0.30	1.96	
山西	0.66	2.12	2.41	1.00	0.34	4.14	0.26	0.72	4.70	
内蒙古	1.96	6.30	7.14	2.97	1.00	12.30	0.78	2.14	13.97	
辽宁	0.16	0.51	0.58	0.24	0.08	1.00	0.06	0.17	1.14	
吉林	2.52	8.09	9.17	3.81	1.28	15.80	1.00	2.75	17.94	
黑龙江	0.92	2.94	3.33	1.39	0.47	5.74	0.36	1.00	6.52	
上海	0.14	0.45	0.51	0.21	0.07	0.88	0.06	0.15	1.00	
……										

根据所表示的各省对系统重要性各直接观测指标的重要性归属权重，再基于上文所建立的系统重要性区域 AHP 评价体系，导入 Matlab 进行运算，得到全国省域之间的系统重要性区域综合指数权重，并换算为 5 级得分标准进行排序，结果如表 4-30 所示。

表 4-30　系统重要性区域综合指数

区域	SIDs 指数	标准化	排序	区域	SIDs 指数	标准化	排序
北京	0.014 508	0.930 468	5	湖北	0.033 565	0.839 134	25
天津	0.020 091	0.903 708	12	湖南	0.017 886	0.914 278	9
河北	0.020 429	0.902 09	13	广东	0.010 375	0.950 275	1
山西	0.023 553	0.887 117	19	广西	0.024 622	0.881 992	21
内蒙古	0.023 621	0.886 793	20	海南	0.041 541	0.800 907	28
辽宁	0.016 53	0.920 776	7	重庆	0.022 399	0.892 65	18
吉林	0.027 799	0.866 767	24	四川	0.018 159	0.912 969	10
黑龙江	0.020 537	0.901 574	14	贵州	0.021 456	0.897 17	17
上海	0.011 84	0.943 253	2	云南	0.018 923	0.909 306	11
江苏	0.011 978	0.942 592	3	西藏	0.121 434	0.418 006	30
浙江	0.014 516	0.930 43	6	陕西	0.020 875	0.899 952	15
安徽	0.025 152	0.879 454	22	甘肃	0.025 554	0.877 526	23
福建	0.020 92	0.899 736	16	青海	0.208 651	0	31
江西	0.035 927	0.827 814	26	宁夏	0.059 743	0.713 671	29
山东	0.013 568	0.934 973	4	新疆	0.036 505	0.825 044	27
河南	0.017 343	0.916 879	8				

从表 4-30 中可以看出，系统重要性区域可分为三个梯队：第一梯队是排名靠前的前十个省（自治区、直辖市），有广东、上海、江苏、山东、北京、浙江、辽宁、河南、湖南、四川；第二梯队是排名居中的十个省（自治区、直辖市），有云南、天津、河北、黑龙江、陕西、福建、贵州、重庆、山西、内蒙古；第三梯队是排名居后的省（自治区、直辖市），有广西、安徽、甘肃、吉林、湖北、江西、新疆、海南、宁夏、西藏、青海。地方政府出资设立有序清算基金，可按照三个梯队，分别赋予相应的权重，遵照不同地区的区域金融稳定对系统金融稳定的影响力不同的基本理念，确定各自应分担的出资金额。

4.7 本章小结

本章主要研究了金融分权下银行业危机救助机制的对象识别程序。我国银行业危机救助的制度弊端，主要体现为政府与市场的边界模糊。一方面，银行业过度依赖政府救助，地方政府可能在救助过程中给予关联银行股东和一般债权人额外的租金，可能诱使其进一步扩张经营规模，加大经营风险；另一方面，政府的隐性担保，特别是地方政府的隐性担保，使得投资者更愿意向其关联银行业提供资金，削弱了市场约束。为了减轻上述弊端，并对危机救助中地方政府的自由裁量权加以约束，通过理论推演与现实分析，本章提出要加强微观经济主体的监管透明度和市场约束等建议。第一，提升监管透明度应要求监管指标更加标准化、简洁化，并且有利于政府在统一尺度下确定救助范围，并尽可能杜绝由于信息不对称而导致的地方政府道德风险问题；第二，提升市场约束力要求信息链条更短的银行股东和一般债权人应首先承担风险，加大银行业风险承担能力，逐步划清政府与市场的边界，强调市场之手的调节作用。无论是被救助主体监管透明度提升，还是市场约束力提升，都能使金融分权下的危机救助发挥更好的效果。

具体来讲，为了让问题银行在危机时不过度依赖政府救助，首先，可以让银行提前预备自救程序，通过增加私人部门救助成本分摊来避免救助俘获。要让金融分权下的银行业危机救助机制免受地方政府道德风险干扰，需提高被救助主体的自救能力。次贷危机以后提出的应急资本机制，可以提升被救助主体资本监管的客观性、透明度和市场约束力。巴塞尔Ⅲ提出更清晰的资本类型划分，加强了银行业的资本管理能力和风险管理能力，巩固了商业银行稳健运营的基础；其中，合格资本中减记和转股条款的强制性加入，使得原本因经营不善而导致风险暴露不再能轻易转嫁给全体纳税人，而是先由问题银行的股东和一般债权人承担，提高了市场约束力。目前，我国已参照国际标准颁布实施新资本管理办法，这将有利于消除银行业运营的特殊待遇，打破扭曲的市场机制，增强行业创新能力。

其次，为了在危机时及时稳定市场情绪，需建立针对存款人保护的统一保险制度，通过中央统一的制度设定，降低这一基本金融安全制度发生救助俘获的概率。存款保险制度作为金融安全网的重要组成部分之一，应尽量杜绝问题银行的俘获行为，从集权角度建立统一的存款保险体系，稳定存款人信心。由于地方政府拥有金融发展权和金融控制权的隐性分权，因此，地方政府极易被问题银行绑架，引发救助不一致。建立统一的保险机制，可以有效避免各类道德风险。一是，对商业银行而言，有利于加强监督中小商业银行的运营规范性。中小银行依赖政府扶持与救助并不利于其自身发展。从竞争公平性而言，行政力量干预下的政府救助行动往往使得好银行不得不接受坏银行的历史包袱，挫伤其稳健经营的积极性，降低其核心竞争力。二是，对地方政府而言，有利于理顺地方政府的历史责任。地方政府干预属地金融机构，表面上获取了金融资源，事实上也给自己套上了枷锁。问题银行的不良贷款"历史包袱"是由行政干预的"历史原因"所致，地方政府也就很难撇清责任，建立统一的存款保险机制可以让地方政府摆脱这种恶性循环。

最后，为了在政府危机救助时能有效区分"好银行""坏银行"，需预留问题银行的退出通道，并通过中央统一制定规则和地方承担成本两方面避免救助俘获。缺乏有序清算的存款保险制度只是单纯的"付款箱"，并不能很好地起到维护整个金融秩序稳定的作用。为了最大限度地保障市场机制不失灵，降低单个银行危机向金融体系蔓延的传染风险，各国均纷纷建立有序清算机制。由于银行的有序退出程序建立之初，主要涉及中小银行的有序退出，因此有序清算基金的设立可以在适度分权的基础上展开。一方面，我国存款保险基金于2015年刚刚建立，主要筹资方式就是参保银行缴纳保险费，如果有序清算基金也采用银行缴费的方式设立，会过分加大银行负担并可能削弱银行的市场竞争力。另一方面，从完全的政府救助一下过渡到完全的市场机制并不现实，在有序清算基金建立之初，政府应承担筹建成本。其中，由于地方政府有意愿对区域性银行救助发挥更大作用，且有序退出程序主要涉及区域性中小银行的有序退出，因此，地方政府应承担大部分筹建成本。为此，本书通过建立系统重要性区域的指标体系，遵照不同地区的区域金融稳定对系统金融稳定的影响力不同的基本理念，初步提出了确定地方政府在有序退出基金中各自应承担金额的方案。

5　金融分权下银行业危机救助的实施方案

　　金融风险千变万化，应对危机显然不能舍弃救助机制的灵活性。危机爆发阶段，市场机制可能失灵，局势陷入混乱。尽管对市场失灵和政府失灵的争论不断，但是，在权衡市场失灵和政府失灵二者的危害程度[①]时，如果政府失灵能在良好的机制设计下得到有效约束，那么两害相权取其轻，通过扩大和强化各个政府部门的多极监管能力和风险处置能力，建立适度分权的危机救助机制，可提升政府应对银行业危机的灵活性、针对性和有效性。适度金融分权下的危机救助机制，一方面，能增强救助政策的可预见性，改进预期传导渠道和事前信号机制；另一方面，通过事后对利益相关方进行问责，可以调整地方政府潜在行为偏差，对地方政府自由裁量权进行约束。

　　在适度金融分权下，为达到系统应对银行业危机、降低风险传染性的目的，需加强监管当局之间的信息共享和联合行动。从历史经验来看，金融危机全面爆发并不是一蹴而就，传染风险才是导致危机持续发酵、市场信心逆转的关键因素。提升中央和地方政府联合应对危机的能力，有助于遏制传染风险，提升危机救助的有效性。Goodhart 和 Huang（1999）认为，从动态和跨期角度来看，由于各种概率不确定，最后贷款人救助应综合权衡道德风险和传染风险。图 5-1 表明，危机时期道德风险会随着政府救助行动的开展而逐渐增加，但是随着政府救助措施的退出，道德风险将逐渐回归长期均衡水平；然而由于传染风险在危机时期的增长呈指数型上升趋势，政府对传染风险的救助收益趋向于无穷大。可见，从系统性金融风险防范角度统筹把控银行业危机，需要适

---

① 通过试错知道政府干预的大体边界以后，就要以制度的形式确定下来，以避免重复付出试错成本。

度分权、相互配合的救助机制，其中，由于道德风险的存在，危机救助中行政干预应在传染风险将要发生时再发挥作用。

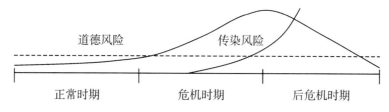

道德风险　　　　传染风险

正常时期　　　　危机时期　　　　后危机时期

图 5-1　危机前后道德风险与传染风险的变化趋势

本章将从金融适度分权角度，探讨我国银行业危机救助政策的灵活运用与协调配合方案，即如何运用各种手段在危机持续扩大趋势下统一行动，断源头、防传染，保障金融体系稳健运行。

5.1　加入传染风险的银行俘获理论研究

在上文金融分权与银行俘获的理论研究中，本书设定政府对于问题银行摆脱危机的正效用为 $S(q)$。通过分析发现，危机自救能力较低的问题银行由于受到向下扭曲效应[①]，在政府释放市场流动性之后，该类机构仍然存在债务缺口。如果该类机构选择违约将导致危机蔓延，传染风险会给中央政府带来额外的负效用。具体来讲，传染风险通过交易对手、关联机构、金融市场等持续放大危机，产生大幅波动或严重负面冲击，其传导渠道包括交易对手违约、资产价格剧烈波动、非理性预期等。

在危机救助中，传染风险政府关注的核心，相对而言，道德风险并不起决定性作用。应对市场失灵，政府救助是合理和必要的，若不对金融体系进行扶持，不担心产值偏离趋势水平，那么，就不会产生由政府救助带来的道德风险。

在社会总福利函数中，传染风险会带来额外的负效用 $NS(q)$，政府避免传染风险需要支付防传染成本 $(1+\lambda)C(q)$，其中 $C(q) = \max\{\bar{q}^* - \bar{q}, \hat{q}^* - \hat{q}\}$，即危机自救能力为 $\underline{\theta}$ 和 $\hat{\theta}$ 两类银行债务缺口的较大者。

---

① 在之前的分析中可以看到，危机自救能力高的高效率金融机构，其债务支付水平不会受到扭曲；而中等效率和低效率金融机构的债务支付水平都将受到向下的扭曲。

在前文的分析中，$\underline{\theta}$ 类型银行的债务缺口始终最大[①]，因此，假设 $C(q)$ 始终取 $\overline{q}^* - \overline{q}$ 值。

那么，在考虑传染风险后，中央政府救助力度还受到危机蔓延的负效用和防传染成本两者中最小值的影响，即 $\min\{NS(q), (1+\lambda)C(q)\}$。一般来讲，系统重要性银行一旦违约，传染风险带来的负效用非常大；随着银行系统影响力缩小，传染风险带来的负效用也随之减小。为简化分析，这里仅讨论银行系统影响力较大时的情形，即 $NS(q) > (1+\lambda)C(q)$。在该假设前提下，中央政府不会选择承担传染风险导致的负效用，而会加大债务缺口的补偿力度。即 $\min\{NS(q), (1+\lambda)C(q)\} = (1+\lambda)C(q)$。故中央政府的目标效用为：

$$U_g \equiv S(q) - (1+\lambda)t - (1+\lambda)C(q) \tag{5-1}$$

5.1.1 问题银行俘获监督者

由上文的分析可知，为防范合谋需要对监督者进行政府转移支付，其预期社会成本为 $\lambda[v^2\xi^2 s_2 + 2v\xi(1-v\xi)s_1]$，因此，社会福利函数为：

$$
\begin{aligned}
W = (1-v\xi)^2 W_0(\hat{q}_0, \overline{q}_0) + 2v\xi(1-v\xi) W_1(\hat{q}_1) + v^2\xi^2 W_2 \\
- \lambda[v^2\xi^2 s_2 + 2v\xi(1-v\xi)s_1] - (1+\lambda)C(q)
\end{aligned} \tag{5-2}
$$

将激励相容约束 $\hat{U}_f^0 = \Delta\theta\overline{q}_0$，$\underline{U}_f^0 = \Delta\theta(\overline{q}_0 + \hat{q}_0)$，$\underline{U}_f^1 = \Delta\theta\hat{q}_1$、理性参与约束 $\overline{U}_f^0 = 0$，$\hat{U}_f^1 = 0$，防合谋约束条件 $s_2 = k\underline{U}_f^0$，$s_1 = k\hat{U}_f^0$，和防传染风险成本 $C(q) = \overline{q}^* - \overline{q}_0$ 代入，(5-2) 式变为

$$
W = (1-v\xi)^2 \left\{
\begin{array}{l}
P_0(\underline{\theta})\ [S(\underline{q}_0) - (1+\lambda)\underline{\theta}\underline{q}_0 - \lambda\Delta\theta(\overline{q}_0 + \hat{q}_0)] + \\
P_0(\hat{\theta})\ [S(\hat{q}_0) - (1+\lambda)\hat{\theta}\hat{q}_0 - \lambda\Delta\theta\overline{q}_0] + \\
P_0(\overline{\theta})\ [S(\overline{q}_0) - (1+\lambda)\overline{\theta}\overline{q}_0]
\end{array}
\right\} +
$$

$$
2v\xi(1-v\xi) \left\{
\begin{array}{l}
P_1(\underline{\theta})\ [S(\underline{q}_1) - (1+\lambda)\underline{\theta}\underline{q}_1 - \lambda\Delta\theta\hat{q}_1] + \\
P_1(\hat{\theta})\ [S(\hat{q}_1) - (1+\lambda)\hat{\theta}\hat{q}_1]
\end{array}
\right\} +
$$

[①] 不存在监督者时，$S'(q)$ 表达式中第二项由大到小分别是 $S'(\overline{q})$ 和 $S'(\hat{q})$（第二项越大表明债务缺口越大）；引入监督者时，$S'(q)$ 表达式中第二项由大到小分别是：$S(\overline{q}_0)$、$S(\hat{q}_1)$ 和 $S(\hat{q}_0)$。可见，无论是否存在监督者，低自救能力问题银行的债务缺口都是最大的。

$$v^2\xi^2\left[S(\underline{q_2}) - (1+\lambda)\underline{\theta}\underline{q_2}\right] -$$

$$\lambda\left[v^2\xi^2 k\Delta\theta(\overline{q_0} + \hat{q_0}) + 2v\xi(1-v\xi)k\Delta\theta\overline{q_0}\right] - (1+\lambda)(\overline{q}^* - \overline{q_0}) \tag{5-3}$$

一阶条件为

$$S'(\underline{q_0^{one}}) = S'(\underline{q_1^{one}}) = S'(\underline{q_2^{one}}) = (1+\lambda)\underline{\theta} \tag{5-4}$$

$$S'(\hat{q_0}^{one}) = (1+\lambda)\hat{\theta} + \lambda\left[\frac{P_0(\underline{\theta})}{P_0(\hat{\theta})} + \frac{kv^2\xi^2}{(1-v\xi)^2 P_0(\hat{\theta})}\right]\Delta\theta \tag{5-5}$$

$$S'(\overline{q_0}^{one}) = (1+\lambda)\overline{\theta} + \lambda\left[\frac{P_0(\underline{\theta}) + P_0(\hat{\theta})}{P_0(\overline{\theta})} + \frac{kv\xi(2-v\xi)}{(1-v\xi)^2 P_0(\overline{\theta})}\right]\Delta\theta -$$

$$\frac{(1+\lambda)}{(1-v\xi)^2 P_0(\overline{\theta})} \tag{5-6}$$

$$S'(\hat{q_1}^{one}) = (1+\lambda)\hat{\theta} + \lambda\frac{P_1(\underline{\theta})}{P_1(\hat{\theta})}\Delta\theta \tag{5-7}$$

与不包含传染风险的分析结果相对比，仅（5-7）式有所减小，由于 $S' > 0$，$S'' < 0$，于是 $\overline{q_0}^{one}$ 变大，即，考虑传染风险后，低危机自救能力问题银行的被救助范围扩宽了。由于预期中央政府将对传染风险进行遏制，扣除传染风险补贴前的社会总租金被消减 $\left[S'(\overline{q})$ 变小$\right]$，但是社会总福利需另外讨论。

5.1.2 分权机制下的俘获行为

假设监督者变为两个——监管机构和地方政府，每个监督者分别负责观测一个信号。两个监督者分别得到可证实信号 σ_1 和 σ_2，但它们并不知道对方获得怎样的信息。此时，被俘获的对象可以是监督者一（如监管机构）或监督者二（如地方政府）。

5.1.2.1 防范合谋约束条件

当监督者一获得可证实信号 $\sigma_1 = \Delta\theta$ 时，它被俘获后所得到的租金分为三种情况：

（1）问题银行的类型为 $\underline{\theta}$，监督者二观测到可证实信号 $\sigma_2 = \Delta\theta$ 并上报中央政府。该种情况发生的概率为 $v\xi$，能得到的最大租金为 $\underline{U_f^1} = \Delta\theta\hat{q_1}$。

（2）问题银行的类型为 $\underline{\theta}$，监督者二未观测到任何信号。该种情况发生的概率为 $v(1-\xi)$，能得到的最大租金为 $\underline{U_f^0} - \underline{U_f^1} = \Delta\theta(\overline{q_0} + \hat{q_0} - \hat{q_1})$。

（3）问题银行的类型为 $\hat{\theta}$，监督者二无法获得任何信号。该种情况发生的

概率为 $(1-v)$ ，能得到的最大租金为 $\hat{U}_f^0 = \Delta\theta\bar{q}_0$。

要防止监督者一被俘获，对其的转移支付应满足：

$$s_1 \geq k\min\{\underline{U}_f^1, \ U_f^0 - \underline{U}_f^1, \ \hat{U}_f^0\} \tag{5-8}$$

由 $\hat{q}_0 > \hat{q}_1 > \bar{q}_0$，上式可化简为

$$s_1 \geq k\Delta\theta\bar{q}_0 \tag{5-9}$$

同理，当监督者二观测到可证实信号 $\sigma_2 = \Delta\theta$ 时，为避免其被俘获也要满足上式。故对两个监督者总的转移支付成本为：$2v\xi\lambda k\Delta\theta\bar{q}_0$。

5.1.2.2 目标函数求解

在分权机制下，找到了对监管机构和地方政府两个监督者的转移支付成本后，社会福利函数变为

$$W = (1-v\xi)^2 W_0(\hat{q}_0, \bar{q}_0) + 2v\xi(1-v\xi) W_1(\hat{q}_1) + v^2\xi^2 W_2 - 2v\xi\lambda k\Delta\theta\bar{q}_0 - (1+\lambda) C(q)$$

$$= (1-v\xi)^2 \left\{ \begin{array}{l} P_0(\underline{\theta}) \left[S(\underline{q}_0) - (1+\lambda) \underline{\theta}\underline{q}_0 - \lambda\Delta\theta(\bar{q}_0 + \hat{q}_0) \right] + \\ P_0(\hat{\theta}) \left[S(\hat{q}_0) - (1+\lambda) \hat{\theta}\hat{q}_0 - \lambda\Delta\theta\bar{q}_0 \right] + \\ P_0(\bar{\theta}) \left[S(\bar{q}_0) - (1+\lambda) \bar{\theta}\bar{q}_0 \right] \end{array} \right\} +$$

$$2v\xi(1-v\xi) \left\{ \begin{array}{l} P_1(\underline{\theta}) \left[S(\underline{q}_1) - (1+\lambda) \underline{\theta}\underline{q}_1 - \lambda\Delta\theta\hat{q}_1 \right] + \\ P_1(\hat{\theta}) \left[S(\hat{q}_1) - (1+\lambda) \hat{\theta}\hat{q}_1 \right] \end{array} \right\} +$$

$$v^2\xi^2 \left[S(\underline{q}_2) - (1+\lambda) \underline{\theta}\underline{q}_2 \right] - 2v\xi\lambda k\Delta\theta\bar{q}_0 - (1+\lambda) (\bar{q}^* - \bar{q}_0) \tag{5-10}$$

（5-10）式的一阶条件为

$$S'(\underline{q}_0^{two}) = S'(\underline{q}_1^{two}) = S'(\underline{q}_2^{two}) = (1+\lambda) \underline{\theta} \tag{5-11}$$

$$S'(\hat{q}_0^{two}) = (1+\lambda) \hat{\theta} + \lambda \frac{P_0(\underline{\theta})}{P_0(\hat{\theta})}\Delta\theta \tag{5-12}$$

$$S'(\bar{q}_0^{two}) = (1+\lambda) \bar{\theta} + \lambda \left[\frac{P_0(\underline{\theta}) + P_0(\hat{\theta})}{P_0(\bar{\theta})} + \frac{2kv\xi}{(1-v\xi)^2 P_0(\bar{\theta})} \right] \Delta\theta - \frac{(1+\lambda)}{(1-v\xi)^2 P_0(\bar{\theta})} \tag{5-13}$$

$$S'(\hat{q}_1^{two}) = (1+\lambda) \hat{\theta} + \lambda \frac{P_1(\underline{\theta})}{P_1(\hat{\theta})}\Delta\theta \tag{5-14}$$

与仅包含一个监督者的结果相对比，（5-11）式和（5-14）式未发生改变，（5-12）式较（5-5）式变小，（5-13）式较（5-6）式变大，即在完全信息不对称情况下，增加监督者导致中等自救能力问题银行的扭曲效应减小，但对 $\bar{\theta}$ 类型机构的待偿还债务缺口产生了更大的扭曲效应，如图 5-2 所示。

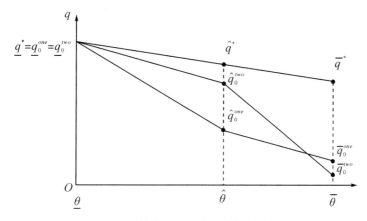

图 5-2　信息完全不对称的债务缺口

完全信息不对称情况下，假设 $S'(\hat{q}_0^{one}) - S'(\hat{q}_0^{two}) = S'(\bar{q}_0^{two}) - S'(\bar{q}_0^{one})$ ，即增加监督者后 $\hat{\theta}$ 类型银行租金的减少等于 $\bar{\theta}$ 类型银行租金的增加时，得 $v = \dfrac{1}{3 - 2\xi}$。此时，若分析增加监督者对社会福利函数的影响，只需对比两种情况下防范合谋和防范传染风险的社会成本之和。

5.1.3　两个监督者之间是否会串谋

之前假设两个监督者之间相互不知情，现放宽假设条件，讨论他们是否会产生串谋。

串谋的博弈策略如下：在得到信号之前，每个监督者都如实承诺是否会与另一个监督者分享信息。下面求解这个纳什均衡的博弈结果。

当两个监督者都承诺分享信息时，每个监督者期望得到

$$A_{11} = \frac{1}{2}v^2\xi^2 \underline{U}_f^0 + v\xi(1 - v\xi)\,\hat{U}_f^0 \tag{5-15}$$

当该监督者承诺分享信息，而对方拒绝分享信息时，这个监督者期望得到

$$A_{10} = \frac{1}{2}v^2\xi^2 \hat{U}_f^0 + \frac{1}{2}v\xi(1 - v\xi)\,\bar{U}_f^0 \tag{5-16}$$

当该监督者拒绝分享信息，而对方承诺分享信息时，分三种情况讨论。

①如果该监督者能确定问题银行的类型为 $\underline{\theta}$，则他会要求得到 $U_f^0 - U_f^1$；②如果只有对方观察到信号，该监督者会要求得到 $\dfrac{\hat{U}_f^0}{2}$；③如果只有它观察到了信号而对方没有信号，则该监督者会要求得到 $\hat{U}_f^0$。因此，这个监督者期望得到

$$A_{01} = v^2\xi^2(\underline{U}_f^0 - \underline{U}_f^1) + \frac{3}{2}v\xi(1 - v\xi)\,\hat{U}_f^0 \tag{5-17}$$

当两个监督者都拒绝分享信息时，每个监督者都期望得到

$$A_{00} = v^2\xi^2\hat{U}_f^0 + v\xi(1 - v\xi)\,\hat{U}_f^0 \tag{5-18}$$

由于 $A_{10} < A_{00}$，$A_{11} < A_{01}$，容易看到两个监督者容易陷入囚徒困境（如表 5-1 所示），因此不会发生串谋。

表 5-1   监督者的囚徒困境

监督者1		监督者2	
		分享	不分享
监督者1	分享	A_{11}，A_{11}	A_{10}，A_{01}
	不分享	A_{01}，A_{10}	A_{00}，A_{00}

5.1.4　分权与集权的选择标准

由于在模型中加入了传染风险，从防范合谋和防范传染风险的社会总成本角度来看，是否应当增加监督者，且进行分权的标准是什么？

只有一个监督者时，防范合谋和防范传染风险的社会总成本为

$$\lambda v\xi k\Delta\theta[v\xi(\overline{q}_0^{one} + \hat{q}_0^{one}) + 2(1 - v\xi)\,\overline{q}_0^{one}] + (1 + \lambda)(\overline{q}_0^* - \overline{q}_0^{one}) \tag{5-19}$$

当有两个监督者（分权机制）时，防范合谋的社会成本变为

$$2v\xi\lambda k\Delta\theta\overline{q}_0^{two} + (1 + \lambda)(\overline{q}_0^* - \overline{q}_0^{two}) \tag{5-20}$$

令两者相等，易得

$$\frac{\lambda}{1 + \lambda}v\xi k\Delta\theta\left(v\xi\frac{\hat{q}_0^{one} - \overline{q}_0^{one}}{\overline{q}_0^{one} - \overline{q}_0^{two}} + 2\right) = 1 \tag{5-21}$$

上式左边大于1时，分权（加入地方政府监督）有利于防范合谋和防范传染风险两类成本的控制；上式左边小于1时，集权（一个监督者）更有利。通过比较静态分析，容易得到在其他条件不变的情况下：

①救助资金成本 λ 越大，分权越有利；

②$\underline{\theta}$ 类型银行的概率 v 越大，分权越有利；

③监督技术 ξ 越好①，分权越有利；

④越缺乏其他防止问题银行与监督者合谋的手段（k 越大），分权越有利②；

⑤问题银行的危机自救能力提升空间 $\Delta\theta$ 越大，分权越有利。

综上所述，分权救助的优势在减轻信息不对称问题（如控制实际救助成本、识别问题银行类型和识别问题银行自救能力提升空间等），但需要恰当的激励机制约束政府道德风险和提升救助主体监管技术。

5.2　金融分权与救助实施方案

随着金融业的快速发展和以互联网为特征的新金融业态的不断涌现，金融风险的复杂性日益凸显。现行的以金融委为核心、央行负责宏观审慎监管和货币政策、监管机构负责微观审慎监管、地方政府配合的金融监管体系，对推动国家及地方金融改革发展、培育金融市场体系、管理金融风险、维护金融稳定等方面发挥了重要作用。但是，如何统一不同主体的监管目标，增强核心部门的监管独立性，运用边缘部门的监管资源，推动监管权力的合理配置，促进监管技术的持续优化等，仍需仔细研究。适度的金融分权可以有效提升银行业危机救助机制的灵活性，同时，也对协调应对危机提出了更高的要求。

建立适度金融分权下的银行业危机救助机制不仅可以拓宽救助主体，还可以扩宽救助资金来源。以央行的最后贷款人机制为例，央行的作用虽然十分关键，但它并不是唯一的最后贷款人，最后贷款人机制的主体在发展与变化中被不断扩展。首先，最后贷款人主体可以扩展到其他公共部门。Fischer（1999）认为其他机构也可能部分地扮演最后贷款人角色。Bordoa 和 Schwartzb（1999）也认为，在一定条件下，其他公共机构可以承担最后贷款人角色。在美国，财政部、清算中心和货币监理署都在一定程度上承担过最后贷款人的角色；加拿

---

①　如果地方政府和监管机构获取的信息截然不同或相关性很小，监管机构获取金融机构规范层面的信息，而地方政府补充给中央政府是除此以外的其他信息，这就相当于变相提高了监督技术，则分权将使得全社会福利水平提高。

②　前文是从被救助者的角度，通过对比问题银行是否俘获监督者，得到应标准化监管指标、加强对监督者的监管、建立监督者声誉机制等，使 k 变小，减少监督者被俘获的概率；此处从救助方式的角度，若 $\vartheta = \bar{\vartheta}$ 越大，则越难防范问题银行俘获监督者，而增加监督者是防止合谋的手段之一，有利于提升社会总福利。

大的财政部和外汇管理局也救助过深陷危机的银行。其次，最后贷款人主体可以扩展到私人部门。政府组织有资金、实力强的银行向陷入困境的银行提供帮助（资金援助或兼并重组），可使私人部门参与到危机救助当中。最后，最后贷款人主体还可以扩展到国际部门。随着经济金融一体化的加速，大量的国际资本跨国流动，一旦出现危机，极有可能在世界范围内迅速传播。国际货币基金组织（IMF）适合承担一部分国际最后贷款人职能，作为资金提供者，国际货币基金组织可以向陷入危机的成员国提供贷款与技术援助；作为危机管理者，国际货币基金组织可以通过对危机中的成员国进行组织和协调，使之相互提供必要的帮助。国际清算银行也能承担一部分国际最后贷款人职能，各国央行通过国际清算银行建立的联系，可以帮助国际援助采取更为及时的行动。此外，最后贷款人功能的扩展往往还表现为其资金来源的扩展。可见，分权监管有其制度优势，但需施加恰当约束。

5.2.1　金融发展权与救助实施方案

金融发展权是地方政府发展金融机构、市场和基础设施的权利，金融分权下的银行业危机救助机制一方面可以约束隐性金融发展权引发的地方政府道德风险，另一方面还能充分利用地方政府的信息优势，提升危机救助的有效性。

第一，金融分权下的银行业危机救助机制能有效遏制地方政府对区域借款人的纵容，降低地方政府对银行的不完全保护。在经济谈判中，提供资金的银行相对于地方政府处于劣势，地方政府对地方国企和地方龙头企业的包庇纵容，导致不良贷款的形成。金融分权下的银行业危机救助机制赋予了地方监管机构一定的危机救助职责，可以有效抑制隐性金融发展权引发的政府防御性决策，降低地方政府对银行实施不完全保护的动机，改进事前信号机制。具体如图 5-3 所示。

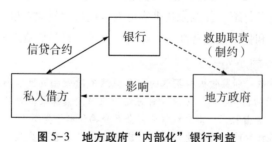

图 5-3　地方政府"内部化"银行利益

第二，金融分权下的银行业危机救助机制有利于提升银行业危机救助的时效性。金融体系功能受到严重损害时，存在着危机应对的黄金二十四小时，救助越果断及时，效果越好（Carlson 和 Rose，2015）。若最后贷款人机制完全集中在中央，虽然协调性高、管理体系简单、制度公平性高，但是无法及时应对区域性银行业危机，反而可能导致危机的深化蔓延。

第三，金融分权下的银行业危机救助机制能充分利用地方政府信息优势。一来，由于地方政府对属地经济发展、资源优势、消费特点等都有更加深入的了解，在面对银行业危机时就更可能寻找到稳定市场情绪、防止风险传染的救助方式，有效控制实际救助成本。二来，在金融发展权驱使下，多数地方政府积极承担了化解及处置区域性金融风险的职责，积累了较多经验与手段。三来，中央银行在发挥最后贷款人功能时，也需要更多信息，及时准确判断问题银行的流动性和系统性风险状况，以便采取相应的救助措施。历史上，英格兰银行就是由于缺乏第一手监管信息，未能对北岩银行展开及时救助。四来，由于完善的抵押品安排对确保央行资金安全，畅通货币传导渠道能发挥重要作用（Bindseil，2014），因此，央行在救助问题银行时，需要银行提供优质充足的抵押品以防范道德风险。在针对区域性银行的救助行动中，地方监管机构可以发挥该机制的监督、保障作用。五来，财政部门实施经济刺激计划时，如果没有基层体制保障，无法达到精准救助。金融分权下的银行业危机救助机制可以承担有效甄别项目的职责，将政府的救助手段精细化。

第四，金融分权下的银行业危机救助机制能促进监管技术的持续优化。地方监管机构被赋予一定的救助职责之后，逐渐积累的经验、技术、手段能复制到其他地区，不同地方的竞争效应还能间接促进制度创新，最终实现整体政策制定水平的提高。例如温州金融综合改革的许多实践经验，就通过学习效应传播到了全国其他地区。

第五，金融分权下的银行业危机救助机制可以增强核心监管部门的独立性。发展与完善金融基础设施，可以降低系统性风险，核心监管部门应致力于维持金融体系稳定的基础设施建设。而且，危机救助时中央银行承担了过多政策目标，经济衰退对货币政策的过度依赖，使得政策退出更加困难，损害了货币政策的自主性。Bayoumi 和 Saborowski（2014）认为，量化宽松和低利率政策降低了财政融资成本，实际上是将财政赤字货币化，将财政风险转嫁到金融部门。金融分权下的银行业危机救助机制应当对部门之间的分工协作制定原则，通过明确责任避免重复行动。同时，由于提升了政策的可预见性，也改进了预期传导机制。

5.2.2　金融控制权与救助实施方案

金融控制权是地方政府对控制地方金融所有权、经营权和人事权享有的权利，金融分权下的银行业危机救助机制可以约束隐性金融控制权引发的地方政府道德风险，规范资本的风险承担约束。

首先，金融分权下的银行业危机救助机制通过赋予地方政府规范的金融权利，可以避免地方政府对市场机制的侵蚀。地方政府事权与财权不匹配，可能导致其在缺乏法律依据和法律授权的情况下，试图通过控股区域性金融机构获取金融权利，从而使得政府与市场边界不清。危机救助过程中地方政府表现出的监管标准不一致和监管过度宽松，将影响地方金融系统，乃至整个金融系统的运行效率。在应对金融危机时各国政府无一例外地强化了政府的力量，但是，我国政府不仅要拯救市场、化解危机，还要修正自身越位与缺位的问题。前者需要政府培养和提高公民的危机管理意识，合理引导和利用民间社会组织的力量参与危机的处理，并采取一切可能措施恢复经济平稳健康增长；后者需要政府重视危机管理中决策系统和管理协调部门的建设，金融分权下的银行业危机救助机制有利于完善政府危机管理的法律体系。

其次，金融分权下的银行业危机救助机制可以切断不规范的金融创新。地方政府不仅参股城市商业银行、村镇银行等地方性金融机构，还在一定程度上引导了影子银行等一系列"自下而上"的金融创新。城市及农村商业银行、农村信用社等金融机构，是 2009 年以来银行理财产品重要的发行群体。金融分权下的银行业危机救助机制通过让地方金融监管机构对区域性金融机构负有风险处置职责，使其在功能监管、行为监管方面有了更健康、更完善的关系与定位，修正其潜在行为偏差。

最后，金融分权下的银行业危机救助机制可以增强资本的风险承担约束。银行业危机救助过程中，资本发挥应有的风险承担作用可以降低政府救助成本。但是，由于政府与市场的边界模糊不清，导致中小金融机构股权类型复杂、股权结构不合理、股权流转不健全的问题突出。在建立金融分权下的银行业危机救助机制的同时，按照激励相容原则，对中小银行进行以公司治理为核心的股权改造，有利于区域金融监管职责有效发挥。

5.2.3　金融监管权与救助实施方案

金融监管权是地方政府针对地方市场准入、日常监管和救助责任的权利，金融分权下的银行业危机救助机制能推动监管权力的合理配置。

首先，金融分权下的银行业危机救助机制扩展了银行业危机救助的手段。分业监管和未有效监管的综合经营之间的矛盾，是导致监管套利大行其道、金融风险大量积聚的主要原因。通过让地方政府在坚持金融管理主要是中央事权的前提下，按照中央统一规则，加强属地风险处置职责，能有力覆盖主力金融之外的监管维度。目前，小额贷款公司、融资担保公司、地方资产管理公司、融资租赁企业等地方性金融机构及非持牌的地方金融活动，都主要由地方政府负责监管和风险处置。分权监管可以改善单独监管可能引发的监管套利行为，但前提是，需加强地方金融监管机构的从业人员培训，建立一支过硬的地方金融监管队伍。

其次，区域性金融风险成为危机救助的重灾区，金融分权下的银行业危机救助机制有利于切断各类风险源头。近年来我国各类区域性风险频现，并有向系统性风险转化的趋势，机构盲目扩张、市场违规发展、金融乱象频现，区域性金融面临流动性甚至清偿性危机的可能性正在不断增加。一来，我国地方金融体系危机四伏。土地财政助长房地产泡沫、地方债务困局仍处于高危区、地方滥办金融乱象屡禁不止，不完善的地方金融监管，各类风险就如同悬在头顶的一把把利剑；二来，我国政府行政干预色彩浓厚。政府强有力的信用背书以及政府在经济运行中重要的市场地位，使得政府成为经济运行中不可或缺的一环，然而我国却长期缺乏对政府道德风险的重视。金融分权下的银行业危机救助机制有利于改变这一扭曲的激励，将不同市场的金融风险归属在不同的监管机构之下，以加强监管约束。

再次，建立金融分权下的银行业危机救助机制有助于在"救市场"与"救机构"之间双向推进。中央银行作为最后贷款人在危机救助中有着天然的优势，由于拥有传统流动性工具并能够灵活地进行政策创新，中央银行能更加顺畅地开展市场救助活动（Fischer，2016）。尽管有不少学者倾向于"救市场"的论调（Goodfriend 和 King，1988；Kaufman，1991），但是支持"救机构"的学者（Solow，1982；Goodhart，1987）也给出了充分的论据。分权救助带来的监管组合，能及时有序地推进"救市场"与"救机构"，做到有备无患。

最后，金融分权下的银行业危机救助机制能在危机应对过程中，进一步解决深层次的经济结构问题。由于金融分权下的银行业危机救助机制救助主体多，救助层次丰富，在救助政策退出时能做出更好的安排。在救助政策退出时，需要从支持总需求转向巩固经济基础，从政府加杠杆转向巩固财政、减少赤字，通过使金融分权下的银行业危机救助机制建立以支持经济可持续发展为目标的核心理念，可以进一步解决深层次的经济结构问题。否则，可能导致大量救助资金并未真正流入实体经济，而涌向房地产和股票等资本市场，导致经济复苏进程缓慢。

5.2.4 救助方案的协调配合

金融分权下的银行业危机救助机制能在金融发展权方面降低对银行的不完全保护，提升救助的时效性，充分利用地方政府信息优势，促进监管技术的持续优化，增强核心监管部门独立性；在金融控制权方面避免地方政府对市场机制的侵蚀，切断不规范的金融创新，增强资本的风险承担约束；在金融监管权方面扩展银行业危机救助的手段，利于切断各类风险源头，有助于在"救市场"与"救机构"之间双向推进，进一步解决深层次的经济结构问题。但是，如何增强数量繁多、层次丰富的救助主体之间的协调配合，有效遏制政府道德风险在危机救助中的不良影响，仍值得思索。

首先，货币政策与财政政策的协调配合。刘锡良等（1999）非常强调宏观政策的配合问题，认为正确制定或实施财政、货币政策很大程度上决定了经济运行出现问题后能否顺利而有效地得以矫正。那么，在金融分权下的银行业危机救助机制中的侧重点又会有何不同呢？各级财政在用高等级债务替代低等级债务的过程中，可以为中央银行疏通货币政策渠道；在资金提供和扩大内需过程中，各级财政具有灵活性的补偿操作，能防止社会动荡，保障货币政策的流动性注入环境；货币政策和财政政策还需在救助政策退出和进一步解决深层次的经济结构问题方面进行配合，保障多元化的资金来源有序退出。

其次，中央与地方的协调配合。一是改善中央与地方监管目标差异，杜绝救助政策不协调现象。统一中央与地方危机救助的理念、思路及政策措施，通过中央主导地方协助、中央推动地方问责等方式，在一定程度上清除上下不协调的现象。二是地方金融监管分权的权责不对等影响了地方金融监管效率。金融监管权力虽明显集权，但也应在剥离地方金融监管机构的发展职责、加强风险处置职责的基础上引入地方监管。建立中央与地方的协调统筹机制以及常态化的信息沟通机制，能提升总体的监管效率。三是提升地方监管机构的监管能力。地方金融机构和类金融机构的快速发展以及非法集资态势的日益严峻，暴露了地方金融监管理念落后、专业知识匮乏、责任主体分散、监管权力和手段缺失等金融监管能力不足问题。加强对地方监管能力的培训，有利于将中央救助政策执行到位。需要指出的是，金融分权下的银行业危机救助机制并不是强调属地监管、属地处置原则；相反，非银行金融机构监管和风险处置都应从全局视角由中央统一部署，地方的目标差异应服从中央的统一安排。由于传染风险是危机救助关注的焦点，因此，地方监管机构的问责制度也应从传染风险是否得到有效遏制来设定标准。

提升中央与地方银行业危机救助的协调配合，信息共享必不可少。如果缺乏统一的信息传递平台，金融风险的预警、识别机制和各部门的利益平衡将难以有效进行。特别地，跨部门的信息共享能发挥更好的监管效应。例如次贷危机中，美联储不完全掌握雷曼兄弟公司的金融市场交易信息，在一定程度上导致其误判，认为雷曼兄弟公司倒闭不会对市场带来系统性冲击。相反，伦敦清算所引入中央对手方清算机制，迅速处置包括雷曼兄弟公司在内的 9 万亿美元未平仓头寸，并未给其他市场主体和伦敦清算所带来损失。

最后，行政手段与市场纪律的协调配合。金融分权下的银行业危机救助机制要发挥作用，前提是需提升地方政府的监督技术和降低地方政府被俘获的概率。为此，应强化各级政府的救助纪律，严格约束政府仅在传染风险负效用范围内支付救助成本，若传染风险的负效用并不大则应通过银行破产机制使坏银行有序退出，以此避免政府越位救助。在危机救助中注意加强市场纪律，能使该机制在问题银行有序破产清偿、打破刚兑、避免挤提和化解系统性金融风险等方面发挥较好作用。

5.3 实证研究地方政府救助的弊端

地方政府关注区域性银行的发展。一来，区域性银行的主要经营地点大都在地方政府管辖范围以内；二来，区域性银行充当了地方政府行使金融权利的重要角色。然而，地方政府过度扶持区域性银行发展之后，一旦区域性银行爆发危机，地方政府财力却无法有效发挥区域稳定职能。为了直观呈现地方政府财力对区域金融稳定覆盖的变动，本书收集了 2008—2015 年 56 家城商行的总资产数据及银行总部所在地的地方财政收入数据（如图 5-4 所示）。若以 2008 年银行总部所在地财政收入与银行总资产之比为基数，经过七年时间，到 2015 年大多数地区该比例明显下降，且总体下降幅度的中位数为 50% 左右，即地方政府救助区域性银行的金融稳定能力明显降低，地方政府对区域性银行的不完全保护随银行资产规模的快速上涨而凸显。

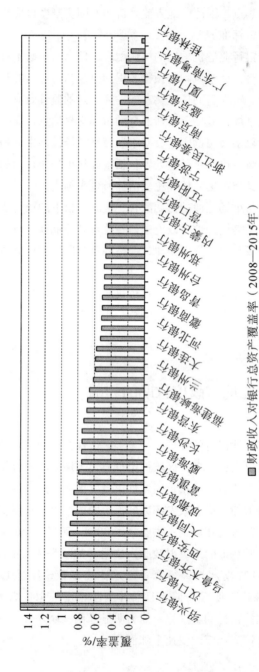

图 5-4　城市商业银行总部所在市级政府财政收入/银行总资产

　中国银行业危机救助的机制设计——基于金融分权视角

城商行资产规模的快速上涨与其异地扩张密不可分。2006 年，银监会发布《中资商业银行行政许可事项实施办法》明确了城商行设立异地分行的基本条件；2009 年监管机构进一步放松了城商行异地设点限制，城商行开始在省内、省外大幅跨区域发展；2011 年，城商行在快速扩张后暴露出大量的风险问题导致跨区域发展被叫停；2013 年，银监会下发《关于做好 2013 年农村金融服务工作的通知》，松绑城商行的省内扩张；2014 年初进一步规定金融服务明显不足的地区可适当放宽标准，部分城商行重新开始了省内跨区域扩张。此外，城商行资产规模的快速上涨也可能与兼并收购相关，例如昆仑银行，其前身为克拉玛依市商业银行，经中石油两次增资收购，2009 年更名为昆仑银行，并将总部迁往北京。

此外，近年来城商行资产规模的快速上升还和地方政府的道德风险密不可分。在危机救助的过程中，暂时的援助或扩张性财政政策有利于促使经济摆脱停滞机制，然而，由于地方政府道德风险的存在，具有裙带关系的企业或金融机构率先获得了相关政府部门担保，导致原有市场机制遭到破坏。只有强化地方政府的区域性银行救助职责，才能更好地匹配地方政府的金融权力，有效约束地方政府对金融资源的过度使用，并逐步降低对银行业的不完全保护程度。本书拟利用实证数据检验检验地方政府道德风险效应，探讨提升地方政府金融稳定职责的途径。

5.3.1 引言

我国政府主导型经济中，政府道德风险十分常见，况且，在大国经济体制下有雄厚的中央财政作为兜底与信用背书。次贷危机爆发以后，受全球经济动荡影响，我国面临沿海地区出口大幅下降、经济增速下滑苗头等风险。2008 年 11 月，国务院宣布出台扩大内需的十项举措，拟通过 1.18 万亿元的中央投资，到 2010 年底带动社会约 4 万亿元规模的投资。上述经济刺激计划的推出，在短期内缓解了我国经济下行压力，然而，随之而来却带来了一系列经济问题，商业银行在宽松的政策环境下风险承担悄然上升。尤其是在地方政府加杠杆过程中，金融机构受政府道德风险影响改变了自身风险承担和风险暴露，一旦经济未能顺利走出停滞区域，银行业的传染性和脆弱性特征将导致系统性风险隐患，不仅不能达到政府加杠杆救经济的初衷，更可能诱发全面财政赤字风险。特别地，我国本就缺乏高效且市场化的直接融资市场，货币出口难以接入直接融资渠道而只能停滞于银行体系。由于危机时期好项目较为稀缺，超发的货币极易造成银行资产负债表恶化并通过各种形式表现为银行加杠杆。

美国州政府在陷入财政危机时很难获得联邦政府援助。历史上，一些州政府甚至被允许破产。不难想象，州政府财政收入下降时其财政支出将随之下降。例如，当《美国复苏与再投资法案》等财政刺激积极扩张时，由于州政府减少支出明显抵消了财政扩张，导致美国财政政策受阻。不过，美联储的货币政策在这时大放异彩，通过推行一系列创新性货币政策和最后贷款人政策（如"量化宽松"等），有力地阻止了经济大幅波动。

在欧盟，危机前边缘国家的疯狂举债行为伴随欧盟一体化进程越演越烈，但当危机爆发，核心国家普遍拒绝为缺乏公共债务约束的边缘国家买单。这表明独立国家之间的联盟更难建立一个超越国界的危机应对机制，欧盟的救助措施因此明显迟缓和缺乏力度。由于各国对国内金融机构的救助充斥着道德风险与利益博弈，欧盟不得不采取重建财政纪律，重建稳定基金，统一银行业清算、监管和存款保险机制等措施。

从政治关联的文献中也能发现我国经济运行机制的特殊性。

外文文献中关于政治关联的探讨无论是针对企业政治关联还是针对金融机构政治关联，出发点几乎集中在迎合选民，如 Kostovetsky（2015）将政治关联表述为：银行总部所在州与参议院银行、住房和城市事务委员会的参议员选举州是否相同。他认为，2008 年 10 月在任的美银行业委员会参议员，会降低总部设在其所在州的金融机构的破产概率，与此同时，该类金融机构危机后的股价回升更慢。

国内有关政治关联的文献则大量集中于讨论民营企业寻求政治资源。如袁建国等（2015）在非国有上市公司数据中发现，政治关联加剧了企业过度投资行为，通过降低市场竞争致使企业创新效率低下。邓建平等（2012）分析了我国民营企业建立政治关联的动机，认为政府对市场和企业的干预程度越高、市场化程度越低、非国有经济发展程度越低、金融业市场化程度越低和法律保护环境越弱的地区，民营企业越倾向于建立政治关联。田利辉和张伟（2013）认为，政治关联在国有控股企业中，不仅引致政府偏袒而且带来社会负担。在民营控股企业中，不但有助于产权保护，而且有助于获得政府的关照。

由此可见，政治关联在政府主导型经济和市场主导型经济中的含义并不相同。在市场主导型经济中的政治关联可以理解为一种游说手段；但在政府主导型经济中，公部门（与政府存在裙带关系的企业和金融机构）拥有广泛意义上的政治关联，私部门也从提升自身市场地位角度寻求政治关联。

我国广泛政治关联的存在有其独特的制度背景。Pagano 和 Volpin（2005）从 45 个国家的跨国数据中发现亚洲企业广泛存在政治关联。①广泛的政治关联可能存在于外向型国家的跨国竞争当中，如 Krugman（1998）认为东南亚金融危机的根源之一在于，金融中介具有政府的免费保险但又未受到严格监管，导致其具有很强的扩张倾向。当国内机构无法从国外资本市场融资时，扩张倾向仅会导致国内利率上升；当资本项目开放时，金融机构的扩张倾向将引发过度投资。②广泛的政治关联还可能存在于一国的经济竞争当中。Qian 等（2006）分析了两种不同的政府组织形式（M 型和 U 型），认为相对于由不同专业化单位组成的 U 型组织，中国的地方政府负责制更接近于将互补任务组合到各个单位的 M 型组织。Maskin 等（2000）认为中国这种 M 型组织更容易使用地区业绩指标激励竞争。Huang（2002）认为，中国的地方政府复制了中央的部门设置，对地方经济发展负责，中央部委仅仅对地方职能部门进行业务指导和协调，但地方政府有高度的自主权进行制度创新和经济改革。

特别地，在危机救助时期，Faccio（2006）通过分析 1997—2002 年 35 个国家中 450 家具有政治关联的公司获得政府救助的可能性，发现他们比无政治关联的公司更可能得到救助；当国际货币基金组织或世界银行向政府提供财政援助时，有政治联系的公司在被救助时及被救助后的财务表现都比同行表现更糟糕。Faccio（2006）的研究指出了政治道德风险如何降低了国际组织救助的效率。

借鉴上述研究，本章将考察我国地方政府道德风险对不同类别银行风险承担的影响。本书选择经济刺激政策推出后这一背景进行分析，原因在于：次贷危机发生之初，中国银行业的坏账率较低，从 2001 年的 30% 已经降到 2008 年的 3% 以内，银行体系较为健康。我国经济刺激政策带来的宽松融资环境与释放的大量市场机会作用于商业银行的信贷决策，使得商业银行总体不良贷款率在 2009 年和 2010 年分别进一步下降至 1.58% 和 1.14% 的水平。然而在经过2011—2013 年三年的平缓调整后，从 2014 年起，不良贷款率又进入上升通道。特别地，股份制商业银行的不良贷款率在 2013 年之前明显小于总体水平，但之后经历了明显加速。经济刺激政策提供的天然数据实验，有助于本书分析地方政府道德风险效应的作用途径。

本书利用我国84家商业银行数据（数据来源于 BVD-ORBIS Bank Focus 数据库（原 Bankscope 数据库）、wind 数据库和商业银行年报），以不良贷款率（如图5-5所示）衡量商业银行的风险承担。

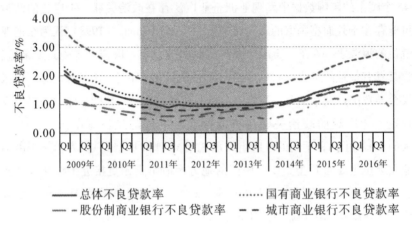

图 5-5　我国商业银行不良贷款率

5.3.2　制度背景、理论分析与研究假设

5.3.2.1　制度背景

我国自1978年改革开放以来，市场机制逐步建立，但银行业的市场化改革却是在1994年剥离政策性银行业务之后才有实质性推进。十多年的时间差里，银行体系受诸多原因影响积累了大量的不良资产。为解决这一历史遗留问题，我国对五大行分别在1999年、2004年和2005年进行了三次不良资产剥离；同时，汇金公司于2003年分别对中国银行、建设银行注资225亿美元，于2005年对工商银行注资150亿美元，于2008年对农业银行注资1 300亿元等值美元。在剥离不良资产和获得国家注资以后，我国银行业资本实力显著增强，总体不良贷款率从2001年的30%已经降到2008年的3%以内，截止到2010年底，我国281家商业银行资本充足率全部超过8%（如图5-6所示）。

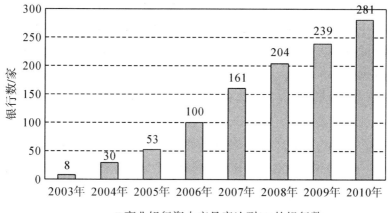

图 5-6　我国商业银行资本充足率

　　然而在银行业市场化改革推进过程中，地方政府对金融的影响力不断发生变化。中央与地方政府围绕金融控制权和金融发展权展开了长期的利益博弈，地方政府的金融分权已对经济运行效率和风险变化产生了举足轻重的影响，这可能是当前我国银行业资产质量再次大幅下降的重要原因之一。

　　虽然 Qian 和 Roland（1998）认为，财政分权和货币集权的搭配能约束地方预算，但是，在地方金融隐性分权和单一的 GDP 指标激励下，如果只顾推行经济刺激计划而疏于防范地方政府道德风险，那么，缺乏监管的政策刺激未必真正能与货币政策相互协调，共同作用于实体经济。

5.3.2.2　理论分析与研究假设

　　理论上认为，金融危机产生的强大消极预期冲击，可能导致经济收敛到低通货膨胀状态，甚至陷入通货紧缩陷阱。经济刺激政策通过扩大政府支出来避免经济停滞，宏观经济学文献对该政策工具的理论研究已在收敛性和稳定性方面取得了诸多进展。

　　实际运用中，我国地方政府的行为值得研究。普遍认为，地方政府行为背后的激励是"晋升锦标赛"（周黎安 等，2007），地方政府官员为了在经济竞争中获取有利地位，增加自身晋升机会，会动用一切政策手段保障地方经济发展，而这种扩张往往只重视数量，不重视质量。虽然中国前期改革的成功得益于对地方政府的激励，但代价却越发凸显，如城乡收入差距扩大、地区间市场分割、公共事业重复建设与公平缺失等。经验证据方面，方红生和张军

（2009）通过系统广义矩方法，利用我国27个省份1994—2004年的面板数据发现，中国地方政府无论基于总量数据还是分类数据，都在实行衰退期比繁荣期更积极的财政政策，该现象可以用"中国式分权"和"预算软约束"相互作用加以解释。

经济刺激政策下，地方政府道德风险可能会从两个方面影响银行风险承担，造成部分商业银行资产规模过度增长，风险承担上升。

首先，与地方政府具有裙带关系的商业银行，迫于地方政府压力加大信贷投放。经济刺激政策使得地方政府之间的"晋升锦标赛"趋于白热化：一方面，为了保障区域经济更快发展，地方政府财政支出迅速扩张；另一方面，与地方政府有着裙带关系的商业银行扮演了准财政的角色，在地方政府压力之下过度发放信贷资金。以信贷统计数据为例，在2009年一季度，各类中资商业银行新增人民币贷款同比增长率都有明显提升，其中农村金融机构提升较小，而其他三类金融机构都提升300%左右。2010年以后由于统计口径变化，与前期数据不具有可比性，但是仍能明显发现资产总量小于2万亿元且不跨省经营的中资区域性中小型银行在2012年经历了贷款大幅增长。具体如图5-7、图5-8所示。

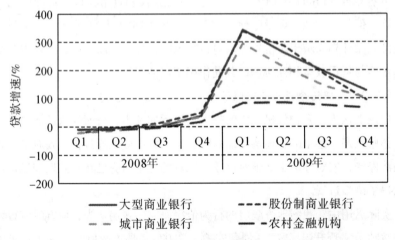

图 5-7　我国商业银行新增人民币贷款增速（2008—2009 年）

数据来源：根据《中国人民银行货币政策执行报告》整理。

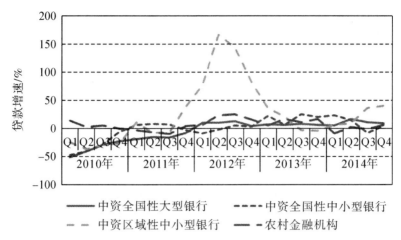

图 5-8　我国商业银行新增人民币贷款增速（2010—2014）

数据来源：根据《中国人民银行货币政策执行报告》整理。

　　其次，地方政府为扩大地方金融权利，在中央大型基础设施建设项目下，利用自身对地方经济的干预权和项目审批权，积极开展配套项目建设，并吸引商业银行参与其中。由于在经济刺激政策背景下，大型银行贷款向大中型优质企业和大型基础设施项目集中，而中小型商业银行的信贷资金规模难以匹配大型项目的资金需求，其信贷资金定价方法也难以适应大型项目贷款利率普遍下浮的现状，其结果可能是中小型银行更易被地方项目吸引，其银行风险承担与大型银行或将呈现不同的趋势。图 5-9 表明，2009 年一季度固定资产投资的主力军还是中央政府（地方项目投资累计同比增长 28.5%，中央项目投资累计同比增长 30.4%），但在二季度以后，地方政府项目投资增速便超过中央政府，且增长趋势明显。中央项目的投资累计同比增速在 2011 年二季度明显放缓，2011 年 5 月仅为 0.3%，2011 年 6 月至 2012 年 7 月增速均为负值；而地方项目 20% 以上的投资累计同比增速一直持续到 2013 年年底。

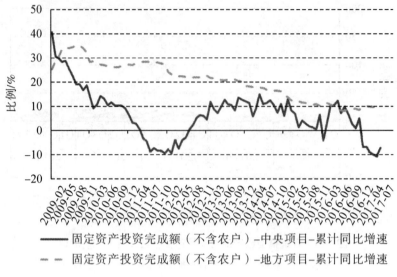

图 5-9 我国固定资产投资完成额

综上，由于我国推出的经济刺激政策在地方政府道德风险因素影响下可能加大了部分商业银行的风险承担，导致该部分商业银行在金融危机中放弃加强自身风险管理能力的机会，以过度的信贷投放使自身面临更大的经济不确定性。在此过程中，由于部分银行风险承担的快速上升与地方政府道德风险密切相关，由银行业的传染性和脆弱性所带来的风险隐患，将最终归结为财政风险，由纳税人埋单。

本书将研究地方政府道德风险是否在经济刺激政策推出后对不同类别银行的风险承担造成不同影响。具体而言，虽然经济刺激政策在短期内可能降低了各类商业银行的风险承担，但是，受地方政府影响的商业银行更倾向于过度的资产扩张。相比之下，较少受地方政府左右的商业银行，在信贷投放上贷款质量相对更有保障，其风险承担可能不会呈现上述趋势。鉴于此，本书首先提出如下假设。

H1：地方政府道德风险会显著影响城商行的风险承担。

另外，地方政府道德风险是否影响经济刺激政策下的银行风险承担，即地方政府加杠杆是否会作用于银行的经营决策，导致其风险承担发生变化。一是取决于与地方政府具有裙带关系的商业银行，其经营决策在经济刺激背景下受地方政府影响造成的信贷过度增长，是否能区别于与地方政府没有裙带关系的银行；二是即使商业银行与地方政府存在裙带关系，由于商业银行自身风险管理能力的不同导致对地方政府效用函数影响倍数的不同，高影响倍数的银行经营决策受地方政府左右造成的资产过度增长，是否能区别于对地方政府效用函数放大倍数较小的银行。对于第一种情形，Jimnez 和 Saurina（2007）仅研究了信用风险，发现信贷过度增长会导致银行风险承担增加，因为比竞争对手具有更高贷款增长率的银行可能会吸引不能提供充分担保或仅能承受较低利率而未能获得其他银行贷款的客户，导致劣质客户占比上升。虽然 La Porta 等（2002）认为世界范围内的国有银行普遍存在政治目的，储著贞等（2012）利用我国 21 家银行 2003—2010 年的面板数据也发现中央政府控制的银行具有更强的信贷扩张冲动（更高的贷款增长率），但是，若从银行的风险承担角度来看，在地方政府影响因素下，商业银行风险承担的变化可能呈现出不一样的结论，这是下文想要展开的研究之一。对于第二种情形，经济刺激计划下贷款大量向大中型优质企业和大型基础设施项目集中，虽然地方政府无法左右大金额信贷资金投放，对大型项目也不具有审批权，但是，地方政府对于配套项目具有相当大的话语权。因此，除去作为大型项目资金提供者的大型商业银行以外，在配套项目的资金提供者中，地方政府更倾向于影响风险管理较为完善，更有利于提升地方政府效用函数的商业银行。可见，从地方政府的效用放大倍数来看，地方政府道德风险甚至可能作用于股份制商业银行。基于以上分析，本书提出如下假设。

H2：地方政府道德风险还会显著影响股份制商业银行的风险承担。

5.3.3 研究设计

5.3.3.1 样本选择

本书初始样本来源于 BVD-ORBIS Bank Focus 数据库（原 Bankscope 数据库），扣除非商业银行金融机构后剩余 193 家商业银行数据，再结合 wind 数据库和商业银行年报，本书手工收集了 2008—2016 年我国商业银行数据。本书遵循如下筛选原则：①本书旨在分析经济刺激计划推出后商业银行风险承担的关联性，因而剔除了 2009 年及以后成立的商业银行；②剔除财务指标缺失的商业银行；③剔除资本充足率与所有者权益数据异常的商业银行。经处理后本书最终得到 84 家商业银行（见表 5-2）。其中包括 4 家大型商业银行①，12 家股份制商业银行，56 家城市商业银行，11 家农村金融机构和 1 家外资银行。

表 5-2 样本筛选

	样本观测值
中国金融机构	279
减：非商业银行金融机构	86
减：2009 年及以后成立的商业银行	6
减：指标缺失的商业银行	101
减：数据异常的商业银行	2
最终样本	84

5.3.3.2 主要变量定义

目前银行风险承担的代理变量主要有四类：Z score、预期违约频率、加权风险资产比率和不良贷款率。Z score 更多是反映商业银行的破产风险，而不是银行风险承担；预期违约频率由于国内数据不可得；加权风险资产比率在 2003 年前后不具可比性，也不能使用；不良贷款率是较为合意的代理变量。

不过，加权风险资产比率能较全面地反映银行风险承担，利用图形可以大致描述其趋势变化。为直观显示我国总体风险加权资产净额数据趋势，本书用所有者权益除以资本充足率间接计算了我国加权风险资产比率（直接数据不易获得）。其中，2009—2012 年为总体数据，2014—2017 年为分机构数据（如图 5-10、图 5-11 所示）。统计数据显示，在 2009—2012 年总体统计口径中我国商业银行风险加权资产比率没有明显趋势；但从 2014 年二季度以后的分机构统计口径来看②，城市商业银行的风险加权资产比率在期初明显较高，预示着城市商业银行在此之前可能经历了风险承担显著上升的阶段。

---

① 由于农业银行 2009 年才完成股份制改造，因此将其剔除。样本中的大型商业银行仅包括工商银行、中国银行、建设银行和交通银行。

② 工商银行、农业银行、中国银行、建设银行、交通银行和招商银行六家商业银行自 2014 年二季度起实施资本管理高级方法，其他商业银行仍沿用原方法。

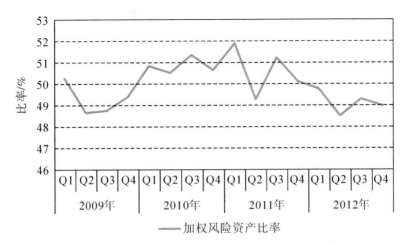

图 5-10　我国银行加权风险资产比率（2009—2012 年）

数据来源：根据银保监会网站《商业银行主要监管指标情况表》和《总资产、总负债》相关各期整理。

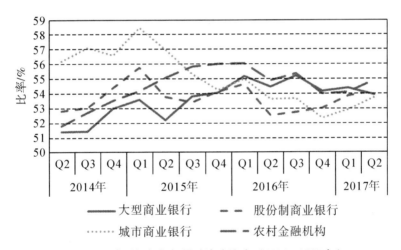

图 5-11　我国银行加权风险资产比率（2014—2017 年）

数据来源：根据银保监会网站《商业银行主要监管指标分机构类情况表》和《总资产、总负债》相关各期整理。

本书主要以不良贷款率（NPL）来表示银行风险承担。不良贷款率可以看作银行被动风险承担，为使变量趋于正态分布，本书将不良贷款率进行了对数化处理。

$$RT_t = \ln \frac{NPL_t}{NPL_{t-1}} \tag{5-22}$$

由于地方政府道德风险不易观察，本书选择两类代理变量。一是政府财政支出占税收收入的比例，该比例越高代表地方政府的扩张期望越大，其道德风险也就表现得越强；二是将商业银行划分为易受到地方政府行政干预和利润诱惑的银行（即城市商业银行和股份制商业而银行），和不易受地方政府影响的银行。商业银行大致可区分为大型商业银行、股份制商业银行、城市商业银行、农村金融机构和外资银行五类：大型商业银行经过股份制改革以后，通过引入战略投资者和积极提升治理机制，其经营决策已较少受地方政府影响；股份制商业银行虽然也有较为完善的治理机制并遵循严格的信息披露，但是其主要客户群体与地方政府更为相关，特别在经济刺激时期地方政府拥有大量话语权的地方项目和大型基础建设项目的配套项目，这使得股份制银行更易受到地方政府利益诱惑；城市商业银行与地方政府关系最为密切，甚至会受到地方政府行政干预信贷决策；农村金融机构在信用社改革，特别是农信联社分省设立将人财物集中管理之后，地市级地方政府已基本缺乏干预途径；外资银行也基本不受地方政府干预。

5.3.3.3 模型设计

为检验上文的假设，本书回归模型设定如下

$$RT = \beta_0 + \beta_1 MH + \sum Contral + \varepsilon \qquad (5-23)$$

其中，因变量 RT 为银行每年不良贷款率的变动；自变量 MH 为政府道德风险的代理变量，本书用银行总部所在省上一年度财政支出占该省 GDP 的比重，以及银行总部所在市上一年度财政支出占该市 GDP 的比重表示。本书参照Fahlenbrach 等（2012）的方法将回归模型中的控制变量均设为因变量期限的前一年。控制变量参照方意等（2012）设为银行资产规模（SIZE）、资产收益率（ROA）、权益比率（CAP）。其中，SIZE 用资产总额的对数表示，一般来讲，资产规模越大的商业银行越不易受地方政府道德风险因素影响，其风险承担变化可能越小；ROA 用当年净利润与当年平均总资产之比表示，资产收益率越大的商业银行意味着银行为追求更高的利润而承担更高的风险，同时，资产收益率越大的商业银行越能影响地方政府效用函数，使地方政府在加大自身杠杆刺激经济发展的过程中更愿意左右该类商业银行的经营决策；CAP 用总权益与总资产之比表示，权益比率越高意味着商业银行杠杆越小，经营越稳健，因而风险承担变动也越小。

为验证地方政府道德风险对不同类别银行的影响，本书将商业银行区分为五类：一是大型商业银行，二是股份制商业银行，三是城市商业银行，四是农村金融机构，五是外资银行。本书分别用总样本、不同类别银行样本依次进行回归分析。

为检验 MH 的回归系数在不同样本中的差异,本书进一步在模型中加入了控制变量与 MH 的交叉项:

$$RT = \beta_0 + \beta_1 MH + \beta_2 MH \times SIZE + \sum Contral + \varepsilon \qquad (5-24)$$

$$RT = \beta_0 + \beta_1 MH + \beta_2 MH \times ROA + \sum Contral + \varepsilon \qquad (5-25)$$

本书具体的变量定义如表 5-3 所示。

表 5-3　变量定义

变量	符号	定义
因变量	RT	银行每年的不良贷款率变动
自变量	MH	地方政府道德风险,用银行总部所在省上一年度财政支出占该省 GDP 的比重,以及银行总部所在市上一年度财政支出占该市 GDP 的比重表示
控制变量	$SIZE$	商业银行规模,等于商业银行资产总额的自然对数
	ROA	资产收益率,等于当年净利润除以当年平均总资产
	CAP	权益比率,等于总权益除以总资产

5.3.3.4　描述性统计分析

相关数据的描述性统计结果如表 5-4 所示。由于 RT 代表不良贷款率变动,因此样本量减少了一年,共 84 个样本数据。地方政府道德风险的代理变量 MH_1 表示银行总部所在省上一年度财政支出占该省 GDP 的比重,地方政府道德风险的代理变量 MH_2 表示银行总部所在市上一年度财政支出占该省 GDP 的比重,其中 2016 年市级财政支出数据缺失,仅更新至 2015 年。

表 5-4　描述性统计

变量	平均数	标准差	最小值	最大值	样本量
RT	−0.010 642 2	0.445 920 9	−2.611 906	4.094 345	672
MH_1	0.181 480 7	0.063 771 3	0.087 435 3	0.440 811 3	756
MH_2	0.141 546 2	0.054 252 3	0.033 627 9	0.358 487 2	690
$SIZE$	19.034 66	1.626 415	15.159 55	23.907 02	756
ROA	0.010 061 8	0.003 503 1	0.000 526	0.028 761 1	756
CAP	0.066 565 5	0.016 557 6	0.027 174 8	0.148 148 4	756

对于权益比率，即杠杆率的倒数，在扣除样本总体趋势（年平均值）之后，可以发现大型商业银行的杠杆率相对于总样本在 2011 年后呈下降趋势，但是股份制商业银行的杠杆率相对于总样本在 2011 年后呈上升趋势，城市商业银行的杠杆率相对于总样本更是从 2009 年后就开始呈现出上升趋势。图 5-12 初步验证了本书的假设 2。

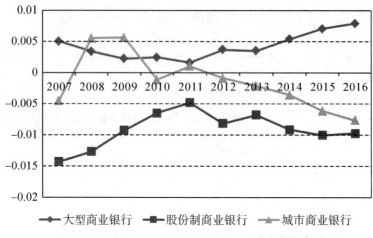

图 5-12　三类商业银行扣除总体趋势后的权益比率变化

5.3.3.5　实证结果与分析

商业银行风险承担受银行总部所在省上一年度财政支出占该省 GDP 的比重影响的回归结果列示于表 5-5。本书按照全样本、大型银行样本、股份制商业银行样本、城商行样本和农商行样本，分别进行了回归分析。

表 5-5　不良贷款率变动与银行总部所在省财政风险的回归分析

因素	（1）总样本	（2）大型银行	（3）股份制银行	（4）城商行	（5）农商行
	RT				
Intercept	1.068 *** （0.247）	-2.602 ** （1.209）	0.967 （0.820）	2.574 *** （0.475）	1.635 （1.088）
MH_1	0.917 *** （0.270）	2.179 （1.764）	2.786 *** （0.740）	0.613 * （0.322）	1.215 （1.206）
SIZE	-0.051 5 *** （0.010 9）	0.195 *** （0.059 3）	-0.059 6 （0.045 0）	-0.128 *** （0.023 2）	-0.072 2 （0.054 4）
ROA	-6.247 （5.407）	-57.03 *** （16.62）	-22.80 （18.89）	-11.51 * （6.808）	21.21 （16.32）

表5-5(续)

因素	(1) 总样本	(2) 大型银行	(3) 股份制银行	(4) 城商行	(5) 农商行
	RT				
CAP	-2.547 ** (1.143)	-23.93 *** (4.776)	-0.341 (4.143)	-2.627 * (1.519)	-8.598 *** (2.909)
Adjusted R^2	0.057	0.809	0.191	0.084	0.158
Obs.	672	32	96	448	88

注：***、** 和 * 分别表示1%、5%和10%的显著性水平，括号中的数字为标准误差。

表5-5显示，从银行总部所在省上一年度财政支出/GDP指标对本年度不良贷款率变动的影响来看，大型银行和农村金融机构的结果不显著，但是对股份制商业银行的回归结果非常显著（1%的显著性水平），对于城商行的回归结果较为显著（10%的显著性水平）。且从影响系数来看，股份制商业银行的影响系数为2.786，即银行总部所在省上一年度的财政支出/GDP每上升一个百分点，该行本年度不良贷款率变动将增加2.786个百分点。

商业银行风险承担受银行总部所在市上一年度财政支出占该省GDP的比重影响的回归结果列示于表5-6。

表5-6　不良贷款率变动与银行总部所在市财政风险的回归分析

因素	(1) 总样本	(2) 大型银行	(3) 股份制银行	(4) 城商行	(5) 农商行
	RT				
Intercept	1.255 *** (0.237)	-2.602 ** (1.209)	1.158 (0.850)	2.534 *** (0.471)	2.093 * (1.104)
MH_2	1.602 *** (0.337)	2.179 (1.764)	1.796 *** (0.637)	1.140 ** (0.444)	1.453 (1.296)
SIZE	-0.066 5 *** (0.011 2)	0.195 *** (0.059 3)	-0.058 0 (0.046 7)	-0.130 *** (0.023 0)	-0.098 0 (0.061 3)
ROA	-4.413 (5.362)	-57.03 *** (16.62)	-22.00 (19.48)	-10.99 (6.767)	21.60 (16.31)
CAP	-2.210 * (1.138)	-23.93 *** (4.776)	-1.394 (4.250)	-2.119 (1.536)	-8.348 *** (2.949)
Adjusted R^2	0.072	0.809	0.140	0.090	0.161
Obs.	672	32	96	448	88

注：***、** 和 * 分别表示1%、5%和10%的显著性水平，括号中的数字为标准误差。

表 5-6 显示，若将解释变量换为银行总部所在市上一年度财政支出/GDP
的指标，之前的结论并未明显改变，股份制商业银行的不良贷款率变动仍然被
显著影响（1%的显著性水平），不过城商行的显著性水平有所上升，从 10%
的显著性水平提升到了 5%的显著性水平。且从影响系数来看，股份制商业银
行的影响系数为 1.796，即银行总部所在市上一年度的财政支出/GDP 每上升
一个百分点，该行本年度不良贷款率变动将增加 1.796 个百分点；城商行的影
响系数为 1.140，即银行总部所在市上一年度的财政支出/GDP 每上升一个百
分点，该行本年度不良贷款率变动将增加 1.140 个百分点。由此可见，城商行
受市级地方政府影响比受省级地方政府影响更大，股份制商业银行受省级地方
政府影响比受市级地方政府影响更大。

股份制银行和城商行风险承担受银行总部所在省上一年度财政支出占该省
GDP 的比重影响，包含交叉项的回归结果列示于表 5-7。

表 5-7　不良贷款率变动与银行总部所在省财政风险含交叉项的回归分析

因素	（1）	（2）	（3）	（4）	（5）	6
	股份制银行	股份制银行	股份制银行	城商行	城商行	城商行
	RT					
Intercept	-6.798* (3.552)	0.195 (0.986)	0.031 7 (1.085)	-0.414 (1.478)	2.262*** (0.513)	2.659*** (0.615)
MH_1	56.01** (23.72)	7.106** (3.188)	8.528* (4.451)	16.98** (7.676)	1.940** (0.892)	0.262 (1.650)
$MH_1 \times SIZE$	-2.500** (1.114)			-0.892** (0.418)		
$MH_1 \times ROA$		-498.6 (358.0)			-129.8 (81.41)	
$MH_1 \times CAP$			-105.3 (80.51)			5.213 (23.99)
$SIZE$	0.294* (0.164)	-0.059 4 (0.044 7)	-0.062 4 (0.044 8)	0.032 5 (0.078 7)	-0.124*** (0.023 3)	-0.129*** (0.023 6)
ROA	-9.167 (19.46)	59.19 (61.80)	-17.93 (19.18)	-9.314 (6.859)	12.24 (16.37)	-11.32 (6.872)
CAP	1.863 (4.171)	0.721 (4.192)	17.05 (13.92)	-2.403 (1.517)	-2.683* (1.517)	-3.670 (5.031)
Adjusted R^2	0.233	0.208	0.206	0.093	0.089	0.084
Obs.	96	96	96	448	448	448

注：***、**和*分别表示 1%、5%和 10%的显著性水平，括号中的数字为标准误差。

表5-7显示，通过分析银行资产规模、总资产利润率和权益资产比与总部所在省上一年度财政支出/GDP指标的交叉项，发现银行资产规模越大，越能抵御省级地方政府对于银行风险承担造成的负面影响。

股份制银行和城商行风险承担受银行总部所在市上一年度财政支出占该省GDP的比重影响，包含交叉项的回归结果列示于表5-8。

表5-8 不良贷款率变动与银行总部所在市财政风险含交叉项的回归分析

因素	（1）股份制银行	（2）股份制银行	（3）股份制银行	（4）城商行	（5）城商行	6 城商行
	RT					
Intercept	−1.381 (2.831)	0.660 (0.968)	0.704 (1.097)	2.095 (1.315)	2.104 *** (0.530)	2.983 *** (0.521)
MH_2	20.71 (20.12)	4.639 * (2.733)	4.252 (3.786)	4.088 (8.248)	3.616 ** (1.475)	−1.892 (1.589)
$MH_2 \times SIZE$	−0.891 (0.948)			−0.160 (0.447)		
$MH_2 \times ROA$		−329.4 (307.9)			−252.7 * (143.7)	
$MH_2 \times CAP$			−46.16 (70.13)			44.09 ** (22.19)
SIZE	0.056 5 (0.130)	−0.057 3 (0.046 7)	−0.055 1 (0.047 0)	−0.106 (0.069 7)	−0.124 *** (0.023 2)	−0.133 *** (0.023 0)
ROA	−17.36 (20.11)	28.93 (51.44)	−20.35 (19.71)	−10.60 (6.863)	22.81 (20.37)	−9.954 (6.765)
CAP	−0.015 0 (4.498)	−0.564 (4.317)	5.738 (11.64)	−2.095 (1.539)	−2.406 (1.541)	−8.003 ** (3.334)
Adjusted R^2	0.148	0.151	0.144	0.090	0.096	0.098
Obs.	96	96	96	448	448	448

注：*** 、** 和 * 分别表示1%、5%和10%的显著性水平，括号中的数字为标准误差。

表5-8显示，通过分析银行资产规模、总资产利润率和权益资产比与总部所在市上一年度财政支出/GDP指标的交叉项，发现对于股份制商业银行，银行的基本财务指标并不能抵御市级地方政府对于银行风险承担造成的负面影响；对于城市商业银行，上一年度总资产利润率的提升有助于抵御市级地方政府对于银行风险承担造成的负面影响。

5.3.4 如何约束地方政府救助弊端

地方政府在隐性金融分权下过度使用金融资源，却仅需承担很少的救助义务，因此，地方政府倾向于对银行进行不完全保护。周小川（2004）认为，国有商业银行的不良贷款中仅有20%是由自身信贷经营不善造成的，此外，有30%是由中央和地方各级政府的干预所致；有30%是对国有企业的信贷支持所致；有10%是由国内法律环境不到位，法制观念薄弱以及某些地区执法力度较弱所致；有10%是由政府关停企业进行产业结构调整所致。张雪兰和何德旭（2011）认为，地方政府专设金融办对地方金融资源进行显性管理的同时，通过行政权力、政治影响、人事控制等隐性干预银行信贷决策。

理论上，若地方政府提高对银行的保护，可以从中获得更多收益。例如，如果一个地区加强对银行业的保护，可以激励竞争性市场环境下的银行竞争，良性金融环境有利于促进地方经济发展，地方政府获得的收益可以抵消地方政府加强银行业保护的投入。区域经济可以直接受益于更低的资金成本、更低的抵押品要求、更多的流动性资本承诺、更少的经营控制权等，还可间接受益于激发新投资后银行贷款回报率提升所带来的新一轮资金支持。但是，恰恰是因为地方政府道德风险因素，上述分析中的关键前提条件"竞争性市场环境"缺失。

那么，如何为地方政府约束机制缺乏问题寻找解决方案呢？建立地方政府声誉机制或监管权相机抉择机制可以在一定程度上迫使其对银行采取保护措施。前者可以缓解对银行不充分的保护，但并不能从根本上解决关键问题；下文将着重讨论监管权相机抉择机制。

监管权相机抉择机制的关键思路在于，将中央监管机构作为代表银行利益的授权监督者，遏制地方政府的不审慎担保和转移危机责任等行为，营造有助于银行业稳健经营的环境。

假设中央监管机构可以获取地方监管机构对于区域经济的部分控制权，控制权的转移参见图5-13。

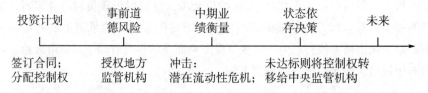

图5-13 控制权相机抉择

在中间阶段的前期和后期都存在信息不对称问题，对地方政府使用相机控制权可以提升区域金融稳定的管理效果。状态依存决策对事前信息不对称提供激励。Kaplan 和 Strömberg（2003）在风险资本融资中阐述了状态依存决策。类比到地方政府，当区域经济主体还款"业绩"好，地方监管机构掌握控制权；当区域经济主体还款"业绩"差，中央监管机构接手控制权。如，出现短期债务违约情形时，将控制权向中央转移，以减少长期债务违约发生概率。此外，中央监管机构可对违约率攀升地区的地方监管机构采取一些制裁措施，如追加地方政府危机责任费。

将地方政府影响市场信贷行为的政策自由度降低，依赖于地方监管机构监管职责的落实情况。监管职责的落实与地方监管机构的独立性密切相关。如果地方监管机构的业绩目标明确，则对精神遗产、政治业绩的关注会显著增强其责任感。强化地方监管机构独立性的焦点应集中在缓解信息不对称问题上，不应赋予其关注区域间贫富协调等其他目标。

加强地方政府约束机制，中央监管机构还需加强整体信贷环境的建设。例如，中央银行贷款证制度可以避免区域内企业过度借款，补充完善该制度，则银行在与企业签订贷款合同时不需过分强调限制证券发行等条款。同时，由于全国性金融机构的利益更不易被地方政府"内部化"，还能避免全国性金融机构的业务扩展相对于区域性金融机构处于竞争劣势。

5.4 各类银行业危机的救助实施方案

随着银行业资产总量的不断扩大，面对数量庞大、各具特色的银行业机构，监管能力也需不断加强，以灵活应对各类银行业危机。危机救助政策目标必须一致，干预力度要适度，为达到这一目标，金融分权下的银行业危机救助机制首先应适度给予地方一定的金融分权，通过设置地方监管机构的具体基础事务以便从源头上积极控制各类风险；其次，需加强信息共享，及时掌握风险状况，并采取联合行动，有效遏制风险蔓延；最后，需建立事后问责机制，在分权监管框架下加强各利益相关主体的决策权约束。从危机救助效果来看，政府救助能力应充分体现在能否准确切断风险源头，并迅速阻止风险蔓延之上。

5.4.1 源于汇率危机的救助实施方案

全球经济一体化使得汇率波动对一国经济的影响力增强，对银行的影响既可以通过银行头寸直接发挥作用，也可以通过风险传导机制间接发挥作用。当汇率剧烈波动，银行业将遭受严重冲击。首先，信用风险方面，由于参与国际贸易的企业面临成本和利润急剧变化，银行的不良贷款率将攀升；其次，市场风险方面，由于资本在国际间和国内市场间大规模流动，市场利率大幅波动，银行风险敞口的管理难度加大；最后，预期导致的恐慌情绪可能助推投资者的非理性避险行为，引发经济秩序混乱。具体如图 5-14 所示。

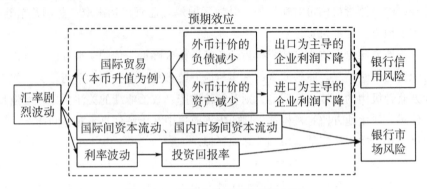

图 5-14　汇率危机的风险传导机制

在金融分权下的银行业危机救助机制下，如果是汇率波动导致的银行业危机，由于地方监管机构的信息优势较小，因此，救助事权主要归属于中央。

从风险监测的角度讲，中央监管部门应建立我国汇率风险监管指标体系，对银行业整体的汇率风险状况做出判断。

从救助力度的角度讲，应急政策的出台应结合汇率风险向其他经济领域传染的趋势大小，避免救助范围过大、救助力度过猛导致市场产生政府救助依赖，甚至严重推高政府救助成本和阻碍救助政策退出。

从协调政策的角度讲，稳定汇率相关政策的实施效果在很大程度上取决于各项宏观经济政策之间是否协调配合。根据克鲁格曼的"三元悖论"假说，一国在保持汇率的稳定、实现资本的自由流动和本国货币政策的独立性中，只能任选其二。中国在实现人民币国际化进程中，逐步放松资本管制已经成为不可阻挡的潮流，而汇率和利率作为连接外部经济和内部经济的两个重要经济变量也需要积极调控，因此，救助政策需要有所取舍，协调推进，在保证本外币利息差的国际套利机制顺畅运行的前提下尽量通过市场化手段化解风险。此外，汇率和利率二者之间还存在着联动机制，汇率政策和利率政策在相互作用过程中发挥了经济杠杆功能，调整汇率政策与利率政策的步伐也成为稳定金融体系过程中要解决的一个重要问题。

从机制完善的角度讲，中央监管部门应强化各个市场的风险信息披露，发展股票市场、债券市场、外汇市场、衍生品市场等的广度和深度。

金融分权下的银行业危机救助机制中，地方监管机构受中央监管机构的统一安排，负责收集由汇率波动导致的各地风险信息。例如，安排地方监管机构掌握属地对外贸易企业汇率风险概况（结算风险、财务风险、经营风险），中央通过获取该信息，可以提升政策制定的针对性。再如：安排地方监管机构收集属地银行业整体汇率风险敞口。我国幅员辽阔，各地的产业结构也不尽相同，对于汇率风险特别突出的地区，地方监管机构可以在中央授权的基础上，对整体调控政策进行微调。

5.4.2　源于地方财政危机的救助实施方案

新预算法出台以后，我国地方政府性债务管理步入崭新阶段。为应对国际金融危机，2008 年以来地方政府积累的政府债务规模急剧扩大。截至 2013 年 6 月底，审计署公布全国各级政府债务总额约 30.28 万亿元，其中可能承担一定救助责任的或有债务 4.34 万亿元，地方财政风险日益凸显。2014 年新预算法表决通过，明确规定举债主体只能是省级政府，债务规模实行限额管理，用债方向只能是公益性资本支出项目，还债能力应当有偿还计划和稳定的资金来源，管理机制设置风险评估预警机制，明确对违规举债和违规担保的惩戒。然而，由于整体经济下行压力明显，地方政府基金项目的投资冲动依然存在。未来，遏制地方政府过度举债冲动、化解存量债务和提升偿债能力的任务仍艰巨。在晋升机制和政绩考核机制的刺激下，地方政府需支出大量财政改善城市基础设施、投资拉动经济增长以及提升地区人民生活水平。缺乏约束的过度投资，将导致地方政府难以抵御各类经济冲击，从而陷入偿债危机。在此过程中，地方政府的偿债危机将传染至对其发放贷款或持有其债券的商业银行体系。

在金融分权下的银行业危机救助机制下，如果是地方财政危机导致的银行业危机，由于地方监管机构具有一定的信息优势，因此，中央监管机构和地方监管机构应协调合作，但是，需降低地方监管机构被俘获的概率和增强其监管技术，以降低地方政府债务危机的传染风险。具体如图 5-15 所示。

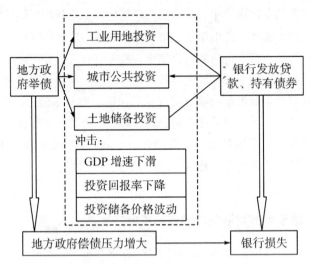

图 5-15　地方财政危机的风险传导机制

首先，中央监管机构和地方监管机构都应关注并保障地方经济的正常运行，稳定地方政府偿债资金来源。

其次，将部分地方政府项目尽可能转化为市场化方式运作，鼓励多元化的政府融资模式和社会资本的参与。

再次，利用控制权相机抉择机制削弱地方政府"投资型"职能，并加强其"服务型"职能。例如，可收回地方监管机构项目审批、准入监管等与发展相关的权利，以惩处地方政府事前的过度借债行为，并通过追责的形式强化日后的财政纪律。中央监管机构对地方监管机构的履职问责，也能使其在工作中认真监督区域风险苗头，更有效地防范地方政府过度举债。

最后，若传染风险有持续放大趋势，则应推行债券置换，用中长期债券置换地方政府持有的短期债券，通过证券市场盘活债务，进一步释放地方政府资金流动性。在此过程中，地方金融监管机构应针对地方政府的债务结构和流动性风险收集更多信息，防止地方政府虚报债务。

5.4.3　源于房地产危机的救助实施方案

房地产市场的发展与银行业有着紧密的关系，其风险也较易向银行业转移。首先，房地产价格波动影响了银行对预期投资回报率的判断。当房价上升时，银行持有的不动产价值在上升，以房地产为抵押品的贷款质量在变好，银行风险承担能力在增强；当房价下降时，上述两点因素同时作用导致银行风险承担能力急剧下降。再加上预期反转导致的自我实现、自我强化作用，危机将很快蔓延至银行。其次，房地产价格波动影响了银行客户的借款能力和借款意愿。无论是寻求开发贷的卖房者，还是寻求按揭贷的购房者，当房地产价格上涨，两者的借款能力和借款意愿都会上升，加之房地产作为重要的抵押物影响银行判断，提高了借款者潜在的可贷款额度。其中，银行判断力失误主要由于灾难短视（disaster myopia）、道德风险和交叉传染导致。灾难短视是指，银行对于小概率事件缺乏充分准备，在利用历史数据估算风险时，往往只对经常发生的风险做出反应，而对很少发生但影响重大的冲击进行忽略。造成房地产业过度放贷的原因，可能是对经济事件厚尾特征的认识不够充分，也可能是鉴于侥幸心理而漠视风险。道德风险是指，由于政府隐性担保的存在，银行可能在房价持续高涨时故意低估房地产信贷风险，以期通过倒逼政府救助的方式获取高利润。交叉传染是指，房地产贷款损失可能引发大规模的银行业风险传染。孙艳霞等（2015）利用金融网络法和银行间市场数据研究后认为，与大银行相比，小银行破产受房地产贷款损失的直接冲击较小，受银行间风险传染的影响较大。具体如图 5-16 所示。

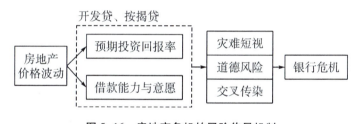

图 5-16 房地产危机的风险传导机制

在金融分权下的银行业危机救助机制下，如果是房地产危机导致的银行业危机，虽然地方监管机构对区域房地产市场具有一定的信息优势，但是，土地财政是地方政府的关键利益之一，地方监管机构被俘获的概率较大，因此，中央监管机构应尽可能发挥主导作用。

中央监管机构需检测由房地产危机导致银行出现的流动性风险，尤其需要在银行间出现市场流动性枯竭时，通过释放市场流动性帮助陷入非清偿性问题的银行渡过难关。由于房地产市场大都具有区域性特征，若不考虑银行间的关联，单个银行低于房地产贷款损失的能力较强，政府不应过多地干预银行业自救过程。但是，银行不仅通过同业拆借市场发生直接的债权债务关系，通过贴现、担保、承兑等交易结算方式发生或有的债权债务关系，还通过金融乱象发生其他联系（下文将探讨），监管需警惕其中的传染风险。

此外，由于我国私人部门在房地产影响下资产负债率增长较快，若大面积按揭贷款人陷入严重的偿债危机，政府需积极促进债务重组。次贷危机后，美国于 2009 年曾公布 2 750 亿美元住房救助计划，促进修改贷款条约，用购房人能承受得起的条约（月还款额不超过月收入的 38%）来替代之前的条约。为鼓励合同条款修订，每修改一笔符合条件的抵押贷款合同之后，财政部将补贴贷款服务商或合格住宅抵押贷款持有者 1 000 美元；若借款人每月按时偿还足额贷款，贷款服务商或合格住宅抵押贷款持有者还将在此后的 3 年中每年获得 1 000 美元。当然，购房人必须提供收入、支出和退税状况，并签订财务困难确认书，才能参与合约修改。我国需监督地方政府由于土地财政而释放的救助热情，为疏导地方政府的救助热情，可以让地方政府承担房地产危机的一部分救助成本，承担的方式是多元化的，包含支付人力成本协调解决危机，让债务能及时展开重新谈判。并在此框架下，坚决以市场运行为导向，服从中央统一部署，安排救助工作。

5.4.4　源于"僵尸国企"危机的救助实施方案

我国"僵尸企业"中，国有企业占绝大多数，这与国有企业转型难、员工多、容易获得银行贷款等原因相关。除获取政府补贴维持运营外，"僵尸企业"能够获得银行贷款的原因大致有三类。首先，"僵尸企业"产生的重要原因是银行掩盖坏账损失的动机（Fukuda 等，2011；Hoshi 和 Kashyap，2008）。其次，政府道德风险导致监管宽松，纵容银行"僵尸信贷"，滋生"僵尸企业"。最后，银企合谋也将催生大批"僵尸企业"。在日本，主银行和会社组织制度催生银企合谋，因为政府可能救助危机银行，因此二者通过合谋可以套取政府救助资金。我国需吸取日本的经验教训，一来，两国政府都对"僵尸企业"的处置力度不足。日本"终身雇佣"的企业文化，使得解雇员工极为困难，日本政府也担心大量失业对社会稳定造成负面影响，对银行向"僵尸企业"输送贷款采取默认态度。在我国，破产法实施机制不完善，且政府出于短期政绩以及经济稳定的考虑，不愿意看到僵尸企业退市导致短期内市场主体减少，同时，如果僵尸企业倒闭，失业人口的再就业问题也急需解决（王立国、高越青，2014）。二来，两国政府对"僵尸银行"的容忍度都较高。两国政府对"僵尸企业"的"父爱主义"的财政补贴不仅体现在"僵尸企业"上，还体现在"僵尸银行"上。日本的主银行和会社组织制度，我国的政企不分现象，都推动银行在发放"僵尸信贷"的过程中绑架政府信用，且"僵尸信贷"的产生或多或少也与政府的默许和鼓励有关，因此，两国银行都更加具有寻租的便利和基础。在我国，政府不仅可能对银行展开救助，甚至连市场化改革后的国有企业也在救助范围以内，再加上银行具有长期为国有企业服务的历史背景，银企合谋更易滋生，套取的政府救助资金来自银行、国企两个渠道。具体如图 5-17 所示。

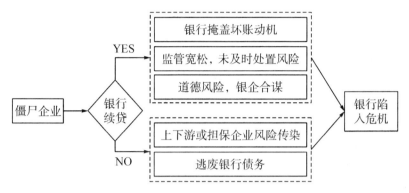

图 5-17 "僵尸国企"危机的风险传导机制

在金融分权下的银行业危机救助机制下，如果是僵尸国企危机导致的银行业危机，由于地方监管机构对于辖区内企业经营状况更具信息优势，中央监管机构和地方监管机构应协调配合，但是，需加强地方监管机构的技术培训与问责制度。

对"僵尸企业"和"僵尸银行"的摸底，有利于提升危机救助的有效性和针对性。以日本为例，Peek 和 Rosengren（2005）发现，与主银行建立密切关系，能够帮助企业在面临巨大财务困难时获得贷款，间接证明了主银行制度导致"僵尸企业"和"僵尸银行"的相互转化。Uchida 等（2015）实证发现，政府为"僵尸银行"注资，降低了"僵尸企业"破产的可能性，削弱了自然选择。刘奎甫和茅宁（2016）也认为日本政府的救助计划为银行"僵尸借贷"提供了资金，导致"僵尸企业"持续快速增加。

此外，我国在危机救助过程中应区分央企和地方国企，分别强化各级政府的救助纪律，严格约束政府仅在传染风险负效用范围内支付救助成本。若传染风险的负效用并不大，则应通过破产机制使坏企业，甚至是坏银行有序地退出，以此避免政府越位救助。

5.4.5 源于金融乱象的救助实施方案

金融乱象产生的根源非常复杂，有的源于日益增加的金融需求与金融服务短板之间的矛盾，有的源于行业竞争下的集体非理性行为与金融监管不到位之间的矛盾，有的源于监管政策不一致与机构规避监管之间的矛盾，如图 5-18

所示。2017 年 4 月 7 日，银监会首次下发《关于集中开展银行业市场乱象整治工作的通知》；2018 年 1 月 12 日，银监会再次下发《进一步深化整治银行业市场乱象的通知》，对涉及我国商业银行公司治理不健全、违反宏观调控政策、影子银行和交叉金融产品风险、侵害金融消费者权益、利益输送、违法违规展业、案件与操作风险、行业廉洁风险等多个方面，开展风险排查和整治。金融乱象会导致劣币驱逐良币、破坏市场规则和不公平的竞争，因此，应对金融乱象下的银行业危机，一方面要做好重点领域风险的防范与处置，另一方面还需加强薄弱环节监管制度的建设。

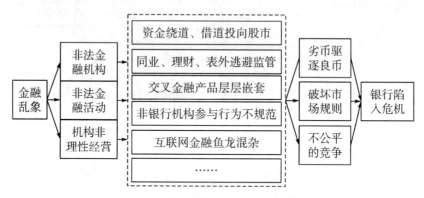

图 5-18　金融乱象的风险传导机制

在金融分权下的银行业危机救助机制下，如果是金融乱象导致的银行业危机，应区分是银行非理性经营导致的危机还是非法机构、非法活动导致的危机。前者主要由中央监管机构统一监管力度，进行风险处置；后者，由于地方监管机构对于辖区内非银行金融机构具有监管职责和信息优势，中央监管机构和地方监管机构应协调配合。

地方监管机构加强对非银行金融机构的监管，是其日后的工作重点，配套制度包括监管技术如何提升和问责制度如何建设。

对于监管技术如何提升，虽然游离于银证保体系之外的地方金融，如小额贷款公司、融资担保公司、地方资产管理公司、融资租赁企业等地方性金融机构及非持牌的地方金融活动，都主要由地方政府负责监管和风险处置，但中央需汇总各地的监管思路制定基本框架，各地的实施细则是在基本框架下的微调。对于危机救助情形，中央可建立一个协调机制集中对问题银行财务状况和潜在传染风险的信息进行收集和分析，并明确各地方政府间的意见分歧，减少信息不对称，从而进行决策协调。

对于问责制度如何建设，要说明的是，金融分权下的银行业危机救助机制并不是强调属地处置原则；相反，风险处置应从全局视角由中央统一安排工作。因此，地方监管机构的问责制度应从传染风险是否得到有效遏制来设定标准。

此外，地方监管机构还需利用自身信息优势，建立辖区内交易对手信用风险集中管理系统。对银行进行有序清算，确保问题银行破产不会引发更大范围的恐慌。

5.5　本章小结

本章主要研究了金融分权下的银行业危机救助机制的实施方案，探讨了不同情况下各级政府的银行业危机救助职责。我国银行业危机救助应尽量坚持市场化原则，但对传染风险的波及范围需提高重视。在市场化原则之后，金融分权下的银行业危机救助机制能提供一定的救助灵活性，通过救助方式多元化，综合权衡短期与中长期、显性与隐性、不同利益集团之间的成本收益等，最终达到断源头、防传染的救助效果。

首先，本书搭建了金融分权与传染风险的理论模型，在传染风险的假设前提下，对金融分权的选择标准进行了研究。研究表明，分权救助的优势在减轻信息不对称问题，但需要恰当的激励机制约束政府道德风险和提升救助主体监管技术。具体来讲，救助资金成本越大、高自救能力银行的概率越大、监督技术越好、问题银行自救能力提升空间越大，则分权越有利；同时，当缺乏防止救助合谋的手段时，分权通过增加监督者可以利用囚徒困境加大合谋阻力。金融分权下的银行业危机救助机制应先遏制传染风险，对各类道德风险可以事后再对相关责任主体进行追责。分权救助机制的多级救助主体可综合采用多种救助工具，通过细分救助对象和市场，分批次分时间采取行动，联合提升整体救助效果和救助准确性。对系统重要性银行的救助，还可能需要政府多次反复注资，直到问题解决。

其次，金融分权下的银行业危机救助机制在解决信息不对称方面具有优势。金融分权下的银行业危机救助机制能在金融发展权方面降低对银行的不完全保护、提升救助的时效性、充分利用地方政府信息优势、促进监管技术的持续优化、增强核心监管部门独立性；在金融控制权方面避免地方政府对市场机制的侵蚀、切断不规范的金融创新、增强资本的风险承担约束；在金融监管权方面扩展银行业危机救助的手段、利于切断各类风险源头、有助于在"救市场"与"救机构"之间双向推进、进一步解决深层次的经济结构问题。金融分权下的银行业危机救助机制增加了危机救助的灵活性，但需加强货币政策与财政政策、中央与地方、行政手段与市场纪律等方面的协调配合。

再次，金融分权下的银行业危机救助机制需加强地方政府的监督技术，降低地方政府被俘获的概率。在地方政府参与危机救助的过程中，由于地方政府道德风险的存在，政府加杠杆不仅不能达到救经济的初衷，金融机构还受此影响改变自身风险承担和风险暴露，一旦经济未能顺利走出停滞区域，可能引发更大的系统性风险隐患。因此，提升地方政府区域金融稳定职责，需清晰认识地方政府道德风险的危害。从实证结果来看，城商行不良贷款率的变动与银行总部所在地的市级政府财政风险显著相关；股份制商业银行不良贷款率的变动与银行总部所在地的省级政府财政风险显著相关。可见，金融分权下的银行业危机救助机制不能单纯强调属地监管、属地处置原则，相反，地方的机构监管和风险处置都应从全局视角由中央统一部署，地方的目标差异应服从中央的统一安排。由于传染风险是危机救助关注的焦点，因此，地方监管机构的问责制度也应从传染风险是否得到有效遏制来设定标准。

最后，本章从金融分权角度探讨了不同情况下各级政府的银行业危机救助职责。如果是汇率波动导致的银行业危机，由于地方监管机构的信息优势较小，因此，救助事权主要归属于中央；如果是地方财政危机导致的银行业危机，由于地方监管机构具有一定的信息优势，因此，中央监管机构和地方监管机构应协调合作，但是，需降低地方监管机构被俘获的概率和增强其监管技术，以降低地方政府债务危机的传染风险；如果是房地产危机导致的银行业危机，虽然地方监管机构对区域房地产市场具有一定的信息优势，但是，土地财政是地方政府的关键利益之一，地方监管机构被俘获的概率较大，因此，中央监管机构应尽可能发挥主导作用；如果是"僵尸国企"危机导致的银行业危机，由于地方监管机构对于辖区内企业经营状况更具信息优势，中央监管机构和地方监管机构应协调配合，但是，需加强地方监管机构的技术培训与问责制度；如果是金融乱象导致的银行业危机，应区分是银行非理性经营导致的危机还是非法机构、非法活动导致的危机。前者主要由中央监管机构统一监管力度，进行风险处置；后者，由于地方监管机构对于辖区内非银行金融机构具有监管职责和信息优势，中央监管机构和地方监管机构应协调配合。

6　结论

随着我国改革进入攻坚期和深水区，改革红利已逐步兑现，经济步入中速增长期，过去经济快速增长滋生的各类问题持续发酵，经济结构调整难度不断加大，外汇市场、地方政府债务、房地产市场、"僵尸企业"、金融乱象等风险暗流涌动，时刻考验着政府当局危机处置的能力。一旦任何一个上述风险爆发，且处置不合理，极可能伤及我国经济肌体。因此，加强危机管理是各级政府必须面对的一项紧迫任务。本书正是从这个问题出发，选择银行业危机救助作为一个切入点，基于金融分权的视角寻找适应我国国情的最优机制设计，探讨如何提高我国银行业危机救助的成功率和有效性。

市场化的银行业救助机制无疑使得政府救助更有章可循，与金融分权相结合更是将防范政府道德风险、激励救助主体努力、选择恰当救助方式、控制救助力度、把握救助时机、适时退出救助政策等问题，放到统一框架中进行探讨。金融分权下的市场化的救助机制不仅要看政府救助过程是否尽量保留了市场机制，还要看各级政府联合救助时，救助过程是否有计划性和自律性，救助政策退出是否注重配合与沟通，最后还需防止政府救助政策可能引发的风险链。

本书从三个层面探讨了金融分权下的我国银行业危机救助机制。

首先，金融分权下银行业危机救助机制的基本框架。

理论分析表明，由于存在政策目标偏差，救助主体对监管职责或范围以内的问题银行，进行过度救助，对监管职责或范围以外的问题银行，会依据其自救能力强弱和效用放大倍数大小，进行差别对待。但是，当实际救助成本不确定且信息不对称性较大时，分权救助机制仍可利用救助主体在技术和信息等层面的优势，节约危机救助成本。良好的危机救助机制应在坚持集权救助的整体框架之下，积极推动具体实施部门发挥其优势作用。若将金融权利分为金融发展权、金融控制权和金融监管权，那么，银行业危机救助机制的框架不仅需要讨论中央监管部门之间的职责划分，还需要考虑中央与地方之间的金融分权，特别是将地方的"隐性"金融分权显性化。通过梳理我国金融监管权的演变趋势与适度分权途径，本书发现，地方政府越来越愿意承担更多责任，也更有能力承担起更多职责，这预示着我国由过去的中央集权监管，逐渐向中央主导、地方辅助的适度分权监管转变。

本章详细探讨了银行业危机救助中救助主体的权利配置。金融委无疑承担了银行业危机救助中最重要的职责，既要开展金融领域的统筹协调工作，又要与财政政策、产业政策的制定部门进行跨部门合作，既要注重中央政策的同步推进，又要加强地方行动的监督问责；人民银行依据宏观经济运行情况及时调整货币政策，释放市场流动性，并负责宏观审慎监管；银保监会充分发挥微观审慎监管职责；存款保险机构在确保金融稳定的前提下利用市场化手段稳定投资者情绪；设立有序清算机制，有利于对问题银行适时采取接管、破产清算等处置行动；地方监管机构应听从中央统一调度，避免危机跨区域传染，在这一过程中，地方适度分权的途径将依赖地方金融办的转型，通过剥离地方监管机构的金融发展职能，加强金融监管和风险处置职能，将为区域金融稳定营造更为公平、有序的区域金融市场环境。

其次，金融分权下银行业危机救助机制的对象识别。

从微观层面来看，若不增强被救助主体的识别程序，加大政策透明度和市场约束力，则可能产生两类道德风险。一是被救助主体的道德风险，银行业过度依赖政府救助，寻求政府救助租金，可能诱使其经营者进一步扩张经营规模，加大经营风险；二是无约束的自由裁量权带来的地方政府道德风险，救助主体可能会肆意透支政府信用。为了减轻上述弊端，通过理论推演与现实分析，本书认为：第一，提升市场约束力要求信息链条更短的银行股东和一般债权人应首先承担风险，加大银行业风险承担能力，逐步划清政府与市场的边界；第二，提升监管透明度应要求监管指标更加标准化、简洁化，并且有利于地方政府在统一尺度下确定救助范围，尽可能杜绝由于信息不对称而导致的道德风险问题。无论是中央层面的金融分权，还是中央和地方之间的金融分权，被救助主体监管透明度和市场约束力的提升，都能使金融适度分权下的危机救助发挥更好的效果。

因此，本章详细探讨三个加强微观经济主体的监管透明度和市场约束力的方法：

第一，加强被救助主体的自救能力。次贷危机以后提出的应急资本要求，可以更好地从资本监管角度提升被救助主体的自救能力。巴塞尔Ⅲ对资本类型进行清晰的划分，加强了银行业的资本管理能力和风险管理能力，巩固了商业银行稳健运营的基础。其中，合格资本中减记和转股条款的强制性加入，使得原本因经营不善而导致风险暴露不再能轻易转嫁给全体纳税人，而是先由问题银行的股东和一般债权人承担，提高了市场约束力。目前，我国已参照国际标准颁布实施新资本管理办法，这将有利于消除银行业运营的特殊待遇，打破扭曲的市场机制，增强行业创新能力。

第二，存款保险制度应尽量杜绝问题银行的俘获行为，从集权角度建立统一的保险体系，稳定存款人信心。由于地方政府拥有金融发展权和金融控制权的隐性分权，因此，地方政府极易被问题银行绑架，引发救助不一致。建立统一的保险机制，可以有效避免各类道德风险。未来我国存款保险机构将逐步向差异化费率过度，完善高效率、低风险银行不向高风险、低效率银行进行补贴的正向激励，助力营造更为健康稳健的金融体系。

第三，应逐步建立银行的有序退出程序。缺乏有序清算的存款保险制度只是单纯的"付款箱"，并不能很好地起到维护整个金融秩序稳定的作用。为了最大限度地对冲市场失灵，降低单个银行危机向金融体系蔓延的传染风险，应逐步建立有序清算程序。由于建立之初主要涉及中小银行的有序退出，因此有序清算基金的设立可以在适度分权的基础上展开，即由中央统一制定规则，由地方承担成本。本书通过建立系统重要性区域的指标体系，遵照不同地区的区域金融稳定对系统金融稳定的影响力不同的基本理念，初步提出了确定地方政府的风险分摊方案。

最后，金融分权下银行业危机救助机制的实施方案。

我国银行业危机救助应尽量坚持市场化原则，分权救助提供有约束的自由裁量权能让危机救助过程更具灵活性，通过救助方式多元化，综合权衡短期与中长期、显性与隐性、不同利益集团之间的成本收益等，最终达到断源头、防传染的救助效果。本书在传染风险的假设前提下，对金融分权的选择标准进行了理论研究。研究表明，分权救助的优势在减轻信息不对称问题，但需要恰当的激励机制约束政府道德风险和提升救助主体监管技术。具体来讲，救助资金成本越大、高自救能力银行的概率越大、监督技术越好、问题银行自救能力提升空间越大，则分权越有利；同时，当缺乏防止救助合谋的手段时，分权通过增加监督者可以利用囚徒困境加大合谋阻力。

分权救助的优势在于：在金融发展权方面降低对银行的不完全保护、提升救助的时效性、充分利用地方政府信息优势、促进监管技术的持续优化、增强核心监管部门独立性；在金融控制权方面避免地方政府对市场机制的侵蚀、切断不规范的金融创新、增强资本的风险承担约束；在金融监管权方面扩展银行业危机救助的手段、利于切断各类风险源头、有助于在"救市场"与"救机构"之间双向推进、进一步解决深层次的经济结构问题。

但是，在地方政府参与危机救助的过程中，由于地方政府道德风险的存在，政府加杠杆不仅不能达到救经济的初衷，金融机构还受此影响改变自身风险承担和风险暴露，一旦经济未能顺利走出停滞区域，可能引发更大的系统性风险隐患。从实证结果来看，城商行不良贷款率的变动与银行总部所在地的市级政府财政风险显著相关；股份制商业银行不良贷款率的变动与银行总部所在地的省级政府财政风险显著相关。因此，提升地方政府区域金融稳定职责，需清晰认识地方政府道德风险的危害。金融分权下的银行业危机救助机制不能单纯强调属地监管、属地处置原则；相反，地方的机构监管和风险处置都应从全局视角由中央统一部署，地方的目标差异应服从中央的统一安排。由于传染风险是危机救助关注的焦点，地方监管机构的问责制度也应从传染风险是否得到有效遏制来设定标准。

本章从金融分权角度探讨了不同情况下各级政府的银行业危机救助职责。如果是汇率波动导致的银行业危机，由于地方监管机构的信息优势较小，因此，救助事权主要归属于中央；如果是地方财政危机导致的银行业危机，由于地方监管机构具有一定的信息优势，因此，中央监管机构和地方监管机构应协调合作，但是，需降低地方监管机构被俘获的概率和增强其监管技术，以降低地方政府债务危机的传染风险；如果是房地产危机导致的银行业危机，虽然地方监管机构对区域房地产市场具有一定的信息优势，但是，土地财政是地方政府的关键利益之一，地方监管机构被俘获的概率较大，因此，中央监管机构应尽可能发挥主导作用；如果是"僵尸国企"危机导致的银行业危机，由于地方监管机构对于辖区内企业经营状况更具信息优势，中央监管机构和地方监管机构应协调配合，但是，需加强地方监管机构的技术培训与问责制度；如果是金融乱象导致的银行业危机，应区分是银行非理性经营导致的危机还是非法机构、非法活动导致的危机。前者主要由中央监管机构统一监管力度，进行风险处置；后者，由于地方监管机构对于辖区内非银行金融机构具有监管职责和信息优势，中央监管机构和地方监管机构应协调配合。

参考文献

ABREU D, SEN A, 1991. Virtual implementation in Nash Equilibria [J]. Econometrica, 59 (4): 997-1022.

ACHARYA V V, YORULMAZER T, 2007. Cash-in-the-market pricing and optimal resolution of bank failures [J]. Bank of England Quarterly Bulletin, 47 (3): 417.

AGARWAL S, LUCCA D, SERU A, et al., 2014. Inconsistent regulators: evidence from banking [J]. Quarterly Journal of Economics, 129 (2): 889-938.

ALLEN F, QIAN J, QIAN M, 2005. Law, finance, and economic growth in China [J]. Journal of Financial Economics, 77 (1): 57-116.

BAGEHOT W, 2010. Lombard street, a description of the money market [M]. General Books.

BARDHAN P, MOOKHERJEE D, 2006. Decentralisation and accountability in infrastructure delivery in developing countries [J]. The Economic Journal, 116(508): 101-127.

BARON D, MYERSON R, 1982. Regulation a monopolist with unknown costs [J]. Econometrica, 50 (4): 911-930.

BARTH J R, JR G C, LEVINE R, 2004. Bank regulation and supervision: what works best? [J]. Journal of Financial Intermediation, 13 (2): 205-248.

BAYOUMI T, SABOROWSKI C, 2014. Accounting for reserves [J]. Journal of International Money and Finance (41): 1-29.

BERNANKE B S, 1995. Measuring monetary policy [J]. Quarterly Journal of Economics, 113 (3): 869-902.

BERNANKE B S. The Crisis and the policy response [J]. Speech at London School of Economics, London, Jan 13 2009.

BINDSEIL U, 2014. Monetary policy operations and the financial system [M]. Oup Catalogue.

BLANCHARD O, SHLEIFER A, 2001. Federalism with and without political centralization: China versus Russia [J]. IMF Economic Review, 48 (1): 171-179.

BOOT A W A, GREENBAUM S I, 1993. Bank regulation, reputation and rents: theary and policy implications [J]. In: Capital markets and financial intermediation, C. Mayer and X. Vives ed., Cambridge University Press, Cambridge, 262-285.

BORDOA M D, SCHWARTZB A J, 1999. Under what circumstances, past and present, have international rescues of countries in financial distress been successful? [J]. Journal of International Money and Finance (18): 683-708.

BORIO C, ZHU H, 2012. Capital regulation, risk-taking and monetary policy: A missing link in the transmission mechanism? [J]. Journal of Financial Stability (8): 236-251.

BORIO C. Towards a macro prudential framework for financial supervision and regulation? [J]. 2003, BIS Working Papers No 128.

BRANDAO-MARQUES L, RICARDO C, SAPRIZA H, 2013. International evidence on government support and risk taking in the banking sector. Working Papers — U. S. Federal Reserve Board's International Finance Discussion Papers: No. 1085-1086: 1-46.

BURNS A F, 1974. Maintaining the Soundness of Our Banking System [J]. Federal Reserve Bank of New York Quarterly Review, 56 (11): 263.

CALOMIRIS C W, KAHN C M, 1991. The role of demandable debt in structuring optimal bank arrangements [J]. American Economic Review, 81 (3): 497-513.

CARLSON M, ROSE J D, 2015. Credit availability and the collapse of the banking sector in the 1930s [J]. Journal of Money, Credit and Banking (47): 1239-1271.

CHANG R, 2005. Financial crisis and political crisis [J]. NBER Working Paper, 11779.

CHANG R, VELASCO A, 2000. Financial fragility and the exchange rate regime [J]. Journal of Economic Theory, 92 (1): 1-34.

CHEN L, LI S, 2005. Towards rapid redesign: pattern-based redesign planning for large-scale and complex redesign problems [J]. Journal of Mechanical Design,

129 (2): 227–233.

CHEN Y, 1999. Banking Panics: The role of the first-come, first-served rule and information externalities [J]. Journal of Political Economy, 107, 946–968.

COHEN D, 2004. Towards a Lender of First Resort. Cepr Discussion Papers.

COOK D O, HOGAN A, KIESCHNICK R, 2004. A study of the corporate governace of thrifts [J]. Journal of Banking and Finance, 28 (6): 1247.

CORRIGAN G, 1990. Testimony before the senate committeeon banking [J]. Housingand Urban Affairs, Washington D. C., May3.

CORSETTI G, PESENTI P, ROUBINI N, 1999. What caused the Asian currency and financial crisis? [J]. Japan and the world economy, 11 (3): 305–373.

CROCKETT A, 1996. The theory and practice of financial stability [J]. De Economist, 144 (4): 531–568.

DAM L, KOETTER M, 2012. Bank bailouts and moral hazard: evidence from Germany [J]. Review of Financial Studies, 25 (8): 2343–2380.

DASGUPTA P, HAMMOND P, MASKIN E, 1979. The implementation of social choice rules: some general results on incentive compatibility [J]. Review of Economic Studies, 46 (2): 181–216.

DAVIS E P, 1995. Debt, Financial fragility, and systemic risk [M]. Oxford University Press.

DELIS M D, KOURETAS G P, 2011. Interest rates and bank risk-taking [J]. Journal of Banking and Finance, 35 (4): 840–855.

DEWATRIPONT M, TIROLE J, 1994. The prudential regulation of banks [M]. Cambridge: MIT Press.

DIAMOND, D W, DYBVIG P H, 1983. Bank runs, deposit insurance, and liquidity [J]. Journal of Political Economy, 91 (3): 401–419.

DIAMOND D W, RAJAN R G, 2002. Bank bailouts and aggregate liquidity [J]. American Economic Review, 92 (2): 38–41.

DUCHIN R, SOSYURA D, 2010. TARP investments: financials and politics [M]. Ross School of Business.

ENOCH C, STELLA P, KHAMIS M, 1997. Transparency and ambiguity in central bank safety net operations [J]. Imf Working Papers, WP/97/138.

FACCIO M, 2006. Politically connected firms [J]. The American Economic Review (96): 369–386.

FACCIO M, MASULIS R W, MCCONNELL J J, 2006. Politically connections and corporate bailouts [J]. Journal of Finance, 61 (6): 2597-2635.

FAHLENBRACH R, PRILMEIER R, STULZ M, 2012. This time is the same: using bank performance in 1998 to explain bank performance during the recent financial crisis [J]. The Journal of Finance (67): 2139-2185.

FAURE-GRIMAUD A, LAFFONT J J, MARTIMORT D, 2000. A theory of supervision with endogenous transaction costs [J]. Annals of Economics and Finance, 1 (2): 231-263.

FECHT F, TYRELL M, 2004. Optimal lender of last resort policy in different financial systems [J]. Ssrn Electronic Journal, 39.

FISCHER S, 2016. Monetary policy, financial stability, and the zero lower bound [J]. American Economic Review (106): 39-42.

FISCHER S, 1999. On the need for an international lender of last resort [J]. The Journal of Economic Perspectives, 13 (4): 85-104.

FISHER I, 1933. The Debt-deflation theory of great depressions [J]. Econometrica (1): 337-357.

FLANNERY M J, 1996. Financial crises, payment system problems, and discount window lending [J]. Journal of Money, Credit and Banking, 28 (4): 804-824.

FREIXAS X, PARIGI B M, ROCHET J, 2000. Systemic risk, interbank relations, and liquidity provision by the central bank [J]. Journal of Money, Credit and Banking, 32 (3): 611-638.

FREIXAS X, PARIGI B M, ROCHET J, 2003. The lender of last resort: A 21st Century Approach [J]. Ssrn Electronic Journal, 29 (5): 1059-1082.

FSB, 2013. policy framework for addressing banking risks in securities lending and repos. Financial Stability Board.

FUKAO M, 2009. Growth strategy for the japanese economy: the impact of financila crisis and long-term problems [J]. Gem Bulletin, 23, 87-107.

FUKUDA S, NAKAMURA J, 2011. Why did "zombie" firms recover in Japan? [J]. The World Economy (34): 1124-1137.

GIANNINI C. Pitfalls in international crisis lending [J]. in C. Goodhart and G. Illing (eds.): Financial Crises, Contagion, and the Lender of Last Resort: a Book of Readings, Oxford: Oxford University Press, 2001.

GIANNINI C, 1999. The IMF and the lender-of-the-last-resort function [J]. Finance and Development, 36 (3): 24-27.

GIBBARD A, 1973. Manipulation of voting schemes: a general result [J]. Econometrica, 41 (4): 587-602.

GIOVANNINI A, SPAVENTA L, 2008. Filling the information gap [J]. The First Global Financial Crisis of the 21st Century, 125.

GOODFRIEND M, KING R G, 1988. Financial deregulation, monetary policy, and central banking [J]. Federal Reserve Bank of Richmond Economic Review, 74 (3): 3-22.

GOODHART C A E, 1999. Recent developments in central banking: some special features of the monetary policy committee and of the european system of central banks [J]. Fmg Special Papers, 328 (3-4): 243-252.

GOODHART C A E, 1988. The evolution of central banks [M]. Mit Pr.

GOODHART C A E, 1987. Why do banks need a central bank? [J]. Oxford Economic Papers, 39 (1): 75-89.

GOODHART C A E, SCHOENMAKER D, 1995. Should the functions of monetary policy and banking supervision be separated? [J]. Oxford Economic Papers, 47 (4): 539-560.

GOODHART C A E, HUANG H, 1999. A model of the lender of last resort [J]. Proceedings.

GOODHART C A E, HUANG H, 2005. Lender of last resort [J]. Journal of Banking and Finance, 29 (5): 1059-1082.

HAGENDORFF J, VALLASCAS F, 2011. CEO pay incentives and risk-taking: Evidence from bank acquisitions [J]. Journal of Corporate Finance (17): 1078-1095.

HARRIS M, TOWNSEND R, 1981. Resource allocation under asymmetric information [J]. Econometrica, 49 (1): 33-64.

HOGGARTH G, REIDHILL J, SINCLAIR P, 2004. On the resolution of banking crises: theory and evidence [J]. Bank of England Quarterly Bulletin, 44 (3): 330.

HOSHI T, KASHYAP A K, 2008. Will the TARP succeed? Lessons from Japan [J]. Social Science Electronic Publishing, 97 (3): 398-417.

HUANG H, 2002. Is meltdown of the Chinese banks inevitable? [J]. China Economic Review (13): 382-387.

HURWICZ L, 1972. On informationally decentralized systems [J]. In: R. Rader and McGuire (ed.), Decision and Organization [C]. Amsterdam: North-Holland.

HURWICZ L, 1960. Optimality and informationa efficiency in resource allocation processes [J]. In: K. Arrow (ed.), Mathematical Methods in the Social Sciences [C]. Stanford University Press.

HURWICZ L, 1977. The design of resource allocation mechanisms [J]. In: Arrow, K. J., L. Hurwicz (ed.), Studies in Cambridge, UK: Cambridge University Press.

IANNOTTA G, NOCERA G, ASIRONI, 2007. Ownship structure, risk and performance in the european banking industry [J]. Journal of Banking & Finance, 31 (7): 2127-2149.

IGAN D, MISHRA P, TRESSEL T, 2011. A fistful of dollars: lobbying and the financial crisis [J]. NBER Macroeconomics Annual, 26 (1): 195-230.

IOANNIDOU V, ONGENA S, PEYDRÓ J, 2015. Monetary policy, risk-taking, and pricing: evidence from a quasi-natural experiment [J]. Review of Finance (19): 95-144.

JIMNEZ G, SAURINA J, 2006. Credit cycles, credit risk, and prudential regulation [J]. International Journal of Central Banking, 26 (2): 1-20.

KAHN C M, SANTOS J A C, 2005. Allocating bank regulatory powers: lender of last resort, deposit insurance and supervision [J]. European Economic Review, 49 (8): 2107-2136.

KANE E J, 1990. Principal-agent problems in S&L salvage [J]. Journal of Finance, 45 (3): 755-764.

KAPLAN S N, STRÖMBERG P, 2003. Financial contracting theory meets the real world: An empirical analysis of venture capital contracts [J]. The Review of Economic Studies, 70 (2): 281-315.

KAUFMAN G G, 1991. Lender of last resort: A contemporary perspective [J]. Journal of Financial Services Research, 5 (2): 95-110.

KIBRITCIOGLU A, 2003. Excessive risk-taking, banking sector fragility, and banking crises. Working Papers.

KIM D H, STOCK D, 2012. Impact of the TARP financing choice on existing preferred stock [J]. Journal of Corporate Finance (18): 1121-1142.

KINDLEBERGER C P, 2000. A stream of windows: unsettling reflections on trade, immigration and democracy [J]. Journal of International Economics, 50 (1): 269-271.

KIYOTAKI N, MOORE J, 1997. Credit Cycles [J]. Journal of Political Economy (105): 211-248.

KOSTOVETSKY L, 2015. Political capital and moral hazard [J]. Journal of Financial Economics, 116 (1): 144-159.

KROSZNER R S, STRAHAN P E, 2001. Bankers on boards: monitoring, conflicts of interest, and lender liability [J]. Journal of Financial Economics, 62 (3): 415-452.

KRUGMAN P R, 1998. It's baaack: japan's slump and the return of the liquidity trap [J]. Brookings Papers on Economic Activity (29): 137-206.

LA PORTA R, LOPEZ-DE-SILANES, SHLEIFER F A, 2002. Government ownership of banks [J]. Journal of finance, LV II (1): 265-302.

LAEVEN L, VALENCIA F. Resolution of banking crises: the good, the bad, and the ugly [J]. Social Science Electronic Publishing [J]. 2010, 170 (3): 415-441.

LAFFONT J J, 1997. Game theory and empirical economics: The case of auction data [J]. European Economic Review, 41 (1): 1-35.

MASAMI I, 2006. Market discipline and deposit insurance reform in Japan [J]. Journal of Banking and Finance (30): 3433-3452.

MASKIN E, 1999. Nash equilibrium and welfare optimality [J]. Presented at the 1977 summer Workshop of the Econometric Society in Paris, Review of Economic Studies, 66 (1): 23-38.

MASKIN E, QIAN Y Y, XU C G, 2000. Incentives, information, and organizational form [J]. Review of Economic Studies, 67 (2): 359-378.

MICCOA A, PANIZZAB U, MONICA Y, 2007. Bank ownership and performance. Does politics matter? [J]. Journal of Banking and Finance (31): 219-241.

MINSKY H P, 1992. The financial instability hypothesis [J]. The Jerome Levy Economics Institute Economics Institute, Working Paper.

MISHKIN F S, 2001. Financial policies and the prevention of financial crises in emerging market countries. NBER Working Paper Series, 8087.

MOHSNI S, OTCHERE I, 2015. Financial crisis, liquidity infusion and risk-taking: The case of Canadian banks [J]. Journal of Banking Regulation (16): 146-167.

MOORE J, REPULLO R, 1988. Subgame perfect implementation [J]. Econometrica, 56 (5): 1191-1220.

MORRIS S, SHIN H S, 1999. Risk management with interdependent choice [J]. Oxford Review of Economic Policy, 15 (3): 52-62.

MYERSON R, 1979. Incentive compatibility and the bargaining problem [J]. Econometrica, 47 (1): 61-73.

MYERSON R, 1981. Optimal auction design [J]. Mathematics of operations research, 6 (1): 58-73.

PAGANO M, VOLPIN F, 2005. The political economy of corporate governance [J]. The American Economic Review (95): 1005-1030.

PATHAN S, 2009. Strong boards, CEO power and bank risk-taking [J]. Journal of Banking and Finance (33): 1340-1350.

PEEK J, ROSENGREN E S, 2005. Unnatural selection: perverse incentives and the misallocation of credit in Japan [J]. The American Economic Review (95): 1144-1166.

POITEVIN M, 2000. Can the theory of incentives explain decentralization? [J]. Canadian Journal of Economics, 33 (4): 878-878.

PONCE J, 2010. Lender of last resort policy: What reforms are necessary? [J]. Journal of Financial Intermediation, 19 (2): 188-206.

PONCE J, RENNERT M, 2015. Systemic banks and the lender of last resort [J]. Journal of Banking and Finance, 50 (1): 286-297.

QIAN G, LEI L, YIAO-TEE H, et al., 2006. A spreading study of lubricant films via optical surface analyzer and molecular dynamics [J]. IEEE Transactions on Magnetics (42): 2528-2530.

RADELET S, SACHS J, 1998. Shipping costs, manufactured exports, and economic growth [J]. American Economic Association Meetings, Harvard University, mimeo.

REPULLO R, 1999. Who should act as lender of last resort? An incomplete contracts model [J]. Journal of Money Credit and Banking, 32 (3): 580-605.

ROCHET J C, VIVES X, 2004. Coordination failures and the lender of last resort: Was bagehot right after all? [J]. Journal of the European Economic Association,

2 (6): 1116-1147.

ROCHET J C, TIROLE J, 1996. Interbank lending and systemic risk [J]. Journal of Money Credit and Banking, 28 (4): 733-62.

SCHINASI G J, TEIXEIRA P G, 2006. The lender of last resort in the european single financial market [J]. Imf Working Papers, 6 (127): 349-372.

SCOTT J C, 1977. The moral economy of the peasant: Rebellion and subsistence in Southeast Asia [M]. Yale University Press.

SOLOW R M, 1982. On the lender of last of last resort [M]. In: C. P. Kindleberger, J. P. Laffarge (Eds), Financial Crises: Theory, History and Policy, Cambridge University Press, 237-248.

SOLOW R M, 1992. Policies for economic growth [J]. De Economist, 140 (1): 1-15.

SPILIMBERGO A, SYMANSKY S, BLANCHARD O, et al., 2009. Fiscal policy for the crisis [J]. Cesifo Forum, 10 (2): 26-32.

STEINBACH A, 2016. The lender of last resort in the Eurozone [J]. Common Market Law Review, 53 (2): 361-383.

STIGLITZ J E, 1993. The role of the state in financial markets [J]. World Bank Economic Review, 7 (1): 19-52.

SUMMERS F, 2008. Theoretical insularity and the crisis of psychoanalysis [J]. Psychoanalytic Psychology, 25 (3): 413-424.

TIAN G, 2000c. Double implementation of linear cost share equilibrium allocations [J]. Mathematical Social Sciences, 40 (2): 175-189.

TIAN G, 2000b. Implementation of balanced linear cost share equilibrium solution in nash and strong nash equilibria [J]. Journal of Public Economics, 76 (2): 239-261.

TIAN G, 2000a. Incentive mechanism design for production economies with both private and public ownership [J]. Games and Economic Behavior, 33 (2): 294-320.

TIMBERLAKE R H, 1984. The central banking role of clearinghouse associations [J]. Journal of Money Credit and Banking, 16 (1): 1-15.

TITZE M, 2016. Federal reserve swap lines-international lender of the last resort [J]. Acta Oeconomica Pragensia (4): 3-24.

TOMAS S, 1994. Implementation in undominated nash equilibria without integer games [J]. Games and Economic Behavior, 6 (3): 502-511.

TSUI P H, WANG S H, 2004. The effect of transducer characteristics on the estimation of Nakagami paramater as a function of scatterer concentration [J]. Ultrasound in Medicine and Biology, 30 (10): 1345-1353.

UCHIDA H, MIYAKAWA D, HOSONO K, et al., 2015. Financial shocks, bankruptcy, and natural selection [J]. Japan and the World Economy (36): 123-135.

WHITE W R. Procyclicality in the financial system: Do we need a new macro financial stabilisation framework? [J]. BIS Working Papers, No. 193.

WILSON L, WU Y W, 2012. Escaping TARP [J]. Journal of Financial Stability (8): 32-42.

XU C, 2011. The fundamental institutions of china's reforms and development [J]. Journal of Economic Literature, 49 (4): 1076-1151.

QIAN Y, ROLAND G, 1998. Federalism and the soft budget constraint [J]. American economic review, 88 (5): 1143-1162.

巴曙松, 高江健, 2012. 基于指标法评估中国系统重要性银行 [J]. 财经问题研究 (9): 48-56.

巴曙松, 刘孝红, 牛播坤, 2005. 转型时期中国金融体系中的地方治理与银行改革的互动研究 [J]. 金融研究 (5): 25-37.

曹艳华, 2009. 资本监管压力下的商业银行风险承担行为: 基于不同性质商业银行 (2004—2007) 的比较研究 [J]. 金融论坛 (5): 45.

曹艳华, 牛筱颖, 2009. 上市银行治理机制对风险承担的影响 (2000—2007) [J]. 金融论坛 (1): 43.

陈华, 赵俊燕, 2009. 经济刺激计划退出标准、路径的国际比较研究 [J]. 经济学动态 (12): 65-69.

陈静, 2013. 欧洲债务危机救助问题研究: 从欧洲金融稳定基金到欧洲稳定机制 [J]. 南方金融 (2): 48-51.

陈抗, HILLMAN A L, 顾清扬, 2002. 财政集权与地方政府行为变化:从援助之手到攫取之手 [J]. 经济学 (季刊) (4): 111-130.

陈明, 杨海平, 2013. 试论中国商业银行资本工具创新 [J]. 金融理论与实践 (8): 17-21.

陈颖, 纪晓峰, 2013. 流动性风险管理新工具的背景与影响: 基于危机视角的考察 [J]. 国际金融研究 (9): 89-96.

储著贞，梁权熙，蒋海，2012. 宏观调控、所有权结构与商业银行信贷扩张行为 [J]. 国际金融研究 (3)：57-68.

戴金平，金永军，刘斌，2008. 资本监管、银行信贷与货币政策非对称效应 [J]. 经济学（季刊）(2)：481-508.

邓建平，饶妙，曾勇，2012. 市场化环境、企业家政治特征与企业政治关联 [J]. 管理学报 (6)：936-942.

丁骋骋，傅勇，2012. 地方政府行为、财政—金融关联与中国宏观经济波动：基于中国式分权背景的分析 [J]. 经济社会体制比较 (6)：87-97.

董志强，2008. 制度及其演化的一般理论 [J]. 管理世界 (5)：151-165.

方红生，张军，2009. 中国地方政府竞争、预算软约束与扩张偏向的财政行为 [J]. 经济研究 (12)：4-16.

方意，赵胜民，谢晓闻，2012. 货币政策的银行风险承担分析：兼论货币政策与宏观审慎政策协调问题 [J]. 管理世界 (11)：9-19，56，187.

弗雷德里克·米什金，2009. 应对金融危机：货币政策无能为力吗 [J]. 新金融 (6)：4-7.

郭峰，2014. 地方性金融机构设立的内生条件和攀比效应：基于村镇银行的空间 Probit 模型分析 [J]. 金融学 (2)：36-56.

郭杰，李涛，2009. 中国地方政府间税收竞争研究：基于中国省级面板数据的经验证据 [J]. 管理世界 (11)：54-64，73.

郭品，沈悦，2015. 互联网金融加重了商业银行的风险承担吗?：来自中国银行业的经验证据 [J]. 南开经济研究 (4)：80-97.

何德旭，苗文龙，2016. 财政分权是否影响金融分权：基于省际分权数据空间效应的比较分析 [J]. 经济研究 (2)：42-55.

胡利琴，陈锐，班若愚，2016. 货币政策、影子银行发展与风险承担渠道的非对称效应分析 [J]. 金融研究 (2)：154-162.

黄宪，马理，代军勋，2005. 资本充足率监管下银行信贷风险偏好与选择分析 [J]. 金融研究 (7)：95-103.

纪志宏，周黎安，王鹏，等，2014. 地方官员晋升激励与银行信贷：来自中国城市商业银行的经验证据 [J]. 金融研究 (1)：1-15.

焦莉莉，李清，张丹，2013. 欧盟金融监管合作与金融稳定：一个文献综述 [J]. 上海金融 (7)：59-64.

金鹏辉，张翔，高峰，2014. 银行过度风险承担及货币政策与逆周期资本调节的配合 [J]. 经济研究 (6)：73-85.

雷光勇，王文，2014. 政府治理、风险承担与商业银行经营业绩 [J]. 金融研究 (1)：110-123.

李金珊，叶托，2010. 县域经济发展的激励结构及其代价：透视浙江县政扩权的新视角 [J]. 浙江大学学报（人文社会科学版），40 (3)：107-115.

李军杰，钟君，2004. 中国地方政府经济行为分析：基于公共选择视角 [J]. 中国工业经济 (4)：27-34.

李涛，周业安，2009. 中国地方政府间支出竞争研究：基于中国省级面板数据的经验证据 [J]. 管理世界 (2)：12-22.

李维安，2014. 我国银行治理改革与发展 [J]. 中国金融 (6)：61-62.

李妍，2009. 宏观审慎监管与金融稳定 [J]. 金融研究 (8)：52-60.

李扬，2010-12-06. 完善地方金融管理，解决融资平台问题 [N]. 中国证券报.

林平，1999. 关于金融安全网的理论及政策思考 [J]. 南方金融 (11)：23-25.

林欣，2012. 金融危机救助古典原则的拓展及启示 [J]. 武汉金融 (6)：14-17.

林毅夫，刘志强，2000. 中国的财政分权与经济增长 [J]. 北京大学学报（哲学社会科学版）(4)：5-17.

刘海二，苗文龙，2014. 区域性、系统性风险的生成与演化 [J]. 西南金融 (7)：8-11.

刘奎甫，茅宁，2016. "僵尸企业" 国外研究述评 [J]. 外国经济与管理 (10)：3-19.

刘锡良，周轶海，2011. 金融危机救助的十大问题初探 [J]. 金融发展研究 (4)：3-9.

刘锡良，等，1999. 中国财政货币政策协调配合研究 [M]. 成都：西南财经大学出版社.

罗党论，应千伟，常亮，2012. 银行授信、产权与企业过度投资：中国上市公司的经验证据 [J]. 世界经济 (3)：48-67.

马颖，陈波，2011. 中国分权化改革背景下经济体制改革、金融发展与经济增长 [J]. 发展经济学研究 (1)：43-55.

毛菁，王玉，2012. 金融创新、投资者逃离与央行危机救助 [J]. 上海金融 (1)：59-64，117.

慕刘伟，曾志耕，张勤，2001. 金融监管中的道德风险问题 [J]. 金融研究 (11)：121-124.

潘敏，张依茹，2012. 宏观经济波动下银行风险承担水平研究：基于股权结构

异质性的视角 [J]. 财贸经济 (10)：57-65.

彭兴韵，2009. 金融危机管理中的货币政策操作：美联储的若干工具创新及货币政策的国际协调 [J]. 金融研究 (4)：20-35.

钱先航，2012. 地方官员治理与城市商业银行的贷款行为 [D]. 天津：南开大学.

钱先航，曹廷求，李维安，2011. 晋升压力，官员任期与城市商业银行的贷款行为 [J]. 经济研究 (12)：72-85.

邱兆祥，许坤，2014. 信用风险缓释工具与银行风险承担行为研究 [J]. 当代财经 (12)：47-56.

沈坤荣，付文林，2005. 中国的财政分权制度与地区经济增长 [J]. 管理世界 (1)：31-39.

沈沛龙，王晓婷，2015. 宏观审慎政策与银行风险承担研究"，财经理论与实践 (3)：9-15.

斯文，2013. 关于衍生品对银行风险承担影响的研究：基于中国上市银行的经验证据 [J]. 经济评论 (5)：131-138.

宋清华，曲良波，2011. 高管薪酬、风险承担与银行绩效：中国的经验证据 [J]. 国际金融研究 (12)：69-79.

宋清华，曲良波，陈雄兵，2011. 中国商业银行规模、治理与风险承担的实证研究 [J]. 当代财经 (11)：57-70.

孙艳霞，鲍勤，汪寿阳，2015. 房地产贷款损失与银行间市场风险传染：基于金融网络方法的研究 [J]. 管理评论 (3)：3-15.

陶然，陆曦，苏福兵，等，2009. 地区竞争格局演变下的中国转轨：财政激励和发展模式反思 [J]. 经济研究 (7)：21-33.

陶然，苏福兵，陆曦，等，2010. 经济增长能够带来晋升吗？：对晋升锦标竞赛理论的逻辑挑战与省级实证重估 [J]. 管理世界 (12)：13-26.

田国强，2014. 如何实现科学有效的体制机制重构与完善：机制设计理论视角下的国家治理现代化 [J]. 人民论坛 (9)：17-21.

田利辉，张伟，2013. 政治关联影响我国上市公司长期绩效的三大效应 [J]. 经济研究 (11)：71-86.

王俊，洪正，2016. 央地分层金融管理体制构建研究：基于金融分权视角 [J]. 贵州社会科学 (5)：133-138.

王磊，彭兴韵，2010. 中国危机管理货币政策的退出研究 [J]. 经济学动态 (1)：36-42.

王立国，高越青，2014. 建立和完善市场退出机制 有效化解产能过剩 [J]. 宏观经济研究（10）：8-21.

王贤彬，徐现祥，2008. 地方官员来源、去向、任期与经济增长：来自中国省长省委书记的证据 [J]. 管理世界（3）：16-26.

王贤彬，徐现祥，李郇，2009. 地方官员更替与经济增长 [J]. 经济学（季刊）（4）：1301-1328.

位华，2012. CEO权力、薪酬激励和城市商业银行风险承担 [J]. 金融论坛（9）：61-67.

温信祥，2006. 银行资本监管对信贷供给的影响研究 [J]. 金融研究（4）：61-70.

吴成颂，黄送钦，钱春丽，2014. 高管背景特征对银行风险承担的影响：来自中国上市银行的经验证据 [J]. 现代财经（天津财经大学学报）（5）：3-14.

谢平，易诚，2004-11-02. 建立我国存款保险制度的条件已趋成熟 [N]. 金融时报.

徐现祥，王贤彬，2010. 晋升激励与经济增长：来自中国省级官员的证据 [J]. 世界经济（2）：15-36.

许国平，陆磊，2001. 不完全合同与道德风险：90年代金融改革的回顾与反思 [J]. 金融研究（2）：28-41.

许友传，2009. 信息披露，市场约束与银行风险承担行为 [J]. 财经研究（12）：118-128.

许友传，何佳，2008. 不完全隐性保险政策与银行业风险承担行为 [J]. 金融研究（1）：163-175.

许友传，苏峻，2015. 应急资本工具在限制银行风险承担中的作用 [J]. 金融研究（6）：128-143.

阎庆民，2012. 强化地方政府金融监管意识和责任 [J]. 中国金融（6）：27.

姚洋，张牧扬，2013. 官员绩效与晋升锦标赛：来自城市数据的证据 [J]. 经济研究（1）：137-150.

姚枝仲，2008. 美国金融危机：性质、救助与未来 [J]. 世界经济与政治（12）：28-34，4.

殷剑峰，2013. 经济转型和改革的三种错误倾向 [J]. 领导文革（12）：24-27.

尹恒，徐琰超，2011. 地市级地区间基本建设公共支出的相互影响 [J]. 经济研究（7）：55-64.

尹志锋，张悦，2014. BASEL Ⅲ流动性监管新规的潜在影响与对策研究 [J].

金融监管研究（2）：47-56.

袁建国，后青松，程晨，2015. 企业政治资源的诅咒效应：基于政治关联与企业技术创新的考察 [J]. 管理世界（1）：139-155.

袁赞礼，2014. 金融道德风险防范研究 [D]. 北京：北京交通大学.

张军，2008. 分权与增长：中国的故事 [J]. 经济学（季刊）（1）：21-52.

张雪兰，何德旭，2011. 关于完善我国地方政府金融管理体制的思考 [J]. 财贸经济（7）：38-47.

张远军，陈庆海，2013. 央行视角下的美国金融危机救助 [J]. 金融发展评论（8）：74-80.

赵静梅，2008. 金融危机救济论 [M]. 成都：西南财经大学出版社.

中国人民银行济南分行调查统计处课题组，2013. 金融危机救助过程中财政部门和央行职责分工研究 [J]. 金融发展评论（1）：106-128.

周飞舟，2006. 分税制十年：制度及其影响 [J]. 中国社会科学（6）：100-115.

周开国，邓月，2016. 政府控股对商业银行风险承担的影响：基于国际银行业的证据 [J]. 国际金融研究（9）：51-62.

周黎安，2004. 晋升博弈中政府官员的激励与合作：兼论我国地方保护主义和重复建设问题长期存在的原因 [J]. 经济研究（6）：33-40.

周黎安，2007. 中国地方官员的晋升锦标赛模式研究 [J]. 经济研究（7）：36-50.

周小川，2004-06-01. 关于国有商业银行改革的几个问题 [N]. 金融时报.

周小川，2012. 金融危机中关于救助问题的争论 [J]. 金融研究（9）：1-19.

周亚虹，宗庆庆，陈曦明，2013. 财政分权体制下地市级政府教育支出的标尺竞争 [J]. 经济研究（11）：127-139，160.

周振超，李安增，2009. 政府管理中的双重领导研究：兼论当代中国的"条块关系" [J]. 东岳论丛（3）：134-138.

朱文生，2012. 完善地方政府金融管理体制研究 [J]. 上海金融学院学报（1）：96-101.

庄宇，朱静，孙亚南，2013. 公司治理与银行风险承担行为：基于我国上市商业银行的研究 [J]. 经济与管理（10）：34-38.

后记

蓦然回首，短暂博士生涯即将结束，期盼之余尚有不舍。我从入学到毕业，五年的时间经历了非常多难忘的时刻，课程学习的紧张与充实，初为人母的彷徨与喜悦，本书写作的困难与突破，虽然每一步都走得艰辛，但一路走来成长许多，庆幸自己没有虚度光阴。

五年前，当我重回西南财大开启博士求学之路时，怀抱着梦想和决心，尝试通过学习进一步提升自己。然而学习和生活的压力也给我带来了前所未有的无助感，庆幸的是，老师耐心的指点和孜孜不倦的教导，亲人和同窗的陪伴让我愉快地度过了这段难忘的时光。博士生涯虽不完美，但给我留下了许多宝贵的财富，让我学会系统地看待周边事物，让我学会寻找参照系分析理解复杂的相互关系，让我学会分情况讨论不同前提带来的差异性后果，更让我学会沟通、理解、交流，产生思维碰撞的结晶。总之，能够结识良师益友，此乃三生有幸！

我的博士论文主要研究的是危机救助，未涉及的问题有很多，未能解答的疑问也有很多，未来还需进一步去研究。

刘 倩

2018 年 3 月

致谢

　　首先，非常感谢我的导师刘锡良老师。刘老师不仅在学术上悉心指导我，还在生活上以自身的人格魅力引导我思想的成长。刘老师不会以单一结果导向要求学生，而是引导我们独立思考、自由成长，在刘老师面前，我们就是被呵护的小孩，被鼓励的雏鸟，被牵引的风筝，可以展翅高飞，自由翱翔。在此，我谨向刘老师表达崇高的敬意和由衷的感谢！

　　其次，我要感谢我的家人。在父母的帮助下，我顺利解决了很多生活难题，父母渐老，还好能在他们身边陪伴彼此；每当压力倍增的时候，只要一看到宝宝的笑脸，听到他的欢笑声，一切烦恼都烟消云散；还有我的先生，他辛勤工作，积极上进，是我们小家庭的顶梁柱，为我的继续深造提供了莫大的支持。

　　再次，感谢中国金融研究中心的老师们。在博士论文开题、写作、预答辩和答辩过程中，陈野华老师、曹廷贵老师、王擎老师、洪正老师、万晓莉老师、付一书老师提出了宝贵的意见和建议，感谢各位老师的指教。

　　感谢中国金融研究中心的同窗，任渝、谭余夏、刘雪松，在论文的写作过程中给我提供了极大的帮助，苏静、陈雪梅、汪航、邓博文、王军、王明伟、王高义，和你们一起度过了难忘的岁月。

　　感谢各位评审专家和答辩老师对我博士论文的点评和指正。

刘　倩

2018 年 3 月于柳林图书馆